华中师范大学 语言文学
中国语言文学一流学科建设文库

华中学术传播论坛

（第一辑）

学术·学科·学报

范　军　主编

华中师范大学出版社

新出图证(鄂)字10号

图书在版编目(CIP)数据

华中学术传播论坛(第一辑)——学术·学科·学报/范军 主编.—武汉:华中师范大学出版社,2018.11

ISBN 978-7-5622-8434-5

Ⅰ.①华… Ⅱ.①范… Ⅲ.①高校学报—出版工作—中国—学术会议—文集 ②高等学校—学科建设—中国—学术会议—文集 Ⅳ.①G237.5-53 ②G642.3-53

中国版本图书馆CIP数据核字(2018)第259239号

华中学术传播论坛(第一辑)——学术·学科·学报

主　　编/范　军

出版发行/华中师范大学出版社

地　　址/湖北省武汉市洪山区珞喻路152号

邮政编码/430079

责任部门/学术出版中心(027) 67863220

电子信箱/press@mail.ccnu.edu.cn

读者服务/读者服务中心(027) 67861321

责任编辑/周方羲　冯会平

封面设计/罗明波

责任校对/王　炜

责任印制/王兴平

印　　装/湖北恒泰印务有限公司

开　　本/710mm×1000mm　1/16

印　　张/20.75

字　　数/322千字

版　　次/2018年11月第1版

印　　次/2018年11月第1次印刷

书　　号/ISBN 978-7-5622-8434-5

定　　价/62.00元

目　录

【第三篇】文化传播学学科建设

应对挑战 做好“双一流”背景下的学术传播

——在“华中学术传播论坛”上的致辞

蔡红生

尊敬的各位专家学者、老师们、同学们，大家上午好！

冬初的桂子山，翠绿与金黄交汇，菊花与银杏争艳，我非常高兴在此和大家一起分享“华中学术传播论坛”成功举办的喜悦。我谨代表华中师范大学校党委、行政向本次论坛的举办表示热烈的祝贺，向从各地赶来参加本次会议的专家学者表示热烈的欢迎。

华中师范大学作为一所百年老校，是教育部直属重点综合性师范大学、国家“211 工程”重点建设大学、国家教师教育“985”优势学科创新平台建设高校，人文底蕴深厚，传统学科优势明显，承担着培养各级各类学校师资和其他高级专门人才的重任。今年 9 月，我校的政治学和中国语言文学两门学科入选“双一流”建设学科名单，这既是我们的荣誉，更是我们的责任。

“双一流”建设的奋斗目标虽然提出的时间并不长，但是已经成为我国实现高等教育强国的根本战略。大学的本质是自治、自由、自律的学术共同体，这个共同体依靠院系、研究所、图书馆、出版部门等学术媒介联结而成。一流的学术最终必须落脚于一流的学科，而包括学报在内的高校出版部门则是学术成果展示和交流的平台，其根本功能是服务于学科建设和学术研究。过去，我校的出版部门取得了不错的成绩：学校出版社连续推出《张舜徽文集》《韦卓民全集》《章开沅文集》“高考改革研究丛书”等大部头学术文集，屡屡获得国家出版基金和各种奖励；学校学术期刊建设也成果丰硕。《华中师范大学学报》（人文社会科学版）、《外国文学研究》等 8 种刊物入选 C 刊。《华中师范大学学报》（人文社会科学版）坚持以人文情怀办人文名刊，1995 年第一批进入中文核心期刊，2006 年入选教育部名刊工程，2012 年首批入选国家社科基金资助期刊，并获“湖北十大名刊”；2013 年，获湖北省政府出版奖，并入选“国家百强社科期刊”称号，无论依据何种排名，在国内同类期刊中都长期名列前茅；创刊不久的《华中学术》，也在很短时间入选了南京大学 CSSCI 核心期刊集刊。这样的成绩既和我校较强的学科优势和学术研究能力直接相关，也和学校出版部门及出版部门负责人矢志不移把文化传播、传承作为自己的首要任务和核心本位有关，最终都体现了“忠诚博雅、朴实刚毅”的华师精神。实际上，以学报为代表的高校学术期刊与学科建设之间是内部共生的关系，二者相互依托。学术期刊的集群化、品牌化发展，必然推动学术的繁荣和学科的建设。我校的文化传播学虽然相较于其他传统学科起步较晚，但已经展现了良好的发展势头。《华中学术》即主要依靠文学院特别是文化传播学各位教授创办，叩石垦壤、导夫先路，不可谓不居功至伟。新兴学科、交叉学科，积极建设具有中国特色、中国风格、中国气派的哲学社会科学体系，既是政府的责任，也是高校的责任。我校学术期刊理应为文化传播学的发展壮大提供必要的支撑和帮助，文化传播学在这样的沃土中生根发芽，必然很快成长为如华师的梧桐一样的参天大树。

在“双一流”建设的背景下，高校学科建设、高校出版包括学报等学术期刊的出版都迎来了千载难逢的发展契机，同时，也面临着很多新的问题、新的挑战。如何应对、实现发展，我想讲三点想法与专家们磋商：

第一，顺应新技术变革的潮流，以“互联网＋”的思维应对挑战。

以移动互联网技术为代表的新媒介技术的极大普及，对教学、科研、出版都提出了新的要求。如何实现线上线下一体式、互动式教学，如何利用海量线上资源进行科学研究，如何进行立体化出版、实现传统出版和数字出版的有机融合，都是亟待解决的课题。特别是，在数字化时代，人文社会科学的学术评价体系必将发生相应的变化，除了同行评议、文献计量评议等传统评价方法之外，我们要思考如何利用信息技术的便捷，引入其他评价方法来完善现有的评价体系；进一步地，对高校学术期刊来说，应对数字化的冲击，一定要未雨绸缪，要认识到学术期刊的生存环境、形态和功能都发生了深刻的变化。2017 年 4 月 10 日，第 101 届普利策奖获奖名单揭晓。《华盛顿邮报》因“持续的政治报道以及对特朗普慈善事业的质疑”获得“全国报道奖”。该奖项的获得进一步巩固了《华盛顿邮报》作为全美第4大全国性报纸的地位。2013年，亚马逊首席执行官杰夫·贝索斯以私人身份收购《华盛顿邮报》及其旗下数家地方报纸。此后，《华盛顿邮报》开启了贝索斯时代的新一轮数字化转型，在区域扩张、流量提升、渠道更新、技术创新方面独树一帜，被美国业内人士称为“贝式转型”。《华盛顿邮报》数字化转型取得了一系列显著成效，据统计，2015年10月，《华盛顿邮报》网站月独立访客量达到了6690万，同比增长了近59%，击败《纽约时报》成为全美第一。毫不夸张地说，数字化已经成为学术期刊可持续发展的必要条件，数字期刊会很快成为学术期刊的主要出版形态，如果抱残守缺，势必会像部分报纸一样，被历史的滚滚洪流所淘汰。数字化当然并不仅仅是呈现形式的数字化，而且是策划组稿、编辑加工、内容优化到复制生产、传播发行等一系列流程的数字化；唯有顺应技术变革的趋势，才能获得长久的生命力。

第二，加强校内外学术交流，开创学科建设和期刊出版新局面。

高校是培养高级专门人才的摇篮，是进行学术研究的重要阵地，教学、科研、学术期刊出版都应该以培养创新型人才，解决重大学术问题为旨归。要拓宽校内外交流的渠道，加强高层次、高水平的学术交流活动，培养创新思维，引导教师和科研人员立足于学科的前沿，促进学科的交融与融合，营造良好的学术交流氛围，以学术交流来促进学科建设和教学、科研发展，从而推动学术期刊的发展。高校理应从各方面支持像“华中学术传播论坛”这样高水平的学术交流活动，规范学术交流管理制度，提高学术交流的质量，设立专项学术交流经费，建立学术交流活动的激励机制。

第三，加强国际合作，重视国际化而不盲目追崇国际化。

学术国际化的动力来自两个方面：学术共同体内部和国家行政权力部门。在当今时代，我们当然不能闭关锁国，要重视同国外学术机构包括高校的学术交流，学术期刊则正是展示学术研究成果和开展国际学术交流的园地。一个国家是否拥有国际化的具有国际影响力的学术期刊，是这个国家是否具有较高学术水平的具体体现。但是，对人文社会科学来说，它与自然科学有很大差异，具有太多不能抽去和归一的东西，其国际化是有限度的。人文学科的学者应该具有清醒自我意识的本土化学术取向，坚实站在中国自己的土地上，发出我们自己的声音。人文社会科学是根植于语言之中的，因此必须强调汉语的中心地位。在学术评价体系上，我们要重视SCI、SSCI和A&HCI的学术评价方式，但在人文社科方面，我们更应该建立自己的、以中文刊物为主的、有国际影响力的评价体系。重视国际化，而不盲目追崇国际化，才是我们应该采取的态度。

要解决问题、克服困难、迎接挑战，抓住历史契机，实现跨越式发展，不能仅仅依靠一校一院一系；大学理应是开放的、包容的大学。我们要建设“双一流”，就必须广泛借鉴和吸收国内外专家学者的智慧，建立学术交流的良好机制，这也正是我们举办此次“华中学术传播论坛”的根本目标。我相信，有在座各位专家学者的深厚学养，本次论坛一定会碰撞出智慧的火花和思想的精华，也一定能在学科建设、学报和学术期刊出版等方面取得丰硕的成果。这对我们，无疑是一种促进，更是一种帮助。

最后，再一次感谢参会的各位专家学者，并预祝本次会议圆满成功！

（蔡红生　华中师范大学副校长）

继往开来：在第一届华中学术传播论坛上的讲话

刘　云

各位女士，各位先生：

上午好！

我代表本次会议的协办单位华中师范大学文学院致辞。文学院是个百年老院，前身可追溯到1909年创建的私立文华文理学院（由文华书院大学部改名建立）中国文学系，至今已有逾百年办学历史。在教育部学位与研究生教育发展中心组织的全国第三轮学科评估中，我院中国语言文学学科居全国并列第5名；在今年9月21日教育部、财政部、国家发展和改革委员会印发的《关于公布世界一流大学和一流学科建设高校及建设学科名单的通知》中，我院中国语言文学学科入选国家“双一流”建设学科名单，成绩的取得来之不易，是几代人不懈努力的结果。

华中师范大学的中国语言文学学科具有以下5个特点：

第一，具有语言与文学双向并进，学科发展均衡的整体优势。各二级学科已形成自身特色，其中现代汉语语法、文学批评、诗歌研究、文学伦理学、民间叙事研究、文化传播等方向在全国具有重要地位。

第二，科研与教学并重，形成科研与教学的良性循环。注重科研向教学转化，先后多次获国家级优秀教学成果奖，获得1篇百优博士学位论文，拥有2支国家教学团队，5门国家精品课程。

第三，高水平科研成果突出。近4年在研或结项的国家社科项目51项，教育部各类项目49项，其中重大项目5项；4部著作入选国家哲学社会科学成果文库；成果获全国高等学校第6届、第7届人文社科优秀成果一等奖1项，二等奖4项，三等奖5项。

第四，期刊建设成绩斐然。《外国文学研究》为大陆首家进入A&HCI

系统检索刊物；《汉语学报》2011 年成为 CSSCI 期刊；《华中学术》成功进入 CSSCI 辑刊。

第五，拥有一支老中青结合，学历、年龄及学缘结构合理的团结、高效的师资队伍。专职教师中博士学位获得者占比为 90.8%，45 岁以下青年教师占比为 59.2%，有海外学习和交流经历的教师占比为 43.9%。

进入国家“双一流”建设学科名单后，我们的目标是高水平的师资队伍、高素质的拔尖创新人才、高质量的学术成果、高成效的社会服务、高起点的文化传承与创新、高层次的国际交流与合作。我们将以项目申报和研究为纽带，实施学科交叉和学科融合，提高学术创新和服务社会的能力，专门设立的文化传播学博士点就是其中的措施之一。

文化传播学是文学院 2011 年在中国语言文学一级学科博士点下自主设立的二级学科博士点，得到了包括评审组组长冯天喻先生在内的专家们的一致首肯，2012 年开始正式招生。文化传播学学科注重弘扬传统文化，积极致力于中国传统文化的研究与传播，努力加强中外文化交流，在为促进社会主义精神文明建设、增强文化自信等方面作出应有的突出贡献。

感谢各位对华中师范大学文学院和文化传播学学科提供的大力支持和帮助，恳请各位一如既往地支持文学院，支持文化传播学学科的发展。

最后预祝会议取得圆满成功！

谢谢大家！

（刘云　华中师范大学文学院院长）

“双一流”建设更需要一流的大学出版

范　军

今年 9 月 21 日，世界一流大学和一流学科（简称“双一流”）建设高校及建设学科名单公布。这标志着以习近平同志为核心的党中央所部署的我国高等学校“双一流”建设进入正式实施阶段，也标志着我国加快高等教育现代化、建设高等教育强国进入了新阶段。高校“双一流”建设给大学出版提供了新的发展契机，也提出了新的更高的标准和要求。如何借助“双一流”建设的有利条件进一步提升大学出版，同时又通过大学出版助力“双一流”建设，形成二者的良性互动，则是摆在我们面前的新课题、新任务。

“双一流”建设为大学出版提供了新的历史机遇和更坚实的基础。我们所说的大学出版既包括图书，也包括期刊；既包括传统出版，也包括新型出版（或融合出版）。作为大学出版母体的高等学校，尤其进入一流大学和一流学科建设的大学不仅是培养人才的摇篮，而且是科学研究的殿堂，是一个地方乃至全国的科学文化高地。这就使以服务教育、弘扬学术、积累和传播文化为宗旨的大学出版有了坚实的依托。国外优秀大学出版社无论是颇具规模的“牛津模式”“剑桥模式”，还是更加特色化的“哈佛模式”，毫无例外地都体现了母体与大学出版之间的紧密联系与互生共荣。我国当下的“双一流”建设，一是把高水平人才培养作为首要标准；二是要把产出符合国家经济社会发展需要，国内外公认的优秀成果作为重要考量；三是把形成重大影响作为最高标准。新的政策支撑，新的资源配置，更高水平的师资队伍和科研成果，无疑会成为大学出版的源头活水和发展动力。

作为“第三势力”的大学出版机构同样可以更好地反哺大学、回报大学，支持大学的“双一流”建设。国外有学者把图书馆、实验室和出版社称为大学的“第三势力”，赋予大学出版崇高的职责与使命。在我国，根植大学的大学出版曾经有过辉煌的历史。“五四”时期，《新青年》和《新潮》杂志的编辑出版，对于一个新北大的形成、对于北京大学重大社会影响和崇高历史地位的确立发挥了非常重要的作用。民国时期“四大学术期刊”中的三种出自大学。《国学季刊》之于北京大学、《清华学报》之于清华大学、《燕京学报》之于燕京大学，在推出一流成果、打造学术品牌、提升大学影响力等方面都居功至伟。我们谈大学出版，过去往往只把目光盯住出版社，其实作为学术出版重要方面军的学术期刊，对于大学的建设与发展无疑有其特殊的功用。我们谁也无法否认，新中国成立以后《文史哲》对于山东大学人文学科的发展、学校的整体建设乃至整个学术事业的发展，都曾起到了引领和推进的重要作用。

建设“双一流”的前提是中国特色，大学出版也当在中国特色上下功夫。习近平总书记指出：“办好中国的世界一流大学，必须有中国特色。”诚如有专家所指出的，中外高等教育发展历史证明，一流大学、一流学科具有共同特征，更有鲜明的特色。建设有中国特色，世界一流的大学，就是要扎根中国大地办大学，积极探索世界一流大学和一流学科的中国模式和中国道路，使我国高等教育发展方向同国家发展的总体现实目标和未来方向紧密联系在一起，在为改革开放和社会主义现代化建设的服务中体现大学的价值追求。今天的大学出版就应该紧紧围绕党和国家的大局与中心工作，突出思想引领与学术创新，做好主题出版和专业出版；坚持社会效益优先，实现两个效益相统一；推动教育出版尤其是学术出版的融合发展，加快出版的现代转型。从“双一流”建设来看，自然科学基础学科可充分考虑国际竞争，应用学科可兼顾国家需求、国际比较，人文社会科学则更需要注重在思想文化方面的引领作用。具体到大学出版，自然科学的出版可充分考虑与国际接轨，并逐步形成中国话语权；而人文社会科学领域，更需要有中国特色、中国气派，让紧密配合学科建设与大学发展的学术出版、专业出版与国家战略和民族复兴相向而行，同振共鸣。

“双一流”建设与一流的大学出版，都要坚持走内涵发展的道路。内涵是一流大学的底色。支撑一流大学，学科是基础，人才是关键。清华大学梅贻琦老校长的名言至今仍不过时：“所谓大学者，非有大楼之谓也，有大师之谓也。”有教育专家这样说：“我们建设世界一流大学，要立足学科之‘根’、人才之‘魂’。要鼓励高校多一些安心、耐心、静心，走稳走好内涵发展之路，凝练学科发展方向，打造出更多学科‘高地’和‘高峰’，稳中求进，逐步提高高等教育重心。”与此相似，大学出版既需要只争朝夕，更需要心有定力，久久为功。大学出版作为学校整体发展很重要的一部分，是整个学科建设、学校远景规划、提升学校学术声望的有机组成部分。就像人们公认的不少世界一流大学并非庞大的“航空母舰”，一流的大学出版社如哈佛大学出版社等也不一定就人数众多，门类齐全，规模恢宏。建设有中国特色的一流大学出版，也不能急功近利，贪大求全，还是应该有取有舍，出精品，出人才，创高峰。柳斌杰曾说：“大学凭借大师立校，大学出版社也要依靠大师级作者立社。”其实，大学出版除了“依靠”大师，更要“培育”大师，协助大学培育出更多学科、更多领域的“大师”。在学术期刊尤其是自然科学期刊领域，需要花大气力改变这样的局面，即我国严格意义上的学术创新成果，90%以上是选择在国外期刊首发的。科学无疆界，但大学有祖国。办出世界认可的中国一流学术期刊，逐步掌握至少是共享学术话语权，中国大学出版界任务艰巨，使命光荣。

“双一流”建设刚刚起航，相伴而行的中国大学出版也当立意高远，扬帆远行。现代大学肩负着人才培养、科学研究、社会服务、文化传承与创新的神圣使命，大学出版也当与母体——大学一道，追求社会责任之大，追求学问与知识之新，追求文化传播与积累之深、之远。我们有理想、有信心、有能力打造世界一流的学术期刊群，打造世界一流的大学出版机构，并在融合出版的新征途上创造新的业绩与辉煌。

（范军《华中师范大学学报》主编，文学院教授）

学术·学科·学报：首届华中学术传播论坛综述

何国梅　万滢安

2017年12月8日，由《华中师范大学学报》、华中师范大学文学院主办，湖北文学理论与批评研究中心、《华中学术》编辑部、《出版科学》杂志、《现代出版》杂志协办并得到《武汉大学学报》（哲学社会科学版）、《江汉论坛》《湖北美术学院学报》等支持的首届华中学术传播论坛在华中师范大学科学会堂召开。来自北京、河南、山东、广西、重庆等地以及湖北本地的高校和科研机构的专家学者，以及校内外传统媒体和新媒体记者共80余人出席了本次研讨会。研讨会围绕“双一流”背景下的学术出版、学报发展与学科建设这一中心议题，采取主题发言、评议人评议及自由发言的形式进行讨论交流。

华中师范大学文学院张三夕教授（《华中学术》首任主编）主持论坛开幕式。副校长蔡红生在开幕式致辞中指出，在“双一流”建设的背景下，高校学科建设、高校出版包括学报等学术期刊的出版都迎来了千载难逢的发展契机，同时，也面临着很多新的问题、新的挑战。以学报为代表的高校学术期刊与学科建设之间是内部共生的关系，二者相互依托。学术期刊的集群化、品牌化发展，必然推动学术的繁荣和学科的建设。我校的文化传播学虽然相较于其他传统学科起步较晚，但已经展现了良好的发展势头。新兴学科、交叉学科，积极建设具有中国特色、中国风格、中国气派的哲学社会科学体系，既是政府的责任，也是高校的责任。我校学术期刊理应为文化传播学的发展壮大提供必要的支撑和帮助，文化传播学在这样的沃土中生根发芽，必然很快成长为如华师的梧桐一样的参天大树。对于高校学术期刊和学科建设如何有效助力于“双一流”建设，他认为，第一要顺应新技术变革的潮流，以“互联网+”的思维应对挑战；第二要加强校内外学术交流，开创学科建设和期刊出版新局面；第三要加强国际合作，重视国际化而不盲目追崇国际化。他强调，要建设“双一流”，就必须广泛借鉴和吸收国内外专家学者的智慧，建立学术交流的良好机制，这也正是举办此次“华中学术传播论坛”的根本目标。

华中师范大学文学院副院长刘云教授在接下来的致辞中则主要向大家介绍了今年9月刚入选国家“双一流”建设学科名单的中国语言文学学科的特点：具有语言与文学双向并进，学科发展均衡的整体优势；科研与教学并重，形成科研与教学的良性循环；高水平科研成果突出；期刊建设成绩斐然；拥有一支老中青结合，学历、年龄及学缘结构合理的团结、高效的师资队伍。中国语言文学下设的文化传播学博士点，注重弘扬传统文化，积极致力于中国传统文化的研究与传播，努力加强中外文化交流，为促进社会主义精神文明建设、增强文化自信方面作出应有的突出贡献，希望得到在座专家的支持和帮助。

《华中师范大学学报》主编范军教授在最后的致辞中表示，我们学校的中国语言文学是首批进入一流学科建设的，文化传播学博士点建设已经五年，总体发展不错，但现在的文化传播学学科建设，已不仅仅是一个二级学科博士点的问题了，如何在一流学科的框架内，如何在文学跨界研究与传播的总任务下来加快建设，出人才，出成果，确实需要集思广益。希望通过这次会议，在文化传播学建设的内涵与外延、学科合法性、学科发展问题与对策等方面都有所收益。在关于以学报为代表的大学学术期刊，如何建设、如何发展的问题上，他认为，从C刊这个角度来看，现在学术界、教育界最主要的矛盾就是人们日益增长且难以满足的C刊发表需求与C刊供给严重不足的矛盾。这些都是学术GDP、学术泛化、量化考核等等惹的祸。泛学者化或伪学者化、泛学术化、泛论文化等现象泛滥，正在降低学术的门槛，毁损学术的尊严和价值。

随后，大会进入正式的主题报告环节，专家学者从学术出版、学报发展和学科建设切入，进行了精彩的发言。

学术出版

与会专家既有来自出版学界的学者，也有长期工作于出版第一线的出版机构领导和编辑，还有身兼两职的“两栖”学者。专家们就学术出版及其当下转型、学术出版与学科建设、学术出版品质以及学术出版史考述等方面进行了交流。

（一）学术出版及其转型

学术出版是学术成果展现的重要手段。在出版业转型浪潮及数字出版业态强势发展之下，学术出版“读者面窄、需求分散”的特性更加突出。2017 年 1 月，经国务院同意，教育部、财政部、国家发展和改革委员会印发《统筹推进世界一流大学和一流学科建设实施办法（暂行）》。2017 年 10 月 18 日，习近平同志在党的十九大报告中指出，要加快一流大学和一流学科建设。“双一流”建设的重大战略决策，为学术出版的未来发展提出了更高要求。学术出版何去何从，又该如何作为，在本次论坛上引发激烈讨论。

华中农业大学副校长吴平教授首先从编辑视角解析学术出版服务。她从学术出版的内涵、类型、服务模式及其差异性入手，谈到当下学术出版面临评审机制与评价标准良莠不齐、过分依赖项目资助、市场推广难度大以致盈利困难等现实困境。为了解决学术出版困难，学术出版机构应努力探索在传统出版资源的基础上进行数字化转型，充分利用技术服务商提供的先进手段，坚持做优质内容的提供者。“绿色”开放存取和“金色”开放存取的出版模式下，更应加强学术出版的专业化运作，努力培养专业化的编辑队伍，形成竞争优势和品牌特色，减少无效、低效出版。

武汉大学出版发行研究所黄先蓉教授认为，“双一流”建设和学术期刊关系紧密。“双一流”建设为学术期刊改革创新提供指导方向，学术期刊对“双一流”建设具有推动作用。但目前学术期刊仍存在一些问题，如体制机制不健全、评价体系不完善、融合发展程度不深、学术创新推动力不足、对学术人才培育不充分、功能实现途径较为单一等。在“双一流”建设背景下，应健全学术期刊体制机制，构建科学合理的学术期刊评价体系，加深学术期刊融合发展程度，加大力度推动学术创新，构建学术人才及团队的培育机制，开拓期刊功能的多元实现途径。

中原出版集团总编辑、河南大学出版社编审耿相新认为，信息技术和互联网技术革命洗礼下，互联网新平台型出版为作者、出版业管理者、编辑、读者提供了 24 小时互动交流的空间，颠覆了传统出版的交易流程并重新确立一套新的知识交易模式，平台成为聚集、整合各种出版资源的虚拟空间。它能够有效消弭传统出版平台无法有效管理出版产业链的上下游、由于生产者和销售者的分离且利益相关方过多造成的交易困难以及出版行业的手工加工性质与工业化机器大规模生产之间的基本矛盾始终无法得到有效解决等弊端。在他看来，以出版物为主导的传统出版向以汇聚海量创造和使用内容群体为主导的平台型出版将成为未来出版业的主流，此一变革，是出版历史的必然。

华中师范大学出版社副社长董中锋教授从当下的社会热点——人工智能入手，结合出版实践，阐述了他关于人工智能对出版生态的重构。在他看来，习近平总书记在十九大报告中提到"人工智能"和"颠覆性技术创新"，使人工智能上升到了党的意志、国家战略的高度。因此，人工智能的迅速发展将深刻改变人类社会生活、改变世界。可以预见，到强智能阶段，人工智能将重构出版生态。而这一重构体现在五个方面，即平台的跨界融合、作者的人机协同、再造出版流程、灵活多样的产品、多业相融的个性化市场。

从对学术出版困境及其解决路径的宏观探讨，到媒介融合背景及"双一流"建设的契机之下学术出版多元实现途径的探析，乃至对平台型出版、人工智能对出版业态重构的理论思考等，与会专家各抒己见，发表了关于学术出版及其转型的不同见解。不可否认也无法回避的是，出版体制的转型、数字化业态的发展乃至高等教育顶层设计的战略调整，都已对以大学出版社、大学期刊为主要载体的大学学术出版产生重要的影响。审时度势地推进学术出版的自我升级与改造，探索学术出版的良性发展，摆脱当下学术出版的"虚假繁荣"和"虚假泡沫"，重塑制度设计层、学术出版者、学术共同体对于学术出版的理性，培育学术出版品牌，将是未来学术出版的重要任务之一。

（二）学术出版品质

学术出版，品质求存。北京大学出版社社长王明舟曾指出，学术管理、评价体系不合理，原创性差，学术失范甚至学术不端行为大量存在，学术垃圾充斥，严重影响了我国学术出版的品质和良性发展。

华中师范大学出版社编审冯会平前不久做了一次学术图书读者问卷调

查，结果显示，当下学术出版至少有近30%是在做无用功，甚至有的是在制造垃圾。与此同时，72%的人认为选择购买某一种学术图书的决定性因素是其专业内容。这说明专业品质是学术出版的生命线，出版物的学术性、思想性、科学性是其真正的生命力所在。而学术出版的这一品质是由作者、编者和读者共同赋予的。她以华中师范大学出版社近年来着力打造的学术出版精品《说文解字约注》《杨东莼文集》《钱基博集》《孙子章句训义》《中国农村调查·口述类》等为例，论述了学术出版的品质打造中，作者的专长、专攻是基础，编者的专业、专心是保障，读者的专一、专注是归宿，三者的有效结合方能提升学术出版品质。

坚守学术出版底线，提高学术出版品质，需要作者、编者和读者的多方合力，更需要从理念、操作、评价等方面入手，扭转当下学术风气低下，学术出版沦为学术评价不公蔓延的重要推手等局面，使学术出版重回理性与客观。

（三）学术出版与学科建设

学术出版为学科建设提供发展机遇和展现平台，同时又以学科的建设为出版的资源和产品的服务对象；学科建设为学术出版提供高水平、高层次人才及学术资源，同时又依赖于学术出版。两者是互生互荣的关系。如何就当下时代背景和“双一流”建设之下，有效提高学术出版对于学科建设的服务水平，提高学科建设水平，同时借助学科建设在定位、发展愿景、人才队伍建设等方面的成果，推动学术出版发展，也是本次会议的重要议题之一。

对此，华中师范大学文学院李炜副教授在研讨会上以其所服务的《华中学术》为例，探讨了一流学科建设与高校院系学术期刊发展之间的关系。她认为，一流大学与一流学科建设是当前我国高等教育发展的建设核心，高校院系主办的学术期刊应当成为呈现一流学科建设理念、学科发展轨迹、培育学科文化的有力后盾，与一流学科建设共荣互生。两者之间的良性互动应从如下两方面着手：第一，注重学科建设结构，凸显研究方向的战略选择，同时兼及跨学科研究；第二，发表一流学科优秀研究成果，发现和培养科研人才，规模式提升学术影响力。湖南师范大学出版社黄林总编辑以《外国语言与文化》的创刊为切入点，结合湖南地区的学术期刊状况谈到，学术杂志的出版与学科建设更是相互依赖、相互促进的关系，以此对李炜的观点形成呼应。

湖北民族学院文学与传媒学院院长杨光宗教授以“引领”“推动”与“发展”精辟概括了学术期刊与“双一流”建设之间的互动关系。他提出，学术期刊平台应充分发挥传播力，引领“双一流”建设思想潮流，同时掌握学术话语权，培育学界先进的领航学科。学术平台品牌化有助于培育人才以促进一流学科建设，而传播平台的专业化，则能够成为一流大学学术的展示平台。对于大学学术期刊而言，履行职责使命，坚守学术发展阵地；理论结合实践，整合平台学习资源；改革平台教学，培养卓越的学科人才。这既是为学科建设服务的体现，也是整合与凝聚平台力量，打造符合“双一流”建设的学术期刊的自我要求。

建设世界一流大学和一流学科，有效处理好学术出版与学科建设之间的关系，不以学术出版繁荣的假象掩盖学科建设的科学性，不以学科建设的硬性指标挑战学术出版的自我坚守，这既是学术出版本我约束的自然显现，也是学科建设应遵循的科学之路。

（四）学术出版史考述

以史为鉴，可以知兴替。学术出版从来不是无源之水、无本之木。学术出版的今日繁荣乃至当下失范，都可以从学术出版史的考述中捡拾一二乃至警示一二。在本次研讨会上，与会专家不乏长期从事学术出版史研究的行家里手，他们也从“史”的考据与评鉴入手，剖开检视学术出版的另一个端口。

中国传媒大学编辑出版研究中心副编审赵丽华以《国风》《时代公论》为例，阐述了大学出版视野中的学人论政问题。她认为，学人办刊多借大学场域展开，是中国大学出版史的重要篇章。学人论政是集中展现现代大学学人通过舆论影响、推进社会进程的重要方式，对于中国现代学人而言，学术与政治各司其职、并行不悖的状态在很大程度上只是一种假设。这一方面源于中国学人受“兼济天下”的传统儒学熏陶，另一方面源于现代中国此起彼伏的民族与政治危机，韦伯式的两者分途主观客观上都缺少生存土壤。学人论政的方式，基于不同专业背景而有不同。在学人论政的过程中，必然涉及学/术、学术/政治之辨，亦即学人论政的逻辑起点。以教辅政、以政统教抑或是以教统政的取舍中可见学人论政的立场、姿态，也预示着大学出版可能的面向。

济南大学文学院陈静教授考述了 1898 年至 1918 年间的中国近代妇女报刊。她认为，综合来看，近代妇女报刊研究正在走向丰富与深入。但在这一发展趋势中存在一处明显短板——总体文献状况不明。学界对近代妇女报刊的文献情况认识模糊，在报刊数量、编辑人员、创办时间、刊名等基本问题上，目前的很多表述都比较混乱。这一状况，很可能会制约该领域的研究走向。基于此，她从基础问题入手，尝试对近代妇女报刊进行文献层面上的清理与描述，通过对各资料来源的比对、查考，结合其他途径的辨析，共统计出 97 种近代妇女报刊。下一步的工作，陈教授还会对这 97 种报刊的基本信息逐一查考，澄清疑点，尽量恢复其本来面目。

故宫博物院故宫学研究所所长章宏伟教授围绕民国时期故宫博物院出版事业的发展及其评价，将其长期以来研究故宫博物院的成果与大家分享。在他看来，故宫博物院民国时期出版的情况，因为时间不长品种也不是很多，因而并不复杂，故宫博物院在民国时期的出版活动主要集中在 20 世纪 30 年代抗日战争全面爆发以前，虽然作为一个单位出版成绩相当可观，但着实达不到也不可能达到成就斐然的境界，在民国出版史上只能说是比较有特色而已，不宜过分拔高或夸大其实。

武汉大学信息管理学院吴永贵教授谈到作者视角下的民国学术出版时提出，民国虽然只有短暂的 38 年时间，但在中国近现代出版史上却具有重要地位。作者作为学术同行，在民国学术出版研究中涉及两个方面的问题：一是学术同行自身学术作品的出版；二是民国时期的作者在多大层面上能够实现自己的学术出版。对于第一个问题，他提出，民国作者是一种稀缺资源，其基本的出版状态分为“不出版”“准出版”“出版”三种状态，这与当下的学术出版既有一致的地方，更有不一致的地方。关于民国作者在多大程度上能实现自己的学术出版，他认为，民国学术作者进行出版并非难事（有学校、出版社的资金资助），虽然作者资源比当下更稀缺，但当下学术氛围和学术环境被污染，学术功利色彩滋生了更多非良性的学术出版。

从“史”的视角研究当下问题从来都是学术研究的基本路径之一。从本研讨会几位专家的论述来看，不论是对学人论政的案例式剖析，还是对近代妇女报刊文献研究和民国时期故宫出版史实的近乎苛刻的考据，乃至从作者视角入手对民国学术出版与当下学术出版的比对，学术出版绝不仅仅是应时应景的产物，它实则承载了更多的学术使命和学术理想。正是这样淳朴的理想和仪式感，推动学术出版必须清正自身，砥砺前行。

学报发展

根据中央关于深化文化体制改革的总体要求，报刊出版体制改革、出版事业产业化与集团化发展逐步铺开并显有成效。高校学报作为展现高校学术成果和科研水平，对接高校服务社会理念的重要窗口，如何在出版体制改革的大势之下，以提升自身学术影响力和核心竞争力为根本，走“引进来”和“走出去”的双效之路，成为本次研讨会的又一个重要主题。

《北京大学学报》原主编龙协涛教授高屋建瓴，以《学桴》和《北京大学月刊》为例，深入探讨了以学报为代表的高校学术期刊的初心和传承问题。在他看来，学术期刊的自我坚守体现于高校学报之上便是对于“贡献大学”的不忘初心。从《学桴》和《北京大学月刊》，到《文史哲》以及《北京大学学报》，坚持正确导向，走理论联系实际、学术结合时代之路，在学术探索和创新上展现自身水平，正是高校学报的初心使然。

华中师范大学学报编辑部副编审曾群则以“中国科技期刊学术影响力及其提升途径”为题，探讨了科技期刊在知识创新、人才培养中的作用，剖析了我国科技期刊学术影响力的影响因素，就如何提升其学术影响力提出了有针对性的建议。她认为，科技期刊刊登的都是当前科学研究的热点问题和最新研究成果，一篇好的科技论文以其研究内容科学前沿、研究方法先进、学术价值高、实验设计合理、实验数据翔实可靠、研究者学术水平与写作水平较好等为基本特征。科技期刊在知识创新中发挥着重大作用，不仅存储了大量新知识，还通过系列文章的发表对新知识进行组织优化，在新知识的传播、宣传、转化为生产力中起着重要作用，也对新的研究者提供导向作用。科技期刊在人才培养的过程中，不仅提供新信息，同时为人才成果的传播提供介质。具体体现在展示学术成果的平台，提供学术信息的平台，培养论文写作能力，发现人才、培养年轻的科技工作者和科学家的平台等方面。为此，她提出了提升科技期刊学术影响力的几种途径：明确期刊定位，吸引高质量稿件；建立规范的体制，吸引优秀的管理人才；以高校学报为中心，形成学术期刊联盟；规范论文格式，提高时效性；争取政策支持，确保科学的学术评价机制；实行国际化，在全球范围争取稿源等。

南昌大学新闻与传播学院陈世华副教授认为，高校学报“走出去”是时代的要求，在传播“中国学术好声音”中扮演重要角色。高校学报“走出去”的价值和意义既在于“走出去”，传播中国学术，贡献中国智慧，也在于“引进来”，提高办刊质量，与国际接轨。在他看来，高校学报“走出去”面临办刊理念落后、管理体制僵化、编辑队伍无法胜任、内容和形式达不到要求、传播渠道和方式障碍等困境，应该通过政策保障、转变办刊理念、建设复合型编辑队伍、提高内容质量、规范形式等路径提高国际传播力，建立纸质出版、网络传播、移动传播、人际传播相结合的全方位传播网络，科学、合理、规范、有效地践行高校学报“走出去”战略。

高等学校是我国哲学社会科学研究的一支相当重要的方面军，而高校学报作为服务于高等学校科研的主力军，在当今出版体制改革和媒介融合背景之下，既面临功能定位的尴尬，又存在发展愿景的模糊，这些都将成为制约高校学报发展的巨大瓶颈。高校学报应摒弃学术功利带来的负面影响，坚持走特色化、国际化的发展之路。

文化传播学学科建设

文化传播学作为一门新兴学科，其自身学科确立与学科建设和发展都需要进一步研究探讨。文化传播学是该根植于文化研究的肥沃土壤还是延续传播研究的西式话语，它有无确立自身学科独立性的可能与必要，它的知识生产逻辑与表达语法、问题域与解释范式、知识传统与话语权力基础何在，这都是文化传播“有学”首先要解决的问题。对此，与会专家围绕文化传播学学科建设问题进行了主题发言。

华中师范大学新闻与传播学院副院长彭涛教授指出，文化传播学是最近这些年兴起的一门交叉学科。从该学科的设立初衷看，虽然存在一些外在因素，但更多的，是学科发展的内在规律、学科交叉融合发展的大趋势所决定的。这种交叉融合趋势使交叉性成为文化传播学的首要属性。文化传播即“文化的传播”，其内涵极为广泛，这也使文化传播学不可避免地具有开放性特征。事实上，华中师范大学文化传播学博士点目前设立的四大方向——文学传播、出版传播、影视传播、新闻传播，就是这个思路的产物。在将来，还可以有政治传播、科学传播等等，其开放、吸纳的前景十分广阔。对于文化传播学的核心概念与范畴，他指出，目前文化传播学的学科独立性确实还不够。它还是在原依存学科的基础上，借助传统概念、依靠原学科方法，要么是研究对象的跨界，要么是研究方法的挪用。但这正是交叉学科的“自带 BGM”特性，一经交叉之后，原有研究对象和方法，在新的学科体系中会有所偏重。但是，可以肯定地说，交叉必然产生新的视野，形成新的洞见，进而产出新的有影响的成果。因此，我们大可不必担心文化传播学的学科独立性问题。未来文化传播学的学科发展路径如何？他认为，首先，应组建相对稳定的研究机构，确定中长期研究目标；其次，应稳定方向，及时增补导师队伍；最后，应努力打造学术平台，开展学术交流。

武汉广播电视台主任编辑王光艳博士在探讨新时期文化传播学学科建设问题时，从一流学科与文化传播学的内涵入手，提出文化传播学一流学科建设的策略包括人才培养、科学研究、社会服务、文化传承创新。他认为，“双一流”建设给文化传播学学科提供了新的发展契机，要求文化传播学学科发展必须立足中国国情，坚定不移地走“中国特色、世界一流”之路，不断从中华优秀传统文化中汲取养料，凸显民族文化特色，彰显文化自信。在这个过程中，文化传播学学科既要顺势而为，融入主流，又要保持头脑清醒，杜绝跟风，最终实现学科的跨越式发展。

广西艺术学院刘文军副教授将文化传播学博士生培养比喻成一场长达 3 年的手术，他用“一场惨剧，两点反思”来谈及自己对于文化传播学的思考。在他看来，文化作为人类的生活方式，它是静态的生活方式的凝结；同样，文化也是动态的生活中的交流和互动。借此反思文化传播学学科发展，文学院博士点内现有文学传播、出版传播、影视传播和新闻传播四个大的方向，研究对象只是呈现形式不同，而没有质的差别，这使我们的研究抓不住文化和传播的本质。因此，我们应该重拾和重视文化传播学对“人”的考察。

广西师范大学新闻与传播学院副教授、华中师范大学文学院博士生曾建辉利用读秀、中国知网两个数据库中收录的有关文化传播学的文献检索，提出了当前的文化传播学研究主要有两个主导路径：基于文化维度的传播学研究和传播学理论框架下的文化研究。他指出，现在的文化传播学研究最大的弊端就是“见物不见人”，只研究文化传播的过程、类型、演变、效果等，对“人”的研究也停留在作为发出传播行为的有既定目的的传播者和作为市场的受众的框架中，忽视了“人”在文化传播现象中的中心地位。当代社会科学的许多专家学者都从各自的专业出发，切入文化传播学研究，对于开拓、发展文化传播学自身的学科理论体系是十分有益的。但除了更广泛地综合运用社会科学思维和方法论外，还应该适当运用计量方法，加强研究的科学化。

湖北美术学院学报编辑部编辑、华中师范大学文学院博士生何国梅从学科互涉与学科规训的角度论证了文化传播学的学科合法性问题。她首先从学科及其合法性的内涵入手，结合学科互涉与学科规训的当代语境，从学科行政合法性、学科历史合法性、学科社会合法性和学科学术合法性四个维度对文化传播学的学科合法性进行阐释。她认为，在今后的文化传播学研究中，需要努力从互涉到规训，建构文化传播学理论体系，同时警惕“欧洲立场”与“自我东方主义”的研究倾向。

学科的建设与发展离不开自身学科合法性与独立性的获得，无论学科创生之初的交叉与融合程度如何，最终，要能有效推动人类文化走向繁荣，学科都必须建立相对明确的研究域、周边围绕着相对组织化和常规化的研究群落并形成一定的学术影响力和有效的学科话语。对于文化传播学亦是如此。本次研讨会关于文化传播学学科建设的探讨，看似一场边际模糊、视角不一的学术发声，实则敏锐地把握了文化与传播问题研究的根本，不似应情，不似应景，却向学术研究同行抛出了关于当下文化传播学的叩问之音。

研讨会最后的自由发言阶段，与会者围绕学术出版、学报发展与文化传播学学科建设进行自由交流。就“双一流”背景下的学报发展方面，华中师范大学出版社高教分社社长刘晓嘉提出，高校学报的核心竞争力是其内容生产、复制、传播中获得竞争优势的能力；学科建设是学报与“双一流”建设之间的纽带和归宿。要从加强编辑人才培养和树立品牌意识入手，逐步提升高校学报的核心竞争力。也有研究者积极关注于文化传播学的学科建设问题。华中师范大学文学院博士生万滢安就提出了文化传播学学科延展性的几点思考。她把翻译研究与文化传播的结合作为探讨文化传播学学科延展性的一种尝试，她认为翻译活动不仅是人类文化行为的一部分，而且翻译活动本身也是一种传播行为。梳理近几年翻译传播的文献资料与翻译传播学学科建设情况可以看出，翻译研究与文化传播的结合已经吸引了不少学者的目光，他们也从不同的角度展开探索，但这种结合应该继续深入。文化传播学学科不仅具有多学科包容性，而且还具备学科延展的特性。

会议最后由范军教授做会议总结。范教授真诚感谢与会专家的热情支持，虽然会议时间紧张、节奏紧凑，但大家能够从各自深耕细作的领域出发畅所欲言，研讨会开得很圆满。他希望能借此对学术同仁有所鞭笞和启发，以对学术常持敬畏之心。

（何国梅　华中师范大学文学院博士研究生，《湖北美术学院学报》编辑；万滢安　华中师范大学文学院博士研究生。本文发表于《社会科学动态》2018 年第 5 期）

【第一篇】
大学学术期刊与“双一流”建设

大数据时代学术期刊面临的挑战与应对策略

陈金清

（湖北省社会科学院《江汉论坛》杂志社，湖北武汉，430077）

摘要： 大数据深刻地改变了人类社会的生产生活领域，同时对学术期刊的品牌、出版和传播时效、学术期刊的利益以及编辑人才都带来了冲击和挑战。为顺应大数据时代的发展潮流，学术期刊应发挥数字化优势，提升刊物质量，出版数字版以缩短传播周期，在信息时代维护好自身权益，培养适应时代需要的编辑人才，不断提升质量，提高传播力和影响力，使学术期刊的发展前景更加广阔。

关键词： 大数据时代；学术期刊；数字化

随着计算机和互联网及相关技术的发展，人类社会各个方面、各个领域的数据以惊人的速度迅猛增长，人类进入所谓“大数据时代”。大数据也称海量数据、巨量数据，是指数据量巨大，以至于通过目前计算机的主流软件无法及时处理。而要进行及时处理，人们就必须不断改进处理数据的工具。《大数据时代：生活、工作与思维的大变革》一书作者维克托·迈尔-舍恩伯格认为，大数据深刻地改变着人们的生活、工作和思维，对人类社会的生产生活领域带来全面挑战。传统的以纸质为传播媒介的学术期刊也经受着大数据时代多方面的冲击和挑战，学术期刊如何有效应对挑战，在大数据时代不断提升质量，提高传播力和影响力，不断发展和壮大自身的优势地位，是亟待我们认真研究的重大课题。

一、学术期刊面临的挑战

在大数据时代，信息的传播以海量、多样、快速为基本特征，其对传统的纸质传播媒体的冲击和挑战是多方面的、全方位的。仅就学术刊物来看，这种冲击和挑战主要表现在以下几个方面：

一是对学术期刊品牌的冲击和挑战。在传统纸质媒体传播时代，不同的学术期刊各有自己的个性和特色，尤其是高质量的学术期刊，更是具有独特的个性和鲜明的特色，在读者心目中享有崇高的地位，具有极高的品牌价值。读者订购某一刊物，既是为了把握相关学科的学术研究动向，也是对刊物高质量品牌价值的认可。而在大数据时代，学术期刊所刊载的文章以数字化的形式发布到相关的数据资源系统或相关的电子杂志社，读者需要了解某一学科的研究情况，只需要订购相关的文章即可，而不需要订购刊物。读者只关心相关题材文章的信息，已不再关注或不再特别关注文章出自哪一种刊物，刊物与刊物的界限模糊，刊物的特色和品牌价值淡化。

二是对学术期刊出版传播时效的冲击和挑战。随着互联网、物联网、云计算、移动智能终端、数字家庭、社会化网络的应用，大数据时代信息传播速度迅捷、即时。这表明大数据时代传播媒介多元化、即时化。每一位作者可通过各种数字出版平台如各种网站、博客、微信、QQ 空间等迅速、及时地发布自己的研究成果，这必将有力地推动整个学术研究在快速和高效方面取得巨大进展。与此相比，传统的纸质学术期刊出版周期长，往往是月刊、双月刊、季刊，有的甚至是半年刊，作者从投稿到出版往往要经历数月甚至是数年时间，一些研究成果尤其是现实感很强的研究成果待到出版时已明显滞后于时代，失去其应有的现实价值。纸质学术期刊不仅出版周期长，而且传播渠道复杂、环节过多，也存在着时间迟滞的问题。纸质期刊的传播主要是用户通过邮局订阅、向杂志社邮购、从零售书店书摊购买等方式实现的。刊物出版后到达读者手中又经历了较长的过程。它与新兴传播媒介的快速性和即时性相比，存在着巨大的时滞反差。

三是对学术期刊利益的冲击和挑战。在传统纸质媒体传播时期，学术期刊自身的各种利益如版权、经济利益等都能得到较好的保护。学术期刊所载文章的版权一般很少受到侵害；学术期刊的经济利益如发行收入、广告收入的多寡取决于刊物的学术质量和发行数量，经济利益相对独立，也容易受到保护。而在大数据时代，由于现有法律法规对数字化版权问题保护的有关规定滞后，不适应大数据时代要求，缺乏可操作性，因而，学术期刊所载文章未经允许可能被多家网络平台转载，期刊版权不能得到有效保护。在经济利益方面，由于期刊文章的数字化、网络化、智能化，读者可在全体期刊数据库中迅速、便捷地获取自己所需文章或相关信息，不再需要订阅相关刊物，因而纸质期刊订阅数急剧萎缩，期刊社的发行收入和广告收入也随之相应减少。而期刊数字化收入的多少由大型数据库运营商单方面确定，未能与运营商建立利益分享机制，期刊社的经济利益也不能得到有效保护。

四是对学术期刊编辑人才的冲击和挑战。在传统的纸质媒体时代，学术期刊的出版流程一般是确定选题、组稿、审稿、改稿、发排、印刷、出版等。对编辑的要求主要是要具备一定的专业知识和较强的文字功底即可，编辑的工作方式往往是线性的，编辑人才是平面型的。而在大数据时代，要求对学术期刊的出版流程进行数字化改造，这涉及出版流程的许多环节，如原创作品表现形态的数字化、编辑加工的数字化、印刷出版的数字化、发行销售的数字化以及阅读消费的数字化等。显然，大数据时代的学术期刊编辑除了具备一定的专业知识和文字能力外，还要求具备一定的数据获取和分析能力，能够熟练地运用先进的技术操作整个出版流程，使得每一个出版流程都有完善的数据作为支撑。可见，大数据时代要求复合型编辑人才，这对传统的平面型编辑带来冲击和挑战。

二、学术期刊的应对策略

大数据时代学术期刊面临着多方面的挑战，同时也面临着巨大的发展机遇。面对挑战，学术期刊应当如何顺应大数据时代的发展潮流，采取哪些措施变不利因素为有利因素，变被动为主动，化劣势为优势，推动学术期刊迈向更高水平呢？为应对挑战，我认为目前学术期刊可以抓好以下几方面的工作：

一是充分发挥数字化技术优势，进一步提高刊物质量，提升刊物品牌价值。唯物辩证法认为，事物总是具有两面性的。在大数据时代，一方面我们看到，学术期刊的品牌价值不断受到冲击；另一方面我们也应看到，学术期刊如果主动迎接挑战，沉着应对冲击，充分利用数字化技术提高刊物质量，期刊的品牌价值不但不会降低，反而会得到进一步巩固和提升。

如大数据时代，学术期刊编辑者可以通过对学术研究所有领域的全部数据进行分析、整合、研究，全面把握学术研究的热点和最新发展动向，并进一步把握学术研究的未来发展走向，据此确定期刊的选题、组稿和审稿。由于这一过程是在全面、客观、真实掌握学术研究状况的基础上进行的，其选题会更加符合社会实际需要和学术发展的未来趋势，组稿会更具有针对性和可靠性，审稿会更为客观和严格，因而刊物的学术质量会更具有可靠的保障。同时，刊物优先出版数字版，虽然纸质期刊品牌在一定程度上被淡化，但数字版论文或刊物传播及时，传播范围更为广阔，影响更为深远，学术期刊的品牌价值可以在数字传播领域得到延伸和扩展。从这一角度来看，数字版论文的广泛传播会在一定程度上有助于进一步提升纸质期刊的品牌价值。因此，作为学术期刊编辑者，应当充分利用数字化技术确定选题、组稿和审稿，不断提升刊物的学术质量；通过数字版论文的传播更好地提高刊物的影响力和提升刊物的品牌价值。

二是实现学术期刊的数字版和纸质版并存，优先出版数字版，解决纸质版出版及传播周期过长的问题。大数据时代的数字出版为信息的发布和传播提供了全新的多媒体传播媒介，学术期刊可以充分利用这一新兴传播媒介，通过运用相关软件将等待付印的纸质版论文转化为符合数字出版的格式，先行在相关网络平台发布，既可以将整期纸质版论文同时上网优先发布，也可以将单篇或数篇文章优先发布；既可以定时发布，也可以随时发布。发布方式和时间根据需要灵活掌握。这样，学术期刊通过新兴媒体优先出版数字版，实现内容、网络、终端、服务的多方面的融合，不仅全方位地拓展了学术成果的传播空间，而且大大加快了论文的传播速度，甚至实现了论文的实时传播。可以预料，数字版期刊不仅可以有效地解决纸质版期刊出版和发行周期过长的问题，而且可以大大地提高期刊的传播效果。作为学术期刊编辑者，应当充分利用新兴数字传播媒介，在出版纸质版刊物之前，优先出版数字版，让学术期刊在大数据时代新的激烈竞争中始终处于优势地位。

三是学术期刊要维护好自身的正当权益，如知识产权、经济利益等。大数据时代信息存储和传播的载体多种多样，而各种新媒介如网络报刊、网络电视、搜索引擎对数据的引用均有可能构成对版权的侵犯，甚至一些著名的搜索引擎如谷歌等也涉嫌侵权（谷歌 2004 年开始实施的谷歌数字图书馆计划因涉嫌侵犯版权而在多个国家引起轩然大波）。此外其他媒介如网站、移动终端、博客等更有可能侵权。学术期刊在数字化建设过程中也经常受到侵权的困扰，这一问题不解决好，必将阻碍学术期刊数字化的实施。学术期刊如何在数字化建设中保护好自己的版权呢？这既有赖于学术期刊提高版权保护意识，采取有力措施维护自身权益，更有赖于有关部门尽快制定数字化版权保护的法律法规，并加大对侵权问题的查处力度。此外，学术期刊数字化过程中的经济利益也未能得到很好的维护。目前学术期刊的数字化主要是与几家大型数据库合作实现的，合作协议是由数据库运营商单方面议定的，运营商掌握利益分配的主动权，期刊所获报酬甚微，远不能与数据库所获收益相匹配。学术期刊能否与数据库运营商建立一种公平合理、互利互惠的良好的合作关系，能否在数据化过程中争得自己应得的经济利益？这既需要期刊编辑者与数据库运营商的沟通协商，更需要政府相关部门的协调指导。这一问题如果能得到有效解决，将会更好地调动学术期刊数字化建设的积极性，同时也会推动期刊与数据库的合作走向互惠互利、实现双赢共荣。

四是采取有力措施，培养适应大数据时代需要的新型复合型编辑人才。目前，学术期刊的数字化水平还处于初级阶段，远不能适应大数据时代发展的需要。制约学术期刊数字化发展的原因是多方面的，如领导对数字化带来的冲击认识不足、思想准备不充分、经费投入不够、硬件设施缺乏等，但我认为最根本的原因是缺乏推进学术期刊数字化建设所必需的网络技术和管理人才。目前，绝大多数学术期刊的编辑人员虽然掌握了网络的一些基本操作方法，但多数缺乏数字化建设所必需的数据处理技术、信息应用技术、网页设计与维护技术等。要改变网络技术人才缺乏这一瓶颈，加快推进数字化建设进程，学术期刊必须采取有力措施，培养一大批适应大数据时代要求的新型编辑人才。通过培训和学习，使编辑人员熟练掌握计算机软硬件设备的操作知识，能够根据需要利用网络和数据库对相关数据资料进行检索和处理，能够在线与作者和读者直接进行沟通和交流，能够通过学术信息检索把握学术发展的最新动向，能够利用相关软件对来稿进行检索和查重，能够利用计算机进行编辑、排版、绘图等。总之，要通过培训和学习，建设一支能满足大数据时代需要的高素质的复合型编辑人才队伍。

大数据时代的到来对学术期刊的冲击和挑战远不止这些，如大数据对学术期刊编排规范和标准的冲击和挑战、对编辑部管理模式的冲击和挑战等。作为学术期刊编辑者，我们应当对这些冲击和挑战有清醒的认识，要引起我们高度重视和警觉。只有我们采取有力措施沉着应对挑战，我们才能在大数据时代不仅不会落伍、被淘汰，反而会借助大数据的技术优势，把学术期刊办得质量更高、影响更大、品牌更亮，学术期刊的发展前景会更加广阔。

他者视角：大学学报与一流学科建设

——以《华中师范大学学报》“中国语言文学研究”栏目为例

杨光宗　金　琪

（湖北民族学院文学与传媒学院，湖北恩施，445000）

摘要：以《华中师范大学学报》（人文社会科学版）“中国语言文学研究”栏目为例，从载文数量、基金论文率、被引频次和引文情况等数据，分析自2008年至2017年十年内发表的论文，探究“中国语言文学研究”栏目在推出科研成果、培育知名学者、培养学术队伍、扩大学科影响，从而推动一流学科建设中的作用。探寻大学学报服务“双一流”学科建设的路径，通过建构学术质量至上的办刊机制，建立站在学术前沿、学科高地把控的编辑队伍，建设以栏目促科研团队形成的运作方式和创建栏目平台学术交流的新时代模式，为“双一流”学科建设作出贡献。同时，一流学科支持配合品牌栏目，实现学报与一流学科的共同发展。

关键词：大学学报；一流学科建设；中国语言文学

在西方后殖民理论中，“他者”与“主体”是既有联系又相区别的相对概念，取他者视角是因为在“客我”与“主我”间，笔者难舍难离。之所以“客我”是因为曾经在大学学报有23年工作经历，总是以《华中师范大学学报》办刊思想为参照，且校际间有深远的关系；之所以“他者”是因为离开学报工作已有7年，2017年12月12日承蒙抬爱受邀参加了以文学研究新增长点和共建学术期刊文学编辑联盟为主题的“文学研究新生长点”学术研讨会，正值华中师范大学文学院在胡亚敏教授领导下中国语言文学获国家“双一流”学科，范军教授调任学报主编，于是便有了学报与中国语言文学学科关系的思考。大学学报作为学术性理论刊物，自产生伊始就与主办高校有着血脉相连的关系，是展示高校学术水平的窗口，彰显学术底蕴的载体，也是开展学术交流的桥梁和培育学术人才的沃土，与学科建设有着彼此独立而又互相依托的共生关系。2015 年 8 月 18 日，中央全面深化改革领导小组会议审议通过《统筹推进世界一流大学和一流学科建设总体方案》①，将“双一流”建设作为实现教育强国的重大战略，为高校发展提供重要指导意义，将建设一流师资队伍，培养拔尖创新人才，提升科学研究水平，传承创新优秀文化以及着力推进成果转化作为学科建设的具体任务。在一流学科建设过程中，大学学报有着不可或缺的重要作用，笔者将从他者视角，以《华中师范大学学报》（人文社会科学版）“中国语言文学研究”栏目为例进行探讨。

一、2008—2017 年：十年《华中师范大学学报》“中国语言文学研究”栏目一瞥

《华中师范大学学报》（人文社会科学版）创刊于 1955 年 2 月，是教育部主管、华中师范大学主办的人文社会科学综合性学术刊物，1978 年在全国首批获准向国内外公开发行。1955 年第一批进入中文核心期刊；2006 年入选教育名刊工程；2012 年获“湖北十大名刊”称号，并首批入选国家社科基金资助期刊，在历次年度考核中获得优秀；2013 年获湖北省政府出版奖，并入选国家“百强社科期刊”；2015 年再度入选国家“百强社科期刊”。学报坚持正确的舆论导向，在贯彻“百花齐放、百家争鸣”的方针下，关注社会改革与发展中的重大现实课题与前沿理论问题，致力于学术研究的历史积累和理论创新，传播有创造性的、高水平的最新科研成果，自 1955 年创刊起，累计出版文献总量 6069 篇②，以高品位的学术质量、鲜明的学术特色，赢得了海内外学术界的瞩目，总下载次数达到 2357918，总被引次数高达 57999，在各类期刊评价中名列前茅，具体情况详见表 1：

① 国务院. 统筹推进世界一流大学和一流学科建设总体方案［J］. 大学（研究版），2015（11）：96.

② 数据统计来源于中国知网。

表 1 《华中师范大学学报》（人文社会科学版）评价及排名

名称	评价机构	所属类别	发布年度或版本	排名
中文社会科学引文索引（CSSCI）	中国社会科学研究评价中心（南京大学）	高校综合性学报	2017—2018	3
			2014—2016	3
中国学术期刊影响因子年报（人文社会科学）	中国科学文献计量评价中心、中国知网	综合性人文、社会科学期刊	2016	5
中文核心期刊要目总览	北京大学图书馆等（北京大学出版社出版）	综合性人文、社会科学类核心期刊	2015	5
中国人文社会科学核心期刊要览	中国社会科学院文献计量与科学评价研究中心	综合性人文社会科学核心期刊	2014	6

近代著名出版家邹韬奋先生曾言：“没有个性或特色的刊物，生存已成问题，发展更没有希望了。”学报的特色是学报的生命力所在，而学报的特色则来自主办高校的学科建设。华中师范大学中国语言文学作为世界一流建设学科，2013 年在教育部学位与研究生教育发展中心公布的全国高校一级学科排行榜中居全国并列第 5 名，拥有博士学位授权一级学科和一级学科博士后流动站、国家人文社科重点研究基地（语言与语言教育研究中心）、省级人文社科重点研究基地（湖北文学理论与批评研究中心）、国家级重点学科（汉语言文字学）、国家级重点培育学科（文艺学）以及华中师范大学国际文学伦理学批评研究中心、非物质文化遗产研究中心、诗歌研究中心、语文教育研究中心等研究机构。强大的学科实力是学报的坚实后盾，为学报提供着源源不断的学术研究成果，同时学报也把握机会，创新特色，通过开辟专栏，提供展示窗口。近十年来，“中国语言文学研究”栏目发文数量占期刊总发文数量的 12.9%，成为期刊发文数量最多、比重最大的学科。

（一）载文数量：“中国语言文学研究”在《华中师范大学学报》中的地位举足轻重

自 2008 年至 2017 年十年内，“中国语言文学研究”栏目共发文 188 篇，年均发文 18.8 篇，每期平均发文 3.13 篇。在这 188 篇中，内稿数量（以文章刊发时第一作者所在单位统计）共 68 篇，占 36%；外稿数量共 120 篇，占 64%。具体详情见表 2：

表 2　2008—2017 年中国语言文学研究载文情况

年份/年	总篇数/篇	内稿数/篇	内稿占比/%	外稿数/篇	外稿占比/%
2008	11	3	27	8	73
2009	8	4	50	4	50
2010	21	9	43	12	57
2011	18	8	44	10	56
2012	22	9	41	13	59
2013	24	10	42	14	58
2014	23	4	17	19	82
2015	24	9	37	15	63
2016	17	4	24	13	76
2017	20	8	40	12	60
总计	188	68	36	120	64

从上表可以看出，登载论文的篇数在总体持平的基础上呈上升趋势，从数量上体现了《华中师范大学学报》（人文社会科学版）对中国语言文学研究的重视，这也得益于华中师范大学中国语言文学学科悠久的发展历史和深厚的学术积淀。“中国语言文学研究”栏目平均每期均有本校学者的论文，由此可见对本校学科发展及青年学者成长的扶持作用。与此同时，内稿比例降低有利于鼓励与促进本校学者科研成果的外发，以此扩大学术影响力；外稿比例较内稿稍高，彰显了开放性的办刊宗旨，《华中师范大学学报》（人文社会科学版）“中国语言文学研究”栏目并非一家之言，一流学者对话平台的搭建促使华中师范大学中国语言文学研究保持前沿性，集各方学者的优秀研究成果于一身，在争鸣中促进学科的纵深发展以及新兴学科和交叉学科的形成。

（二）基金论文：始终站位在中国语言文学学科研究的学术高地

在刊发的 188 篇论文中，133 篇有基金资助项目，基金论文占总数的比例为 71%，其中，国家基金支持项目成果 75 篇，占基金资助论文总数的56%，教育部基金支持项目成果41篇，省级基金支持项目成果6篇，市级基金支持项目成果5篇，校级基金支持项目成果6篇，如图1所示：

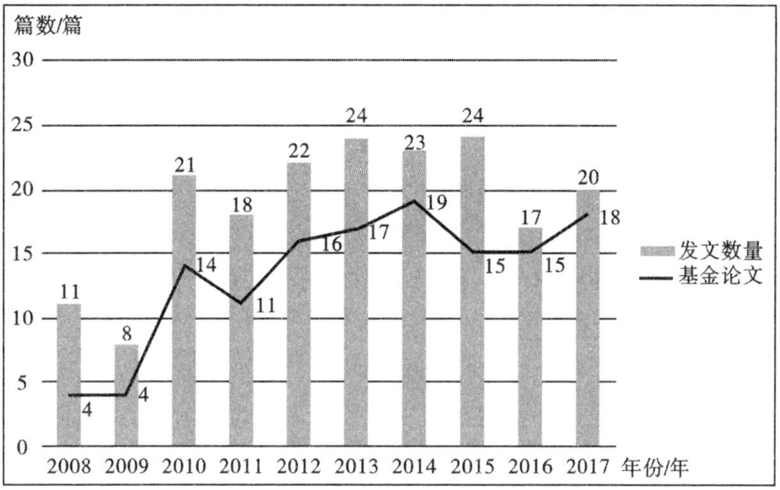

图1　2018—2017年中国语言文学研究中的基金论文情况

全国哲学社会科学规划办公室在《2018年度国家社会科学基金项目申报公告》① 中指出："申报国家社科基金项目，要体现鲜明的问题导向和创新意识，着力推出体现国家水准的研究成果。基础研究要密切跟踪国内外学术发展和学科建设的前沿和动态，着力推进学科体系、学术体系、话语体系建设和创新，力求具有原创性、开拓性和较高的学术思想价值；应用研究要围绕经济社会发展中的全局性、战略性和前瞻性的重大理论与实践问题，力求具有现实性、针对性和较强的决策参考价值。"基金资助论文是体现国家水准的最新学术研究成果，某种程度上说，刊物刊载的基金资助论文比例与刊物学术质量成正比，《华中师范大学学报》（人文社会科学版）"中国语言文学研究"栏目基金论文比例大于50%且呈现逐年上升趋势，从另一个侧面反映《华中师范大学学报》（人文社会科学版）"中国语言文学研究"栏目的学术质量相对较高，为推进学科体系、话语体系的建设做出卓越贡献。

① 2018年度国家社会科学基金项目申报公告［Z］. 全国哲学社会科学规划办公室，2017-12-21.

（三）被引频次：栏目文章的影响力与认知度不断提升

学术论文是科研成果输出和呈现的主要载体，被引频次可以用来反映学术观点的被认同情况，同时论文的被引频次也是反映报刊影响力的重要指标，客观地说明该报刊总体被使用和受重视的程度以及在学术交流中的作用和地位①。从数量上来说，近十年发表论文累计被引 987 次，最高被引 99 次，平均被引 5 次。从传播规律来讲，最近发表的论文还未到达传播成熟期，正如党亚茹在《学科影响因子的时间因素差异分析》中提到“综述性论文、研究性论文可能在短时间内被引用的程度不高，但被引用的时间周期很长”②。因此平均被引频次应高于目前的统计数据，且在很长一段时间内会持续增加。从质量上来说，以最高被引的李明宇《语言也是“硬实力”》为例，被《语言文字应用》《语言学研究》等多篇 CSSCI 文章引用，引证文献 99 篇，二级引证文献 441 篇，部分引证文献如图 2 所示：

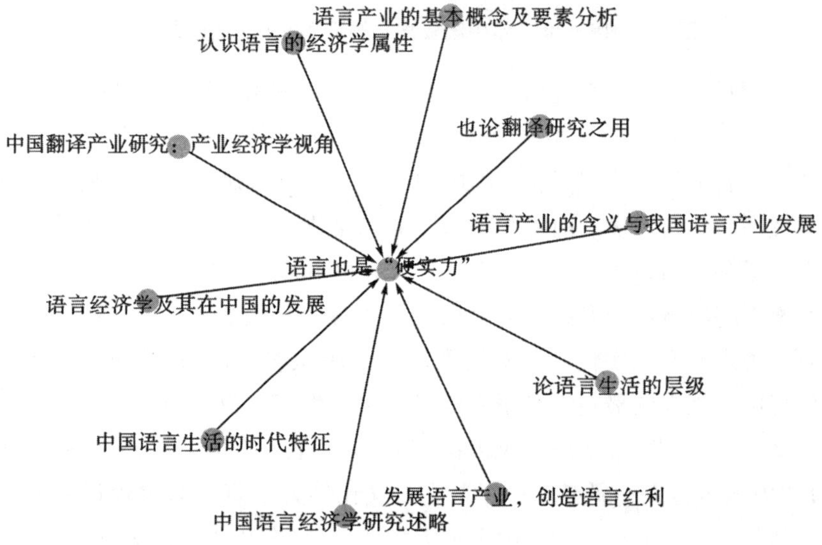

图 2　2008—2017 年中国语言文学研究引证图谱

① 张立伟，姜春林，刘学，等. 图书情报学高被引论文引用现象的实证研究 [J]. 图书情报工作，2014，58 (16)：116-121.

② 党亚茹. 学科影响因子的时间因素差异分析 [J]. 情报学报，2002 (3)：328-333.

在中国学术期刊库、中国博士学位论文库、中国优秀硕士学位论文库、中国重要会议论文库乃至国际会议论文库所收录的文献中，均有引用《语言也是“硬实力”》一文的文献，由此可见其辐射面与影响力。

（四）引文分析：作者知识水平与论文规范程度的体现

论文引文是研究者借鉴、继承前人已有研究成果的标志，虽然多数引文分析集中在通过半衰期与赖普斯指数等数据研究探索文献老化程度和论文创新性等问题，但由于中国语言文学学科多关注元典研究，因此可以通过引文分析探究作者的知识水平和研究条件以及该领域内研究现状，在一定程度上反映论文的完备性和规范程度，也体现着期刊的学术水平。据统计，在2008—2017年十年内《华中师范大学学报》（人文社会科学版）“中国语言文学研究”栏目发表的论文均有引文，图3为2017年20篇论文的引文情况：

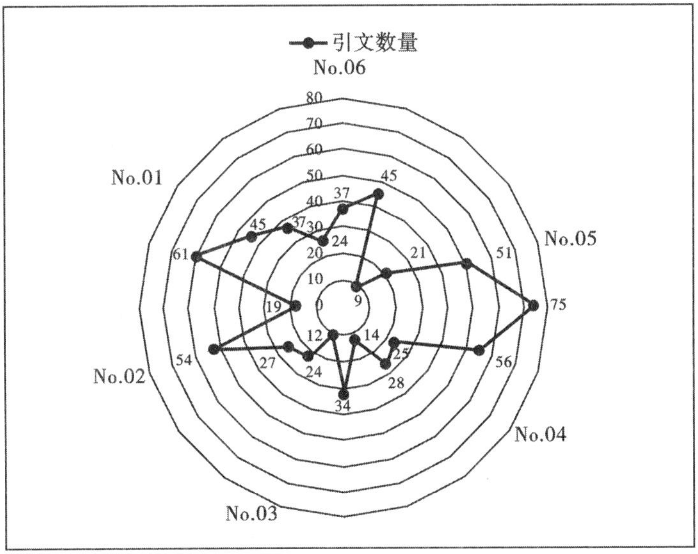

图3　2017年中国语言文学研究20篇论文的引文情况

平均每篇论文引文35篇，其中付林鹏、张菡《先秦的君子威仪与“周文”之关系》引文75篇，包含27本由中华书局、上海古籍出版社、生活·读书·新知三联书店等权威出版社出版的专著以及数十篇《中国社会科学》《清华大学学报》《中山大学学报》等核心期刊发表的论文，这反映出作者是在博览群书的基础上对学术问题进行的深入探讨，具有较高的学术价值。

二、双赢共进：栏目与学科在相互依存中各美其美

学报作为反映学校人文社会科学研究成果和教学成果的学术理论刊物①，是学科建设不可或缺的重要组成部分。从某种程度上来说，《华中师范大学学报》（人文社会科学版）“中国语言文学研究”栏目是推动一流学科建设的重要基础，分析《华中师范大学学报》（人文社会科学版）“中国语言文学研究”栏目在推出成果、培养人才、培育团队以及提高影响力等方面的作用，从而借鉴学习其经验，使大学学报在搭建学术平台，培养学术队伍，发挥学科特色优势，扩大学术影响力等方面发挥作用，推动一流学科建设。同时通过一流学科建设发展，提供学报优质稿源，巩固特色名牌栏目，促进学报的长足发展。

（一）栏目助力批量优秀成果产出

学报作为对外展示窗口，将科研工作者辛勤劳动的结晶进行宣传，承担着传播学术成果的社会职责。重大科研项目任务重、历时长，《华中师范大学学报》（人文社会科学版）“中国语言文学研究”栏目通过跟踪最新动态，刊登论文展示学术成果，推出了一批有中国影响的科研成果，是人类重要的精神财富。比如聂珍钊教授所著《五四时期诗歌伦理的建构与新诗创作》作为国家社会科学基金项目“文学伦理学批评导论”（BWW001）的成果，于 2013 年 11 月 27 日刊登在《华中师范大学学报》（人文社会科学版）“中国语言文学研究”栏目，运用伦理学批评的方法分析“五四”时期的“文白之争”，指出其实质上是文学创作的伦理之争。这篇论文作为文学伦理学批评导论项目的重要成果，影响深远。其后该项目的最终成果《文学伦理学批评导论》一书于 2014 年 3 月出版，把伦理选择作为理论基础，结合对我国现有文学理论的研究提出一系列新的学术观点，即文学

① 石俊梅. 浅谈民族地区高校学报的特色化 [J]. 中南民族大学学报（人文社会科学版），2005（2）：182-184.

伦理表达论、文学文本论、文学物质论、文学教诲论等，创造性地发展了文学伦理学批评方法，不仅提升了学校的科研实力，为华中师范大学成立校级学术研究机构国际文学伦理学批评研究中心提供助力，更将文学伦理学批评进一步推向国际学界，产生深远影响。2012 年至 2017 年五年内学报所发校内中国语言文学论文被人民出版社主办的《新华文摘》、中国社会科学院主办的《中国社会科学文摘》、中国人民大学主办的《人大报刊复印资料》以及上海师范大学主办的《高等学校文科学术文摘》四大文摘转载 16 篇次。在这一过程中，学报对科研成果的宣传与展示起到了重要作用，同时优秀成果的广泛影响也带动了学界关注学报栏目，提高了栏目的影响力和学报的知名度。

（二）栏目助推一批有重要影响的学者产生

在学术实践中，一些年轻学者刚刚开始科研生涯，学报就是他们走上科研道路、展示科研成果的平台。中国语言文学的学科性质决定了许多学术问题需要思想论辩与交锋，在各执己见论辩的过程中闪现智慧的火花，探索前进的方向。一些年轻学者的学术观点很难在提出伊始就被学界广泛认可，且中国文学浩如烟海，很多青年学者对科研方向的选定与深入会有几年的迷茫徘徊期。因此，在科研道路上，加强与本校学报编辑的沟通，有利于论文的修改与润色，为今后的科研生涯打下坚实的基础，使学术新人一步步成长为校内核心作者，乃至学科知名专家，继而为学报提供源源不断的优质稿件。人文社会科学资深教授，国家哲学社会科学研究规划语言学科组副组长、教育部社会科学委员会委员邢福义教授的第一篇论文《谈谈关于语法学习的几个问题》就是于 1957 年 8 月发表在《华中师院(报)》上，至今邢福义教授共在学报发表论文 16 篇。刘守华教授自 1975 年到 2011 年三十六年间在《华中师范大学学报》(人文社会科学版)上共发表民间文学相关论文 20 篇，学报栏目搭建的平台帮助这位投身于民间文学研究的学者逐步成长为该领域闻名的专家，迄今在海内外发表论文 300 余篇，出版的学术论著《民间文学导论》《中国民间故事史》和《民间文学教程》等 10 余部得到中国民俗学之父钟敬文、中国故事学会主席姜彬和旅居海外的著名民间文艺学家谭达先等知名学者的高度评价，主持 4 种教育部和国家社科基金课题，获中国民间文艺学最高奖项“山花奖”一等奖，并多次在省级以上社科优秀成果评奖中获奖。学报有着发掘科研人才的作用，通过刊登年轻学者的文章，帮助他们走上科研道路并在今后的研究生涯中提供支持，助推了一批有重大影响的知名学者产生。

（三）栏目催生一批学者新秀与团队形成

一流学术科研队伍的建设是提高学科核心竞争力的重要组成部分，大学学报的性质及其功能定位与高校的学科发展紧密相关，它可以通过策划选题、组织稿件、优先发表、重点编排等方式来全方位、多角度地展示中国语言文学这一优势学科的科研成果和学术研究状况①，并在这个过程中帮助引导学术队伍的建设，通过栏目设置展示学术队伍的科研成果，扩大其学术影响力。《华中师范大学学报》（人文社会科学版）"中国语言文学研究"栏目近十年详见图 4：

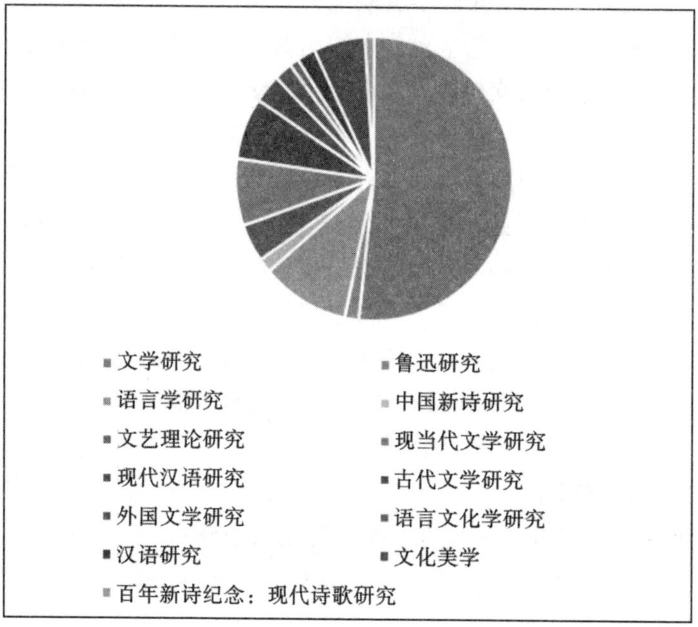

图 4　2008—2017 年"中国语言文学研究"栏目分布图

---

① 李铄. 高校社科学报发展与"双一流"建设关系研究 [J]. 河南大学学报（社会科学版），2017，57（4）：146-151.

通过特色栏目的开辟，实现学术研究的纵深发展。文艺学知名学者王先霈教授在学报上发表的《文艺学教材的规范性和创新性》《文学理论基础的广泛性与本土性问题》和《面向未来的思考——文艺学教学改革与教材建设二人谈》等文章，展示了对文艺学教学的思考，探索教材的建设问题，为文艺学系列教材的编写提供了指导思想。孙文宪教授《话语分析：文学言说中的文化选择——语言批评方法论之一》《作为结构形式的母题分析——语言批评方法论之二》，胡亚敏教授《开放的民族主义——论中国当代文学批评之立场》《后现代社会中的新马克思主义批评》和《论詹姆逊的意识形态叙事理论》，李建中教授《辨体明性：关于古代文论诗性特质的现代思考》《从寄生到弥漫——中国文论批评文体原生形态考察》等文章，丰富了文艺学研究的学术成果，为文艺学系列教材的编定奠定了基础。文艺学研究团队成员有计划地开展了一系列学术研究，从学术观点、理论创新、教材编写等各个方面进行学术研讨和思想交流，丰富文艺学理论观点与批评方法，改革教学内容与授课方式，通过老中青相结合的方式，提高中青年教师的教学水平与科研水平，促使文艺学教学团队成为国家级教学团队。与此同时学报开设栏目在国家级重点科研基地语言与语言教育研究团队、国家级教学团队现当代文学队伍和国家级精品课程外国文学史团队等一批具有创新能力的学术队伍发展成熟过程中提供助力。

（四）栏目依靠学科优秀稿源扩大影响力

《华中师范大学学报》（人文社会科学版）关注学科发展的理论前沿和学术动态，通过“中国语言文学研究”栏目展示本校研究人员的科研成果，及时刊发具有理论深度和创新观点的论文，营造浓厚的学术氛围。对校内科研来讲，这种多学科综合刊物，可以起到整合科研信息的作用，有利于消除校内学科壁垒，加强交叉学科之间的沟通交流，发挥展示宣传的窗口作用。对整个中国语言文学学科来讲，通过邀请校外专家共同探讨，刊发优秀校外来稿，在这一学术平台上进行争鸣，从而在扩大学科影响力，提高本学报公信力的同时，切实保障学科前沿信息交流，拓展研究思路，提升科研水平。还可以通过主办学术会议，如 2015 年 12 月 12 日召开的“文学研究新生长点”学术研讨会，由《华中师范大学学报》编辑部和华中师范大学文学院共同主办，以“文学研究新生长点”和共建学术期刊文学编辑联盟为主题，邀请来自社科基金资助的综合性期刊的文学编辑和华中师范大学文学院的教师共同参会。通过会议，搭建学术平台使编辑和作者面对面沟通，从而针对不同的研究领域进行选题订制，既让编辑亲临学术前沿，拓宽了稿源渠道，又扶持了本校学科建设，有利于科研水平的提升和华中师范大学中国语言文学学科影响力的辐射。

同时利用网络传播，加快数字化建设，发行纸质期刊的同时完善电子期刊，建立和维护《华中师范大学学报》（人文社会科学版）官方网站，抓住网络宣传功能，扩大学术影响力。通过文献检索、期刊导航等功能的设置，提供便捷的浏览途径，利用引文链接、他刊链接等方式提供信息咨询，加强沟通合作。通过自媒体运营，以微信公众号（jccnucn）方便手机客户端浏览，做到与学报数字化编辑出版平台（网站和稿件处理系统）无缝衔接，实现互通。由专人管理，及时发布有关学术信息，并将学报的优秀论文再编辑加工，以图文并茂的方式发布，增强了学报的传播影响力。通过增加宣传方式，扩大影响力，使《华中师范大学学报》（人文社会科学版）“中国语言文学研究”栏目成为科研与成果转换之间的桥梁，以多元化的途径进行宣传，力图更便捷有效地扩大学报学术影响力，并进一步推进学术期刊国际化发展，将英文专刊向全球正式发行，择优翻译《华中师范大学学报》（人文社会科学版）相关文章，并于 2014 年 5 月与德国斯普林格出版公司签署正式协议，以开放获取形式向全球正式发行，以此来扩大《华中师范大学学报》的国内、国际影响。

三、大学学报服务“双一流”学科建设的路径探索

通过对《华中师范大学学报》（人文社会科学版）“中国语言文学研究”栏目的分析，可以看出大学学报对学科建设的促进作用，管中窥豹，我们可以此探索出大学学报服务“双一流”学科建设的路径，从而开启中国特色、世界一流大学发展新征程。

（一）建构学术质量至上的服务“双一流”学科机制

学报想要获得长足的发展，追根溯源要提升学术质量，学术质量的提升也有利于在服务“双一流”学科建设中发挥作用。首先要完善制度建

设，建立完善的审稿制度，保证来稿、审稿、退稿程序公平高效。对所有来稿一视同仁，将学术质量作为唯一衡量标准，严格执行初审、复审、终审的三审制度，做到层层把关。邀请专家进行匿名审稿，保障学术文章的质量，同时对学术新观点或争议点进行讨论，既要刊登学术观点不落窠臼的文章也要注重观点的合理性，通过公正严格的审稿标准，在退稿时做到有理有据有节。其次要通过创新办刊模式，改变只刊登学术论文的单一模式，可以适当增加学术信息的发布与总结，学术交流的动态与成果，为学者提供最新的科研动态，紧跟学术前沿，发挥学报的平台作用。一方面，及时将本校的最新研究成果进行宣传与推广，打造本校的特色栏目与优势学科；另一方面，通过邀请学界专家共同探讨，发表观点来形成浓厚的学术氛围，增强学术话语权，扩大本校的学科影响力和权威性，同时促进学科发展，共同进步，在服务本校“双一流”学科建设的同时为建设世界一流学科作出贡献。最后要创新组稿方式，通过策划选题和特色栏目来宣传科研成果，邀请学科带头人作为栏目主编，展现相关领域的学术成果，发现汇集学术人才，从而带动新兴学科、交叉学科的进一步发展；通过定期召开学术研讨会，邀请各位专家学者参会，对最新的学术热点进行讨论，从而形成一系列学术专题，通过这些研究成果的发表，展示新时期的学科研究成果，传播学科前沿动态和思想，启发科研思路，引领学术研究方向，以此建构学术质量至上的服务“双一流”学科机制。

（二）建立站在学术前沿、学科高地把控的编辑队伍

在提升学术质量，提高办刊水平促进学科建设的同时，提高编辑人员的综合素质也有利于一流学科的建设。提升学报编辑的专业素养，有利于增强审稿的专业性和高效性，快速在浩如烟海的来稿中披沙拣金，筛选出具有前瞻性和学术价值的优质文章，同时在审阅来稿时独具慧眼，及时发现具有科研潜力的中青年学者，在沟通指导修改论文的过程中，帮助他们尽快走上科研道路，为学者的科研之路提供有力的保障，达到“加快培养和引进一批活跃在国际学术前沿、满足国家重大战略需求的一流科学家、学科领军人物和创新团队，聚集世界优秀人才”① 的具体任务。同时，编

① 国务院. 国务院关于印发统筹推进世界一流大学和一流学科建设总体方案的通知［EB/OL］.［2015-11-05］. www.gov.cn/zhengce/content/2015-11/05/content_10269.htm.

辑可以利用学报这一科研平台的强大资源，了解相关学科的最新科研成果，为本校科研人员提供最新资讯，通过信息整合，引导本校学科科研方向，甚至在国家级、省部级科研项目的申请和研究中起到积极的促进作用，做到“以国家重大需求为导向，提升高水平科学研究能力，为经济社会发展和国家战略实施作出重要贡献”①。提升学报编辑的创新意识，将被动审稿的工作模式转变为主动组稿的工作模式，紧跟时代研究发展方向，积极与各位专家交流，发挥创新精神与创新意识，及时刊登新的理论观点和创新成果，并保持国际视野，与世界学术接轨，及时将学术成果推介出去，争做国际学术前沿并行者乃至领跑者。同时提升学报编辑的网络知识，运用互联网与多媒体技术，通过网络系统投稿，保障作者、编委、审稿专家和编辑之间信息交流渠道通畅，缩短审稿时间，提高工作效率，也可以通过网络数字化手段实现优质学术资源共享，传承中华优秀传统文化的思想精华，推动社会主义先进文化建设。

（三）建设以栏目促“双一流”科研团队形成的运作方式

2015年10月，国务院印发的《统筹推进世界一流大学和一流学科建设总体方案》(国发〔2015〕64号）指出：要“遵循教师成长发展规律，以中青年教师和创新团队为重点，优化中青年教师成长发展、脱颖而出的制度环境，培育跨学科、跨领域的创新团队”。中国语言文学研究科研团队不像理工科团队每天聚集在实验室中共同研究，除去学术探讨外，大部分时间是在各自的读书科研中度过，在团队凝聚力、向心力、稳定性上相对较弱。因此中国语言文学研究团队需要不断提高学术素养，且具有外部长时间的有力支持，才能顺利过渡为成熟的科研团队，在这个过程中，学报支持是促使其形成并不断发展成熟的重要助力。青年学者不可避免地在学术影响力与学术人脉等方面与较成熟的学科负责人及核心成员有较大差距，在学术积累和研究经验上也需要指导，但中国语言文学科研团队的活动模式往往具有去权威性，青年学者对学术前沿和社会热点具有较高的敏锐性，有充足的精力和体力应对与完成高强度的科研任务，因此科研团队需要合理的年龄结构模式。有一些青年学者因研究方向太“小众”，无法作为科研

---

① 国务院．国务院关于印发统筹推进世界一流大学和一流学科建设总体方案的通知［EB/OL］．［2015-11-05］．www.gov.cn/zhengce/content/2015-11/05/content_10269.htm.

梯队成员直接融入科研团队，更需要支持组建团队或加入团队。学报通过选题策划，有利于引导团队的形成并在团队发展中提供人才支持和宣传服务，帮助团队走向成熟，在组稿过程中，可以帮助拉近学科带头人与青年学者之间的联系，加强沟通，引导、帮助科研团队的建设。

因此大学学报在栏目设置、稿件编排中发掘培养学术人才，引导培育学术队伍是促进一流学科建设的根本途径。依托优势学科，设置特色栏目，发挥知名学者和学科带头人的学术影响力，鼓励年轻学者发表科研成果，为学科发展注入新鲜的血液，提供源源不断的优质成果，从而助力培育年龄结构合理的成熟的科研团队，使优势学科避免出现青黄不接的局面，实现可持续的良性发展。培育新兴学科，整合学术资源，邀请权威专家作为交叉学科栏目的主编或编审，以此来调动青年学者的科研积极性。培育新生力量，使得新兴学科的科研成果快速发布，吸引更多研究者，从而整合学术资源并扩大学术影响力，促成科研团队的形成，并促进学科进一步发展。

（四）创建栏目平台学术交流的新时代模式

在出版物优胜劣汰的竞争中，焦点始终是期刊的质量，运用大数据分析期刊，从而促进栏目更好的发展。通过对学术前沿动态、期刊出版信息、读者接受能力等信息的搜集，运用科学计算法则对大数据进行分析整理从而认真策划和优化选题，以质量高、特色强、结构合理的选题形成一种战略优势，产生规模效应，对知名学者进行约稿，使“中国语言文学研究”栏目成为展示最新学术动态的平台，以此扩大栏目的学术影响力并步入良性循环的轨道。通过发表学科最新研究成果和理论观点，培育和打造特色学科，对科研动态进行调查了解，及时开辟专栏，跟踪重大科研项目，将具有价值且关注度高的课题成果集中发表，以既有深度又有广度的专题性栏目形成特色优势和规模效应。

学报作为科研成果的载体和传输工具，是展示学科发展的重要名片，通过打造特色栏目，提供学术交流平台，增强校际间交流，互相订阅，促进学校间学科的发展，共同形成“推动社会进步、引领文明进程、各具特色的一流大学精神和大学文化”，以此加强对中华优秀传统文化和社会主义核心价值观的研究、宣传，认真汲取中华优秀传统文化的思想精华，做到扬弃继承、转化创新，并充分发挥其教化育人作用，推动社会主义先进文化建设。同时也承担着国际间文化交流、学术争鸣的使命，通过翻译与出版英文版，和其他国家建立学术联系，以此推介本国先进的科研成果，展示学科实力，并在对外交流中取长补短，完善本学科发展。期刊“magazine”一词，源自法文“magasin”，意为“仓库”“知识的宝库”，因此，打造品牌栏目，不仅可以搭建沟通交流的学术平台，还可以作为宝贵的资料库，储存学术资料。它既可以作为最新的学术资料为学者拓宽研究思路，又可以按照学科分类展示学术发展历程，作为宝贵的历史资料记录发展轨迹，为科研水平的提升作出卓越贡献。

（五）“双一流”学科支持配合品牌栏目

大学学报通过发表最新研究成果可以展示学科发展的前沿动态，进而引导和促进学科建设的良性发展。同时，学科的发展又反过来支持配合品牌栏目，二者相互促进，共同发展。“双一流”建设的目标是加强学科建设和增强师资队伍建设，在学科建设的过程中，学科体系的完善与科研水平的提升有助于优化学报栏目设置和提升学术质量；而在建设教师团队的过程中，引进和培养科研骨干，培育科研团队，有利于形成高质量的科研成果，为学报提供有世界影响的优质稿源和一批站在学术前沿的优秀学者。因此，“双一流”学科建设有利于支持和配合学报品牌栏目，提升学报的学术质量，扩大学报的影响因子，为学报成为中国乃至世界一流期刊提供有力保障。

"双一流"建设背景下学术期刊创新发展研究

黄先蓉　冯　婷

（武汉大学出版发行研究所，湖北武汉，430072）

摘要："双一流"建设作为推动我国"一流大学""一流学科"建设的战略决策，与学术期刊关系紧密。"双一流"建设既重视部分大学和学科的建设，又重视高等教育整体水平的提高。"双一流"建设为学术期刊改革创新提供指导方向，学术期刊对"双一流"建设具有推动作用。但目前学术期刊仍存在一些问题，如体制机制不健全、评价体系不完善、融合发展程度不深、学术创新推动力不足、对学术人才培育不充分、功能实现途径较为单一等。在"双一流"建设背景下，应健全学术期刊体制机制，构建科学合理的学术期刊评价体系，加深学术期刊融合发展程度，加大力度推动学术创新，构建学术人才及团队的培育机制，开拓期刊功能的多元实现途径。

关键词："双一流"建设；学术期刊；创新发展

2015年10月，国务院印发《统筹推进世界一流大学和一流学科建设总体方案》的通知，提出"建设世界一流大学和一流学科"的战略决策，目标在于提升我国高等教育整体水平，实现我国从高等教育大国到高等教育强国的跨越。国家创新驱动发展战略，对提升我国教育发展水平、增强国家核心竞争力、奠定长远发展基础具有重要的意义和价值。随着国家高等教育方针政策的革新，高校学术期刊作为高校学科研究成果汇集及输出的重要平台，也亟须大力改革创新。

一、“双一流”建设的内涵及意义

“双一流”是指世界一流的大学和一流的学科。“双一流”建设着眼于国家“两个一百年”的战略目标，统筹推进一流大学和一流学科建设，到20世纪中叶，一流大学和一流学科的数量和实力进入世界前列，基本建成高等教育强国。“双一流”建设源于2015年8月18日中央全面深化改革领导小组第15次会议审议通过、当年10月印发的《统筹推进世界一流大学和一流学科建设总体方案》。2017年1月，经国务院同意，教育部、财政部、国家发展和改革委员会联合印发《统筹推进世界一流大学和一流学科建设实施办法（暂行）》。2017年9月，教育部、财政部、国家发展和改革委员会联合发布《关于公布世界一流大学和一流学科建设高校及建设学科名单的通知》，世界一流大学和一流学科建设高校及建设学科名单正式确认公布。“双一流”建设高校名单中，一流大学建设高校42所，一流学科建设高校95所。

“双一流”建设方案的提出，对我国高等教育的发展注入了全新的理念，学界纷纷对“双一流”建设的内涵进行深入解读，尤其是对“双一流”建设中的可能性误区进行了分析，进一步明确“双一流”建设的内涵及意义。

“双一流”建设中的“一流”概念，是“根据一定的指标体系对高校活动进行的量化测算，从而得出大学性能、水平、地位等在群体中的比较优势和排名”①。但“双一流”建设的本质并非排名，而是“通过高等教育领域内多元文化传承、融合和借鉴，借助多种形式和多种视角的平台，提升中国大学在国际上的话语权，向世界输出并引领全球变革与发展的新教育理念，推进中华优秀文化走向世界”②。

“双一流”建设的实质在于“重视部分大学建设的同时，更有了全局性的建设目标，即‘双一流’建设既重视部分大学和学科的建设，又重视高等教育整体水平的提高”③。

---

① 张敏．“双一流”建设的国际经验与中国方略 [J]．江苏教育，2016（6）：60-63.

② 蔡红生，杨琴．大学文化：“双一流”建设的灵魂 [J]．思想教育研究，2017（1）：80-84.

③ 别敦荣．论“双一流”建设 [J]．中国高教研究，2017（11）：7-17.

基于对“双一流”建设内涵的认识，“双一流”建设的意义愈加显著。具体而言，“双一流”建设可推动人才队伍建设，提升人才及团队的自主创新能力；可进一步确立大学科学研究工作重点，以国家重大需求和国际科学研究前沿为目标，面向国民经济建设和社会发展中的重大理论和现实问题，提高科学研究成果的产出及转化能力；可解决国民经济与社会发展重大问题，产生一批有重大影响的原始创新研究、理工科学应用研究和哲学社会科学研究成果，服务于创新驱动发展的国家战略；可推动大学对国际高等教育成功发展经验的学习，进一步合理布局我国高等教育事业，使我国的高等教育水平整体提高。

二、“双一流”建设与学术期刊的互动关系

截至 2016 年，我国共有学术期刊 6449 种①。学术期刊是我国学术成果输出的重要阵地。“双一流”建设是继“211 工程”“985 工程”后国家在高等教育领域的重大建设工程，是国家高等教育和学术研究转型升级的重大决策。学术期刊与“双一流”建设整体上相互影响、相互促进、共生发展。“双一流”建设方案是学术期刊改革创新的指导方向，学术期刊又推动着“双一流”建设方案的贯彻与实施。

（一）“双一流”建设对学术期刊改革创新提供指导方向

“双一流”建设推动学术期刊加大品牌建设力度。我国不少学术期刊长期依靠主办单位的拨款维持生存和发展，这种体制使期刊社滋生不少依赖心理，内生力和动机较弱，市场开拓及竞争能力较低，品牌意识和策略严重缺失。建立期刊品牌是学术期刊实现内部优化的需要，也是传播我国科研成果，应对全球学术期刊竞争的需要，更是建设具有国际话语权的学术期刊评价体系的需要②。“双一流”建设的总体目标之一是“推动一批高

① 国家新闻出版广电总局. 国家新闻出版广电总局关于第二批认定学术期刊认定情况的公示［EB/OL］.［2017-02-06］. http://www.sapprft.gov.cn/sapprft/contents/6588/314124.shtml.

② 段艳文，秦洁雯，杨芳. 新常态下中国学术期刊品牌建设思考［J］. 出版广角，2015（3）：43-44.

水平大学和学科进入世界一流行列或前列”，这一目标的确立对我国建设一批高水平的大学和学科提出了更高的要求。建设世界一流大学和学科，必须树立品牌，推广其知名度。这与期刊品牌的建立需求十分吻合，因此，作为学术研究平台的学术期刊，也应具备一流的品质。“双一流”建设方案的提出与实施，可推动学术期刊的品牌力度建设，从而提升期刊在国际上的影响力。

“双一流”建设推动学术期刊加快改革创新步伐。“双一流”建设主要是以“支撑创新驱动发展战略”和“服务经济社会发展”为导向，归根结底是为提升我国高等教育综合实力和国际竞争力，为实现“两个一百年”奋斗目标和中华民族伟大复兴的中国梦提供有力支撑。“双一流”建设既包含了建设任务又包含了改革任务，将过去不利于高等教育发展的相关问题进行改革，增进高校和学科发展的效能。学术期刊可促进“双一流”建设的发展，同样，“双一流”建设也会倒逼学术期刊进行改革创新，加快发展的步伐，为“双一流”建设提供有力的支撑。

“双一流”建设为学术期刊的发展提供有力保障。“双一流”建设的核心即构建以人为本的高校及学科良性运转机制。随着“双一流”建设的实施和推进，高校工作在本质上会有较大的改进，学科研究发展会更加健康有序，人的创造力从而增强，科研能力会不断提高。“双一流”建设为学术期刊的发展提供了绝佳的发展契机，为学术期刊的发展创造了较好的环境，“双一流”建设中发展壮大的人才队伍为学术的发展提供了有力的人力资源保障。

（二）学术期刊对“双一流”建设具有推动作用

学术期刊作为承载、传播学术成果的物质载体，能够对“双一流”建设起到推动作用。“双一流”建设的目标中很重要的一项即提高科学研究和文化传承创新水平，支撑国家创新驱动发展战略，促进高等教育内涵发展。学术期刊作为科学研究成果的传播媒介，是“双一流”建设中学术传播的重要平台。

学术期刊可促进“双一流”建设的发展。在“双一流”建设中的“一流大学”“一流学科”体系中，两者之间相互联动、相互影响，高校的发展包含了学科的发展，高校的发展也立足于学科的发展；学科研究水平的提升也是学校综合实力的一项重要表象，学科的发展指标是学校发展指标中至关重要的一项。学术期刊对学科发展具有推动作用，因此对高校发展具有较大的影响力。

学术期刊可引领“双一流”建设的发展方向，对学科建设与发展起到引领作用。学科期刊不仅会刊登有关国外先进技术的论文，还会刊登国内最前沿的研究论文，因此，在学术期刊这一平台形成的观念的交汇与讨论，可极大地激发学科研究的创新能力和深挖能力，从而引领学科的发展方向。

学术期刊可为“双一流”建设输送大量的人才资源。“双一流”建设的核心思想在于对人才的培养，而学术期刊正是学术人才的孵化器①。学术期刊平台孵化了国家科学研究的大量人才，这些人才大多活跃于高校一线教学科研岗位，是高校建设和学科发展建设的中坚力量。

三、“双一流”建设背景下学术期刊现存的相关问题

基于“双一流”建设和学术期刊的互动关系，“双一流”建设与学术期刊是相互影响，具有共振效应的，“双一流”建设方案的相关内容对学术期刊的发展带来了新的挑战。具体体现在：“双一流”建设中学校科学发展的体制机制问题关系到对学术期刊体制机制的问题；“双一流”建设评价体系完善化问题关系到学术期刊评价体系的问题；“双一流”建设以支撑创新驱动发展战略的导向关系到学术期刊融合发展的问题；“双一流”建设中对协同创新以及创新人才和团队的注重引发对学术期刊创新服务发展的思考；“双一流”建设中注重社会服务、营造浓厚学术氛围和宽松创新环境的需求激发出对学术期刊功能拓展问题的探讨。

（一）政府层面：管理体制不健全和评价体系不完善是学术期刊发展的阻碍

在极左时期，我国学术期刊主要为政治服务；改革开放以来，学术期刊回归到为科研服务的功能上，有少部分期刊加强管理，规范审稿，经过数年的努力，已发展为具有国际话语权的学术期刊。然而，绝大部分期刊

① 耿卓，胡浩志，易会文. 高校学术期刊与学科建设互动关系的个案研究［J］. 湖北民族学院学报（哲学社会科学版），2014（4）：165-168.

质量不高，国际竞争力较弱。主要在于我国的学术期刊管理体制过于僵化，运行机制过于行政化，且缺乏科学的准入、淘汰机制以及评价机制。我国学术期刊长期以来存在编辑和经营未分离的问题，学术期刊被广泛认为是纯公益化服务型媒体，缺乏经营，造成政策保护下的学术期刊不作为，不以学术服务质量为目标。

学术期刊评价体系不仅影响期刊质量的认定，还关系到科研成果的评估及评定、科研人才的职称评定等复杂问题。由于涉及期刊社及作者个人的利益，期刊评价被异化，无法形成良好的学术环境。具体体现为：我国期刊评价机构中没有一家公认的权威机构，多重标准不利于期刊稳定发展；期刊评价指标体系的科学性和合理性问题尚未解决，期刊为了追逐排名，唯指标是从，不利于期刊的长足发展；期刊评价方法的不完善十分明显，目前主要采取的定量评价法，也有较明显的局限性。总之，我国学术期刊评价体系的不完善直接导致学术期刊的质量偏低。最新数据显示，我国科技人员发表的期刊论文数量已超过美国，位居世界第一，但平均引用率却排在 100 名以外。

（二）学术期刊融合发展程度不深

当前，媒介融合高速发展，传统媒介纷纷探寻数字化转型发展之路，但学术期刊却少有媒介融合发展的意识。虽有一些学术期刊试图拓展融合发展路径，开始试水新媒体，如开通在线审稿系统、搭建开放式（OA）平台、建立 DOI 解析系统、开通微信公众号及微博账号等，但这样的学术期刊数量较少，绝大多数期刊只是和第三方学术平台有所交易，部分付费用户和机构可以在第三方平台那里获取到内容，但绝大多数资源并未全面开放。

此外，融合发展广义上还可以包括产业内部单位间的融合，如形成学术期刊集群；也可涉及跨地域、跨行业的融合，如本土学术期刊与国际学术期刊的融合，学术期刊与相关领域的融合。这种多元深度融合可以提高学术期刊的质量，也可以增进学术交流和学习。但实际情况是只有少数学术期刊注重了多元融合发展，与国际学术期刊这方面的能力相差甚远。

（三）学术期刊对学术创新的推动力不足

学术创新主要指在学术研究过程中，在学术观点、研究方法、发掘材料方面能够有别于之前或是同时期的研究者，能够在观点上锐意进取，研究方法上独辟蹊径，抑或在材料的占有上推陈出新①。目前一些在学科、行业领先的期刊比较注重对学术创新成果的采纳，对学术研究具有一定的引导作用，但是绝大部分学术期刊仍停留在版面页数需求及版面费获取层面，并未将内容质量作为第一录用标准，有不少编辑认为只要文章“四平八稳”即可，并未看重文章内容的学术创新，缺少对作者的学术创新的引导。

（四）学术期刊对学术人才的培育不充分

这里的人才不仅指学术期刊的编辑人才，更包括作者人才。学术期刊是人才的“孵化器”，理应肩负起对学术人才的培育职责。但不少期刊在审稿时更加关注作者的单位、行政级别、职称、影响力等要素，而非学术内容本身，极大地忽略了青年学者的科研成果。

（五）学术期刊功能实现的途径较为单一

学术期刊的最主要、最直接的功能是对知识信息的传播功能，学术期刊既可以引导学科发展方向，又可以对知识信息的传播及流向具有一定影响力；同时学术期刊还具备学术成果的催化、转化功能，促进学术成果转化②。这些功能都是围绕学术期刊的学术服务而形成，如何实现这些功能，是学术期刊最终目标实现的关键。然而，我国大多数学术期刊功能实现的途径较为单一，主要是在期刊平台上刊登学术成果，除此便无其他的拓展途径。

四、“双一流”建设背景下学术期刊创新发展建议

学术期刊的创新发展关系着我国学术期刊获得国际话语权、树立学术期刊品牌、增进国家科技发展效率、培育创新型学术人才及团队等目标能否实现，“双一流”建设给学术期刊改革创新带来了发展契机。

---

① 马立钊．关于学术期刊创新与评价的几个问题［J］．学术论丛，2015（7）：268-272.

② 史庆华．科技学术期刊的社会功能及其变异［J］．现代情报，2007（1）：17-20.

（一）健全学术期刊体制机制

体制机制的改革是创新发展的基础。“双一流”建设就是要破除体制机制的障碍，构建适应中国特色的高等教育发展路径，学术期刊同样应构建有利于科学技术研究发展的体制机制。具体而言，一是厘清期刊主管部门的职责，做到权责分明，完善期刊“进入”“退出”机制，构建公平竞争的市场环境；二是完善期刊审批、核查、监督和评价等一系列的制度，做到有章可循，政府部门对期刊可有效调控①；三是期刊主办单位须去行政化，搭建全面公开审稿系统，提升稿件处理效率，建立开放式科研研讨平台；四是编辑应对相关学术研究的作者和读者应秉持负责任的态度，进一步提高工作效率，缩短审稿周期，提高学术成果的传播效率。

国内已有部分学术期刊及时变革，破除体制机制的障碍，改革效果显著，如上海大学期刊社进行集约化管理，成立期刊社公共服务部门，优化12种期刊的出版流程，推进信息化统一建设，资源共享，变分散出版为集中出版，把分散在各个期刊社的人、财、物集中到期刊社平台统一管理和运行，形成集群优势，从而减少了复杂的审批管理环节，增强了期刊社的运行效率。

（二）构建科学合理的学术期刊评价体系

评价体系意味着标准的确立，科学合理的标准是引导事物健康发展的要诀，“双一流”建设中明确提出“构建完善的科学评价体系”。

一流大学和一流学科的评价体系中包含有学术研究评价，而学术研究评价和学术期刊的评价一脉相承，因此首先要建立科学的学术研究评价体系，在完善学术研究评价的基础上完善学术期刊评价体系。比如，整合部分学术期刊评价机构，建立科学、合理且统一的学术期刊评价体系；多角度、全方位地改革现有评价体系，根据时代的发展变化阶段性调整评价体系，尤其是对于本土化、特色化强的学术期刊应该设置特殊评价指标；进一步完善评价维度，减少评价指标的关联性，体现学科特点与属性，对期刊科学分类与分层，科学赋予评价指标权重，不断创新和改进评价手法和

---

① 孔爱英，王颖，张炯. 学术期刊编辑部体制现状分析及改制对策探讨 [J]. 中国科技期刊研究，2013，24（5）：850-853.

评价方式，减少人为影响和行政干预，最大程度上弥补和修正方法的局限与不足①。

以众所周知的美国期刊评价体系科学引文索引（SCI）和工程引文索引（EI）为例，虽然这两种体系来源机构不同，分别出自美国科学情报所和美国工程信息公司，且侧重的学科也不同，但均有较为科学合理的选刊原则与评价标准，因此得到全世界科学研究界的认同，这也对评价体系出品国美国的科技研究发展有较大的推动作用。

（三）加深学术期刊融合发展程度

融合是社会发展的最典型表征，经济社会发展的背景即为媒介高度融合、行业全面融合、产业深度融合。2016 年 2 月 19 日，在党的新闻舆论工作座谈会上，习近平同志指出：“要推动融合发展，主动借助新媒体传播优势。”高校及学科需要“校级融合”“产学研融合”“跨学科融合”等，学术期刊作为专业性媒介同样需要融合发展。

推动学术期刊融合发展可通过如下几个方面进行：首先，加强数字化平台建设，实现全媒体出版，增进学术交流和讨论；其次，积极采纳新媒体技术，使信息内容实现跨媒介的无障碍转换，同时提高移动阅读获取效率，从而提高知识分享率；再次，促进产学研协同创新，增强跨行业合作与交流，加快国际间的共进发展，努力营造浓厚的学术氛围。

发达国家学术出版的融合发展已形成有效机制，值得我国学术期刊学习借鉴。如德国知名数字出版服务商斯普林格（Springer）积极探索与新媒体机构融合发展的路径，他们与多媒体学术平台费德里卡（Federica Web learning）合作，共建慕课（MOOC）平台，相关作者和教师可在该平台上共同撰写教科书和慕课，为高等教育及研究提供了全新范式。享有盛名的学术出版机构爱思唯尔同样也是融合发展的典范，它将传统的专业内容与前沿的大数据技术紧密结合，提供多种在线产品。例如传统科技图书（STM）出版还搭建了诸如综合数据库（Science Direct）和分专业领域的相关数据库，同时还与世界上超过 500 家学会及出版社建立了合作关系，且合作方式多元，如提供电子版、协同推广、合作举办学术会议等。

① 马兰. 中国学术期刊评价体系对比研究 [J]. 情报科学，2016 (1)：167-170.

（四）加大力度推动学术创新

学术期刊作为研究成果的“孵化器”和传播平台，应加大力度推动学术创新，主要可从以下几个方面入手：第一，应多开发并采纳创新型内容的学术成果，如跨学科、跨领域研究，跨地域、跨国界研究，特色学科、特色教育模式的研究，国际前沿、中国特色的研究选题等；第二，注重对创新型研究方法的传播，引领学术创新思维与方法；第三，洞察新媒介时代特征，挖掘学术成果的创新生产形式，建立用户价值导向的互动内容生产形式，创建用户生产（UGC）模式内容。

不少国内学术期刊意识到学术创新的重要性，大力挖掘前沿性、前瞻性的创新型研究成果，得到业内专家高度认可，如《航空学报》设置了一些有关研究热点的栏目，如“高超声速流动专栏”“航空制导武器专栏”“大飞机专栏”等栏目。这些栏目的论文多篇被高频转载，获得业内外好评。还有一些学术出版社挖掘到学术成果的新型生产模式，取得了较好的效果，如科学出版社卫生职业教育分社于 2014 年开发了“爱医课”（IECP）在线平台，充分发挥移动终端的特点实现自定义内容生成和即时互动，极大地创新了内容的生产形式。

（五）构建学术人才及团队的培育机制

人才是“双一流”建设中的保障，学术期刊应构建学术人才及团队的培育机制。一是加大力度培育优秀作者，尤其是一些具有发展潜力的中青年教师、学者，期刊社不仅要创造学术成果发表机会，如搭建中青年教师栏目、博士论坛栏目等，而且还应加强学术服务能力，如增加资料文献的获取途径，为学者提供方便快捷的文献检索服务，让学者更好地获取文献及知识信息；二是加大对创新团队的科研扶持，为团队的科研成果产出提供传播平台。

国际不少学术出版机构一直十分重视对人才的培育、开发和服务，约翰威立国际出版公司就是典范。它与美国化学文摘社联手，为全球科研人员提供先进的预测化学信息工具，帮助化学家在各种可行的合成路径中找到最佳选择，提高了科研效率和效能①。中国最具影响力的学术期刊之一

① GRACE. 约翰威立国际出版公司与美国化学文摘社联手为全球科研人员提供先进的预测化学信息工具［J］. 上海化工，2017（6）：47.

《石油勘探与开发》，紧盯石油工业最新成果及行业的最新进展，不仅积极结识知名专家学者，还积极挖掘有潜质的青年科技工作者，从各个方面依靠人才、扶持人才。近几年，在同类期刊中，其综合影响因子与复合影响因子均为全国第一，发展成具有国际影响力的学术期刊。

（六）开拓期刊功能的多元实现途径

基于期刊品牌的理念，期刊功能的实现不能单一地依靠期刊自有平台的传播。学术期刊的本质功能即传播学术研究成果，实现这一功能的途径应多元，主要包括：举办研讨会，增加相关专业培训和咨询服务；加入集群化阵营，如加入专业协会组织或通过国际化平台加入国际数据库；开发多元化学术平台，增进期刊的知识和学术的服务性；积极参与社会活动，诸如专业领域活动或社会慈善活动。这些途径可增强学术期刊的学术服务能力，扩大学术期刊的影响力，推动期刊品牌构建，最终实现学术期刊的社会效益和经济效益。

一流学科建设与高校院系学术刊物发展

——以《华中学术》为例

李　炜

（华中师范大学文学院，湖北文学理论与批评研究中心，
湖北武汉，430079）

摘要：一流大学与一流学科建设是当前我国高等教育发展的建设核心。对于入选一流学科的高校相关院系主办的学术刊物而言，如何在机遇与挑战之中助力一流学科建设，取得长足的发展，值得深思。本文以华中师范大学文学院主办的《华中学术》为例，认为一流学科建设与高校院系学术刊物发展之间的良性互动应从如下两方面着手：注重学科建设结构，凸显研究方向的战略选择，同时兼及跨学科研究；发表一流学科优秀研究成果，发现和培养科研人才，规模式提升学术影响力。高校院系主办的学术刊物应当成为呈现一流学科建设理念、学科发展轨迹，培育学科文化的有力后盾，与一流学科建设共荣互生。

关键词：一流学科建设；高校院系学术刊物

一流大学与一流学科建设是当前我国高等教育发展的核心任务和重要挑战。2015 年 10 月，国务院印发《统筹推进世界一流大学和一流学科建设总体方案》，强调要积极探索中国特色的世界一流大学和一流学科建设，"引导和支持高等学校优化学科结构，凝练学科发展方向，突出学科建设重点，创新学科组织模式，打造更多学科高峰，带动学校发挥优势、办出特色"①。2017 年 1 月 24 日，教育部、财政部与国家发展和改革委员会联

---

① 国务院．统筹推进世界一流大学和一流学科建设总体方案［EB/OL］．［2015-11-05］．http://www.gov.cn/zhengce/content/2015-11/05/content_10269.htm.

合下发《统筹推进世界一流大学和一流学科建设实施方案（暂行）》。2017 年 9 月 21 日，教育部、财政部、国家发展和改革委员会印发《关于公布世界一流大学和一流学科建设高校及建设学科名单的通知》，公布世界一流大学和一流学科（简称“双一流”）建设高校及建设学科名单。

“双一流”已经成为当前和今后一段时期内我国高水平大学发展的指导方针和建设核心，对于入选一流学科的高校相关院系主办的学术刊物而言，则面临着机遇与挑战。一方面，借助一流学科建设的有利条件，高校院系学术刊物将获得更多的支持，有着新的发展契机；另一方面，如何在机遇之中迎接挑战，切实助力一流学科建设，是一个值得深思的问题。华中师范大学中国语言文学入选国家“双一流”建设学科名单，华中师范大学文学院又主办有多种学术刊物，其中《华中学术》近年来的发展尤其值得关注。《华中学术》于 2009 年面世，由华中师范大学文学院创办，并得到华中师范大学出版社的支持，迄今为止已经出版了 19 辑。《华中学术》由最初的一年一辑，到 2011 年开始一年两辑，再到 2016 年开始一年出版四辑，其间 2014 年开始入选 CSSCI 来源辑刊目录。下面就以《华中学术》为例，探讨一流学科建设与高校院系学术刊物发展。

注重学科建设结构，凸显战略选择

一流学科的形成与发展往往以合宜的学科结构和发展战略为前提。“不同的学科发展模式下蕴含的是对共同理念的一脉相承，是对自身特色的自信和张扬。”① “双一流”建设的标准与考量要求自然而然与大学出版有着密切关系，正如有学者所指出的：“我国当下的‘双一流’建设，一是把高水平人才培养作为首要标准；二是把产出符合国家经济社会发展需要、国内外公认的优秀成果作为重要考量；三是把形成的重大影响作为最高标准。新的政策支撑，新的资源配置，更高水平的师资队伍和科研成果，无疑会成为大学出版的源头活水和发展动力。”②因此，有别于高校综合性学报要均衡发表各个不同一级学科成果的布局，高校院系主办的学术

---

① 翟亚军，王战军．理念与模式——关于世界一流大学学科建设的解读［J］．清华大学教育研究，2009（1）：17-21.

② 范军．“双一流”建设更需要一流的大学出版［J］．出版科学，2017（6）：1.

刊物在集中展现某一特定一流学科研究成果上具有天然的优势，其栏目的设置应当在现有的基础上继续注重学科建设方面的结构特征，同时凸显学科建设与发展的战略选择。

所谓战略选择，即在建设一流学科中的重点核心的战略性研究方向。一流学科注重学术性价值与知识的生产，学术研究的学理性与创新性是一流学科建设过程中必须体现的特质。高校院系在制订学科发展战略时，需要充分考虑学科的发展现状、态势及相关国际学术前沿。学科建设结构要以一流学科发展战略为基本原则，要重点布局代表着未来研究的主要发展方向的分支学科，将学科的研究方向和研究领域聚焦，集中投入，将其做强，这就需要一流学科的建设单位及人员具有战略性眼光。只有找准突破口，将特色研究不断发展壮大，集聚优势，才能成为稳定前行的一流学科。从长远来看，《华中学术》作为华中师范大学文学院主办的刊物，将来应当是能反映出中国语言文学这一一流学科在华中师范大学的学科发展轨迹、呈现学科建设理念的。

在对一流学科进行建设商讨的过程中，华中师范大学文学院及相关研究机构依托相关二级学科支撑来制订学术战略、明确学术方向。目前大致形成了多个重点分支发展方向，例如马克思主义文学批评与当代文化建设、文学伦理学批评与外国文学研究、新旧融合与现当代文学、古代文学经典阐释与当代学术话语建构、文学的跨界研究与传播、汉语语法研究、汉语方言研究、汉语国际传播、汉语信息处理等等。这些重点分支发展方向，大多前期已经有着厚重的学术积累，并且产出过优秀的学术研究成果，其中部分就发表在《华中学术》上。《华中学术》从办刊伊始到现在的栏目设置及调整体现了对中国语言文学一级学科下的各学科方向进行凝练的结果。

梳理办刊之初至今的栏目设置不难发现，《华中学术》一直将分支学科的研究重心凸显于栏目之中，设置专栏，充分给予了重点重大项目以展现科研成果的空间。自 2009 年第一辑开始，“马克思主义文学批评”就作为常设栏目存在，2011 年“马克思主义文学批评的中国形态”获得国家社科基金重大立项之后，《华中学术》连续两期刊出“马克思主义文学批评的中国形态”笔谈，之后至今几乎每辑都有阶段性研究成果论文刊出。刊物推出的重点重大项目专栏还有：2012 年第 1 期推出国家社科基金重点项目专辑“二十五史《艺文志》著录小说集解”专栏，后续推出共计 3 次；2012 年第 2 期推出国家社科基金重点项目专辑“出土简帛文献中的古代中国哲学资料辑校与研究”专栏，后续推出共计 3 次；2013 年第 1 期推出“文学与伦理关系研究”栏目；2014 年第 2 期推出国家社科基金重大招标项目专辑“文学伦理学批评：理论建构与批评实践研究”，后续推出共计 6 次。

一流学科的建设是一个连续的、长期的过程。除了为国家社科基金重点重大项目开设专栏，《华中学术》一书的栏目设置从创刊伊始就体现了专题化与常规化相结合的特点，内容涉及古代文论资源与现代文论转型、马克思主义文学批评、叙事理论、中国古代文学与古典文献学、中国现当代文学、民间文学与文化、语言学研究、汉语方言研究、古代汉语研究、影视传播与影视批评、书评与文摘等多个领域，显示了较为开阔的学术视野。2016 年《华中学术》改版为季刊，主编戴建业教授在改版卷首语中说明了由于华中师范大学文学院现有《外国文学研究》《汉语学报》《语文教学与研究》《新文学评论》等名刊和新刊，《华中学术》的栏目将逐渐有所侧重①。例如由于比较文学与世界文学研究方向已有《外国文学研究》杂志的支撑，因此从 2017 年起，《华中学术》除了开设国家社科基金重大招标项目专辑“文学伦理学批评”专栏之外，不再另外设立外国文学研究相关栏目，而是根据一流学科建设需要酌情增加了其他栏目如“对外汉语教学”等。这是综合学科建设需要对院系主办学术刊物进行学术研究方向凝练、调整布阵的结果，也为一流学科中的分支研究方向提供了更多展示科研成果、促进学术交流的空间。

值得注意的是，在坚守已经取得一定学术研究成果的分支研究的同时，一流学科的建设也应关注跨学科研究，在学科交叉融合方面鼓励产出更多有价值的科研成果。《华中学术》曾经推出过“中国科举考试与古代文学”“城市文明与文学嬗变”等具有明显跨学科研究性质的专栏。伴随着文化传播学博士点的建设，《华中学术》2013 年第 1 期开始推出“文化传播学研究”栏目。在初步拟定的一流学科建设分支中，文学的跨界研究与传播即是充分体现跨学科研究的一支。坚守的同时求变，在一流学科建

① 戴建业. 改版卷首语 [J]. 华中学术，2016 (1).

设的进程中适当调整栏目设置，把学术创新、学科融合体现在院系主办的学术期刊中，坚守与创新融合，战略与平衡兼顾，唯其如此，才能有多维度的学术思想交汇，更有能反映学科建设的优秀的、有代表性的科研成果呈现，对于学科建设起到积极的促进作用。

发表学科优秀成果，规模式提升学术影响力

一流学科的发展是具有渐进性的，而创造出一流学科核心竞争力的主体是院系研究所的教研人员。一流学科建设要培育学科文化，而学科文化必然是由一流学科整体之下的各个分支学科研究方向凝聚逐步形成其独特的理论体系、研究方法等，形成自身的学科传统。理想的一流学科科研，是能随着学科发展将承继与创新相结合，不断深化、丰富学科的研究成果，拥有相对稳定的范畴体系。因此，要有强大的学科组织核心竞争力，就必须要培养优秀的学科带头人以及以优秀的学科带头人为中心的教学科研群体。一流学科必须要培养和发现中青年人才，尤其是青年教师，这样才能保障作为一流学科创造力的科研群体的生命力，打造和谐的、高水平的学术团队，规模式提升学科的学术影响力，同时也成为形成一流教学的有力保证。

华中师范大学文学院是一个拥有百年历史和深厚学术积淀的学院，汉语言文字学、文艺学、现当代文学、比较文学与世界文学、中国古代文学、民间文学等多个学科已形成或确立了自身的特色，由此形成一种整体优势。形成并坚持学科传统是建设好一流学科的基础，而积累学科无形资源，则必须要鼓励科研群体持续不断地产出，促进学科持续发展，这就需要院系主办学术刊物的强有力支持。“学科文化具有强大的凝聚功能，它使得学科成员在学术动机的确立、学术领域的选择等方面趋于一致，有利于促进学科成员在学术活动中的协同与合作，这是世界一流学科竞争中的软实力。”①因此，院系主办的学术刊物作为反映主办单位学科综合实力的重要窗口，应该致力于快速展现本学科优秀的科研成果。尤其是应当发挥“培养学术人才功能，助推学科队伍建设”的作用，扶持和鼓励教师尤其

① 宣勇．建设世界一流学科要实现“三个转变”［J］．中国高教研究，2016（5）：1-6.

是青年教师投稿，引导培育特色学科和新兴学科，培养为学科建设服务的青年骨干教师队伍，助力学校学科发展①。高校院系主办学术刊物必须成为培育学科文化的有力后盾，并显现出研究的承续性。

《华中学术》从发刊伊始就明确了助力本校教师发表科研成果以及与海内外同仁进行学术交流的办刊宗旨。胡亚敏教授在《卷首语》中谈道："之所以筹办《华中学术》，其初衷是为华中师范大学文学院的教师提供展示学术成果的园地，使大家能够在这个园地里从容地耕耘和自在地挥洒；同时也希望以此构筑一个对话的平台，诚邀海内外同仁在这里以文会友，研讨磋商，享受思想交锋的快乐……《华中学术》的核心是学术，它表达的是学人对学术的尊重、追求和坚守，并力图通过学术个性的张扬和学科之间的互渗打通实现学术研究的开拓和创新。"②在这一办刊宗旨的指导下，《华中学术》刊发了华中师范大学多位归属中国语言文学一级学科教师的文章，很多中青年教师都在《华中学术》上发表了各类科研立项的前期成果及研究论文，人大复印资料转载率也逐年上升（见表1）。

表1　《华中学术》人大报刊复印资料转载情况

篇名	作者	原发刊	栏目	转载刊期
文学与马克思关于人的全面发展	胡亚敏	《华中学术》2009年第一辑	马克思主义文学批评	《文艺理论》2010年第12期
神话与知识建构——以汉代墓室中的天文图为例	刘惠萍	《华中学术》2011年第2期总第四辑	非物质文化	《先秦、秦汉史》2012年第2期
空间叙事与中国当代电影研究	孟君	《华中学术》2011年第2期总第四辑	新闻与传播	《影视艺术》2012年第3期
从"戏剧"电影到景观电影——电影叙事策略的位移与派生	陈清洋/饶曙光	《华中学术》2011年第2期总第四辑	文化传播与影视批评	《影视艺术》2012年第3期

① 温优华．新形势下高校学报与学科建设协同创新机制的构建［J］．出版发行研究，2016（5）：51-54.

② 胡亚敏．篇首语［C］//张三夕．华中学术（第一辑）．武汉：华中师范大学出版社，2009：1.

续表

篇名	作者	原发刊	栏目	转载刊期
马克思主义文学批评中国形态的内涵探略	胡亚敏	《华中学术》2011年第2期总第四辑	“马克思主义文学批评的中国形态”笔谈之二	《文艺理论》2012年第3期
新中国对马克思主义文论的引介与研究述评（二）	周启超/张进	《华中学术》2015年第2期总第十二辑	国家社科基金重大招标项目专辑马克思主义文学批评的中国形态研究	《文艺理论》2016年第4期
南宋士人的“吏隐”心态与笔记创作的新变	刘师健	《华中学术》2015年第2期总第十二辑	博士生论坛	《中国古代、近代文学研究》2016年第3期
“浪荡子”、寓言家与孤独者：本雅明论波德莱尔	魏天无	《华中学术》2015年第2期总第十二辑	国家社科基金重大招标项目专辑马克思主义文学批评的中国形态研究	《文艺理论》2016年第3期
马克思文学批评话语的读解方式	孙文宪	《华中学术》2016年第2期总第十四辑	国家社科基金重大招标项目专辑马克思主义文学批评的中国形态研究	《文艺理论》2016年第12期
“人的文学”理论基点与民国文论体系构架	黄健	《华中学术》2016年第2期总第十四辑	中国现当代文学研究	《中国现代、当代文学研究》2016年第11期
否定范畴句法实现中的句首位置辨析	马宏程	《华中学术》2016年第3期总第十五辑	语言学研究	《语言文字学》2017年第5期
多重跨媒介文化实践：文学、影视与戏剧	李炜	《华中学术》2016年第3期总第十五辑	文艺学研究	《文化研究》2017年第4期

从上表可以看出，2016 年以来《华中学术》的人大复印资料转载率有明显的上升，而创刊以来被人大复印资料转载的文章作者单位为华中师范大学的占比 50%。这充分说明，刊物作为本校相关学科教师发表科研成果的阵地，确实产出了优秀的科研成果，在培育省部级、国家级项目以及产出相关项目的科研成果上切实添翼助力。《华中学术》从 2015 年第 2 期起连续开设有“博士生论坛”栏目，主要发表本校及其他学校博士生的研究成果。高水平的人才培养也是一流学科建设的标准，通过为本学科年轻的学者提供发表科研成果的平台，既培养了不同年龄层的专业研究人员，又帮助学生完成研究论文，为其研究深造或者就业打下基础，可以说是一举多得。有效整合院系学术资源，提升教师尤其是中青年教师的科研创新能力，以分支研究方向为纽带，学科组织通过长期的凝聚、锤炼，逐步形成相对集中、稳定的学科方向，并不断得到优化，特色也更加鲜明。而一流学科的建设成果，高质量的学术论文也将成为高校院系学术刊物发展的源头活水，成为其核心竞争力的重要保证，促进院系学术刊物办刊质量的进一步提升。

除此之外，“学缘漫议”也是《华中学术》一个很有特色的栏目，在呈现学科文化、传承人文精神方面产生了很大的影响。该栏目从第四辑开始推出，张三夕教授在“主持人语”中提到开辟栏目的初衷是让华中师范大学文学院悠久而又优良的学术传统和人文精神得到及时的总结以及永远的传承。他指出，“学缘”这一概念除了指高校教师求学的学校或导师的来源之外，还指“一位学子在求学过程中遇到的机缘，或者说是因学习而产生的缘分，它包括时代背景、学校环境、老师的学识和教学风格、学风、同学交往等等。学缘如同‘血缘’，它是一种永远割不断的人际关系和情感联系，具有一定偶然性和独特性，往往会对一位学子的学术道路乃至职业生涯产生潜移默化的深远影响”①。作为栏目发轫之作，王先霈教授的《一鳞半爪说学缘》生动地记述了华中师范学院中文系建系之初及其后的青年教师们的学科学缘历史，华中师范大学的诸位前辈相继发文讲述自己的学术学缘，如刘守华教授说民间文学，张玉能教授谈文艺学等等，不仅详述自己的学术研究与学缘经历，从中亦可见得华中师范大学中国语言

① 张三夕. 主持人语［C］//张三夕. 华中学术（第四辑）. 武汉：华中师范大学出版社，2011：1.

文学学科的半个多世纪的发展历程，着实是珍贵难得的学科文化资料。

卓越的学术竞争力一定是厚积薄发、逐步累积的结果。好风凭借力，送我上青云。《华中学术》作为高校院系主办刊物的代表之一，将在中国语言文学一流学科建设的背景下，结合学科建设设置杂志栏目，秉承“严谨务实、勇于创新”的治学精神，在中国语言文学等领域形成自己的学术品格和研究特色，也成为吸引同行开展学术交流的重要平台。高校院系主办的学术刊物应当成为呈现一流学科建设理念、学科发展轨迹、培育学科文化的有力后盾，稳步提升办刊质量，与一流学科建设共荣互生。

中国科技期刊学术影响力的现状、问题与对策

曾　群

（华中师范大学学报编辑部，湖北武汉，430079）

摘要： 科技期刊是一种关乎国家整体创新能力的重要战略媒体，其发展水平和国际影响力及地位是衡量一个国家文化软实力和国际竞争力的一项具有战略意义的综合指标。中国科技期刊数量众多，近年来学术影响力迅速增强，但与国际优秀科技期刊相比还有很大差距。主要表现在缺乏优质稿源、发稿周期长、国际化不明显等众多方面。这主要是我国的学术评价机制不合理、奖惩制度不科学、出版内容和形式有欠缺等多种原因造成的。需要从刊物定位、人员管理、制度建设、政策支持、国际化等方面进行变革，在所有科技工作者和管理者的共同努力下，中国科技期刊的国际地位才能提高，才能掌握国际学术话语权。

关键词： 中国；科技期刊；学术影响力；问题；对策

科技学术期刊（简称科技期刊）刊登的都是当前科学研究的热点问题和最新研究成果，不仅存储了大量新知识，还通过系列文章的发表对新知识进行组织优化，在新知识的传播、宣传、转化为生产力中起着重要作用，对新的研究者来说，有着提供展示平台、传输学术信息、进行研究导向、培养写作能力等作用，是发现人才、培养年轻的科技工作者和科学家的重要平台，在国家知识创新和人才培养中发挥着重要作用[1-5]。因此，科技期刊是一种关乎国家整体创新能力的重要战略媒体，是一个国家科研能力的体现，也是一个国家在世界上扩大话语权、赢得尊重的重要阵地和平台，其发展水平和相应的国际影响力及地位是衡量一个国家创新能力、国际竞争力和文化软实力的一项具有战略意义的综合指标[5-6]。

自20世纪80年代以来，国家对科研的重视程度不断提高、支持力度不断加大，我国科研实力迅速提升，不断涌现出大量优秀的科研成果，完全有可能办好高水平学术期刊[7]。然而，当前我国学术期刊的总体质量、传播力、影响力与国际先进水平相比仍有较大差距。国际出版品牌与本土学术出版的竞争日趋白热化，不仅抢占期刊的订阅市场，而且直接抢夺中国的优质稿源。由于国际学术评价的话语权掌握在西方发达国家手中，加上我国科研评价指标的片面导向，国内本土学术期刊的水平和价值被低估，国内一流水平论文大量发表在国外期刊上，这也严重影响了我国学术出版和文化传播事业的健康发展。如果我国本土期刊不能全面及时反映我国自主创新水平，既不利于科研和文化成果在国内传播，也不利于提升期刊国际竞争力，还会带来知识产权隐患。

在当前数字化浪潮、国际化的影响对中国科技期刊的传统出版方式、学术影响力的冲击越来越大的情况下，如何利用"互联网＋"改造传统期刊编辑出版，如何应对学术期刊评价体系的国际化挑战、赢得我国期刊的学术话语权等等，都是当前应该仔细思考的问题。因此，有必要重申社会大众对国产科技期刊学术影响力的再认识，认清当前我国科技期刊学术影响力的现状、出现的主要问题，剖析影响我国科技期刊学术影响力的主要因素，有针对性地提出建议，以期能有效地提升我国科技期刊的学术影响力。

一、我国科技期刊发展现状与问题

从20世纪80年代以来，中国科技期刊飞速发展，取得了很大成就，但也存在很多问题，归纳起来，主要表现在以下几个方面：

（一）总量多，高影响力期刊少

目前，我国期刊约9000种，其中科技期刊约5000种，可谓数量众多，在数量上仅次于美国，居世界第二位。但从整体上看，缺乏高影响力和国际权威的期刊，影响力低下的期刊占很大比例。我国众多的科技期刊中，仅有140余种期刊被SCI收录。

（二）国产高水平论文多，但发于本土科技期刊少

2014 年，SCI 收录了 159.67 万篇世界科技论文，其中我国科技论文 19.01 万篇，占 12.08%。可见，我国不乏高水平科技论文，但这些高水平科技论文大多发表在国际科技期刊上，国内科技期刊刊登很少。中国知网最新统计数据表明，2016 年中国大陆科技论文作者国际、国内科技期刊发文总量分别为 34.4 万篇、112.5 万篇，分别占比 23.4%、76.6%，看似中国大陆科技工作者的大部分论文都发在国内期刊上。但从时间纵向对比来看，中国大陆作者发到国际期刊的论文数量逐年跳升，占比越来越大（见表 1）。仅 2015 年至 2016 年同比增长 13.7%，而国际、国内总发文量只增长了 1.2%，也就是说，中国科技工作者的新增的论文绝大部分都投到了国际科技期刊。

表 1　中国大陆科技作者国际、国内发文量同比变化表

	2015 年（万篇）	2016 年（万篇）	增量（万篇）	增长率
国内期刊	114.8	112.5	−2.3	−2.0%
国际期刊	30.2	34.4	4.2	13.7%
国内外期刊发文合计	145	146.9	1.8	1.2%

注：统计范围：国内期刊是国家新闻出版广电总局认定的学术期刊；国际期刊是 WoS、Scopus 数据库收录的 2.6 万种期刊。

（三）国内期刊近年来影响力增强，但与国际期刊相比，仍有较大差距

从中国学术文献国际评价研究中心的研究结论来看，中国科技期刊在 2016 年国际他引总被引频次为 64 万次，相比于 2015 年增长了 23.4%，对比 2012 年增长了 68.3%，连续 5 年均呈现明显的增长态势。这充分说明，我国科技期刊在国际上的地位越来越高。但将国际、国内科技期刊进行横向比较，就可以看出，国内期刊与国际期刊的差距较大。

表 2 为 2016 年国际、国内科技期刊各种指标的对比。从表 2 可以看出，2016 年国际学术期刊篇均参考文献量为 34.5 篇，国内期刊 12.4 篇，国际是国内的 2.8 倍；国际、国内刊物的篇均页码数比值也是 2.8；国际、国内刊均总被引频次比值为 2.67 倍；国内期刊即年指标也明显较国际期刊

低，反映出国内期刊发表滞后。从 2016 年国际、国内科技期刊的刊均被引半衰期、刊均引用半衰期来看，也是国际期刊远远高于国内期刊，据统计国内相对比较好的北大核心期刊的刊均引用半衰期也仅为 7.3。

表 2　2016 年国际、国内科技期刊各种指标对比

	国际科技期刊	国内科技期刊	国际/国内
篇均参考文献量（篇）	34.5	12.4	2.8
篇均页码（页）	11.6	4.1	2.8
刊均总被引频次（次）	6137	2300	2.67
即年指标	0.549	0.084	—
刊均被引半衰期	7	5.9	1.19
刊均引用半衰期	8.5	7.1	1.20

注：①篇均参考文献量、刊均总被引频次、即年指标、刊均被引半衰期、刊均引用半衰期统计源中的国外期刊数据来源于科睿唯安的 JCR 报告，国内期刊数据来源于中国学术期刊影响因子年报。

②篇均页码数统计源：国外期刊数据是 WoS 数据库，国内期刊数据是国家新闻出版广电总局认定的学术期刊。

国内各种科技期刊水平参差不齐，其中各类核心期刊应该为其中的佼佼者，其影响力应该远远高于一般期刊。然而，从 2016 年国内各种科技核心期刊的被引频次（表 3）来看，与国际期刊相比差距悬殊。也就是说，拿国内最好的科技期刊与国际科技期刊相比，仍有很大差距。

表 3　2016 年国内各种科技核心期刊的被引频次

核心期刊种类	核心期刊数（种）	核心期刊总被引频次（万次）	核心期刊数/科技期刊总数（%）	核心期刊被引频次/科技期刊被引频次	刊均期刊技术研究影响因子
CSCD—核心	854	176.60	22.4	43.2	0.866
北大—核心	1236	254.95	32.4	62.6	0.733
中信所—核心	1966	320.13	51.5	77.9	0.677

注：数据来源于中国学术期刊影响因子年报。CNCK 期刊总被引频次的科技类统计源期刊 3293 种。

从我国科技期刊发表外国作者文章数量和被引频次来看，2014 年为被引高峰期。该年，给国外作者发文的 2788 种期刊中，国外作者发到中国科技期刊上的文章引用率是低于中国作者的（见表 4）。这也说明，在国内期刊上中国作者的文章影响力是高于外国作者的。

表 4　2014 年在中国科技期刊上中外作者发文量、篇均被引频次

	发文量（万篇）	篇均被引频次
中国作者	56.01	2.9
外国作者	1.22	2.2

从以上分析可以看出，我国科技期刊的学术影响力呈现出以下态势：一是中国科技期刊数量多，近年来影响力逐年增强，但影响力大的期刊少，即使是核心期刊，其影响力与国际期刊也存在较大差距。二是中国科技论文产量多，但优质论文大部分刊于国际刊物，且增势迅猛。三是中国科技期刊文章的参考文献少，篇幅短，刊均被引频次低，发表周期长。四是中国科技期刊国际化不明显，大部分为中文出版，只有文章标题、图标标题、摘要、关键词和参考文献为双语，影响了外国读者的阅读和引用；部分实行双语出版或英文出版的期刊，刊登的也多为中国作者的文章，外国作者的文章刊登较少；刊登的少量外国作者的文章没有发挥其应有的国际影响力。

二、我国科技期刊学术影响力不足的原因分析

学术期刊的影响力主要来源于期刊刊载内容的学术质量和出版水平两个方面。学术质量是刊物的内在价值和品质的综合体现，表现为所报道内容的先进性、重要性、创新性和科学性；出版水平则反映了期刊的传播能力，表现为出版物的规范性、及时性和可传播性。我国大部分科技期刊与国际优秀期刊存在很大差距，学术质量、编辑水平、出版周期等方面都存在很多问题。我国 90％以上的高水平论文投向国外期刊，这在某种程度上与我国学术评价机制有关，导致了我国科技期刊很难吸收到优质稿件，只有在国际上发表不了的论文才退而求其次发表在国内刊物上，这样就导致了我国科技期刊很难吸收优秀稿件，学术水平有限。另外，期刊评价体系、成果评价系统、各单位的奖惩制度及人才评定机制滞后，期刊管理较差，缺乏必要的改革，部分期刊稿件处理方式和流程落后，处理过程冗长，发表周期很长，缺少独立和内容丰富的网站也是造成我国科技期刊学

术影响力不大的原因。

科技期刊学术影响力的主要评价指标为期刊的影响因子和论文的被引频次。这些指标主要决定于以下几个方面：

（一）学科及研究方向

热门学科和方向研究人员多、研究成果多、相应的报道期刊数量多，论文被引用的频率高。反之，引用频率低。一般来说，专业型科技期刊较综合型科技期刊的影响力高。

（二）论文质量

论文的质量决定了阅读量和引用的频率，也决定了期刊的影响力。一篇好的科技论文以其研究内容科学前沿、研究方法先进、学术价值高、实验设计合理、实验数据翔实可靠、研究者学术水平与写作水平较好等为基本特征。另外，期刊的编校质量也是论文质量的一个重要组成部分，严格地遵循编校规范，及时科学规范的出版也是提高论文质量的一个重要途径。

（三）出版周期

科技论文具有很强的时效性，在保证质量的前提下，热点方向的论文要尽快发表。同一研究内容的文章，发表越早，引用率、下载率就越高。

（四）载文量及形式

在经济效益或功利因子等多种因素的驱动下，国内很多科技期刊不断地扩充版面，增加期数，刊发的文章越来越多，篇幅越来越短，质量上也大打折扣。事实证明，载文量大的期刊，影响因子往往很难迅速提升。在论文形式上，综述文章往往比研究论文具有更多的引用次数，但现状是，可供发表的综述文章较少。一篇好的综述文章必定是阅读了国内外大量相关研究成果以后，在自己理解的基础上进行的归纳和总结，并站在一个较高的角度指明该领域的发展趋势和方向，对该研究领域的所有研究者都有一定的指导意义，因此，也会有更多的引用和下载率。但这种形式的文章要求很高，需要作者具有很深的学术造诣和总览全局的战略眼光，只有专业领域资深的领军人物才有此高度，一般都是约稿居多。

（五）科技期刊的学术评价

科技期刊在知识创新中发挥着重大作用，其学术水平在很大程度上取决于论文审稿人的学术评价，论文审稿人的学术评价不仅是决定文章是否可以刊出的重要依据，也是提高期刊学术影响力的重要手段，学术评价严重影响科研人员投稿意向，评价不公极易导致高质量论文外流。审稿人学术评价的主要内容是学术创新性的评价，学术创新又需要学术评价来引导，二者相辅相成。审稿人是学术评价的主体，应该从科学问题的甄判、研究意义的评价、学术创新的评价等多方面对论文做出全面、具体、公正的评价。

三、我国科技期刊学术影响力的提升途径

针对我国科技期刊学术影响力状况，特提出以下提升建议。

（一）明确期刊定位，彰显刊物特色

中国科技期刊种类众多，无论是专业型科技期刊还是综合型科技期刊，都需要明确定位关注方向，把握研究热点，重视栏目策划，组织研究专栏，刊发系列研究文章，形成品牌栏目，提高知名度。

（二）增强服务意识，吸引高质量稿件

稿源是期刊的生命，期刊的发展离不开优质稿源。目前国内外科技期刊对优质稿源竞争非常激烈，“皇帝女儿不愁嫁”的思想已不适应时代发展的要求，需要改变观念，增强服务意识。科技期刊要为社会服务，为科技事业服务，为作者和读者服务。高效迅速地将作者最新、最好的研究成果发表出来是科技期刊的责任，要在专栏策划、组约稿到论文编辑出版的每一个环节上提供良好服务。充分尊重作者的劳动成果，无论录用与否，都应提出修改意见供作者修改或完善，并建立不同学科或方向的研究人员库，积极邀稿，特别是邀请重要人物的综述稿件，重点推介里程碑式的论文。

论文的学术质量是期刊的生命线。审稿人的学术评价决定着论文的录用与否。因此公平、公正、科学的评价是重中之重。科技期刊应建立审稿人库，严把论文质量关。文章发表前后都应该给作者及审稿人及时地反馈相关信息，尤其是发表后的社会反响反馈是目前大多数期刊所欠缺的，审稿人、作者和读者之间没有建立起学术讨论的桥梁。目前，国际上通用的第三方审稿平台（比如 Publons、Rubriq、Editage、Axios、Peerage of Science 等）的出现在不同程度上提高了审稿的公正性、准确性和审稿效率，很好地解决了审稿人难找、出现虚假审稿人、出版后评价匮乏等问题，值得国内科技期刊和广大科技工作者借鉴。

（三）规范管理体制，吸引优秀的编辑和管理人才

加强编辑部内部管理，提高工作效率，是期刊可持续发展的有力保障。提高稿件处理的效率，进行在线发表或者优先发表，缩短发稿周期；积极修改版面，力求大方醒目。执行严格的编校制度，是保证期刊编校质量的唯一途径。高薪聘请有国际、国内出版经验的管理人员，从管理体制上与国际接轨。

学术期刊编辑一定是学者型编辑。一名学术素质高的编辑，可以有计划、有目的、有重点地选题组稿。在送外审前认真研读内容，初步评判稿件价值和水平，并能选择合适的审稿专家。在编辑加工等环节也能准确细致把握，大大降低出现差错的可能性。编辑不仅需要渊博的专业知识和较强的自主科研能力，同时需要有良好的个人综合素质，如服务意识、团队意识、奉献精神和沟通能力等。大力鼓励编辑参加在岗培训、参加各种学术研讨会议和参与编辑学及相关专业的科学研究，创造条件让学科编辑参与到教学科研部门的相关工作中，担任课题组骨干和研究生导师，是提高编辑自身学术修养和职业修养的有效途径。

（四）以高校学报为中心，形成学术期刊联盟

综合型科技期刊是中国特色，高校学报是综合型科技期刊的典型代表，拥有丰富的教学科研资源，不能以专业型科技期刊的评价标准来衡量综合型科技期刊的影响力。高校学术联盟或集团化是学术期刊发展的一种趋势，可以形成强强联合，有效地发挥高校优质资源，实现共赢。

（五）争取政策支持，确保科学的学术评价机制

中国科技期刊要想得到国际认可，首先必须自己认可，更具体地说要首先取得中国作者的认可。但现有科研评价体系、奖惩制度对中国科技期刊的发展极其不利，有很多是盲目崇拜国际期刊，对发表于本土期刊的优质文章评价极低，这样只会将中国的好文章更多地推向国外，让中国科技期刊缺乏优质稿源，陷入“巧妇难为无米之炊”的境地。

国家或相关职能部门可以出台相应政策鼓励中国作者将优质文章发表在国内，比如鼓励或要求国家自然科学基金结题时要发表一定的中国期刊；高校职称评定标准中提高优质中国科技期刊的认可度；高校鼓励并认可本校教师发文到本校学报，等等。只有科学制定学术评价机制，进行合理导向，杜绝学术不端行为，才能保住优质稿源，提高本土期刊的学术质量。

（六）实行国际化

科技无国界，国际化是中国科技期刊的最终目标。中国科技期刊实行国际化，在全球范围争取稿源，是提高稿源质量和扩大期刊影响的有力措施。

在论文形式上，要求论文能尽量双语出版，至少都应具有相应的英文题名、作者名称及摘要，以有利于国外期刊的引用；论文接收后即可上网，同时分配唯一的 DOI，与国际接轨。另外，与国际知名的出版社或数据库如 ACS、RSC、Wiley 等合作联合出版，提高知名度和宣传力度；以国际专业学术组织为依托，联合举办国际学术会议，吸收优质国际稿源；高校学报充分利用自身的学术资源，创建优质的国际品牌栏目；以对话、访谈、书评的形式聚焦国际名人；主动参与国际期刊合作；等等。这些都是一些有效的尝试。

四、结论

尽管中国科技期刊数量众多，近年来影响力逐渐增强，但没有在国际上发挥与其数量相匹配的影响力。学科及研究方向、论文质量、出版周

期、载文量及形式及其学术评价都是影响中国科技期刊学术影响力的重要因子。要从根本上提高中国科技期刊的学术影响力，需要从刊物定位、人员管理、制度建设、政策支持、国际化等方面多管齐下，共同努力，提高中国科技期刊的国际地位，掌握国际学术话语权，需要所有科技工作者和管理者的共同努力。

参考文献：

[1] 陶映雪．科技期刊在知识创新活动中的作用［J］．河北联合大学学报（社会科学版），2014，14（4）：58-59．

[2] 刘振民，李菡．知识经济时代科技期刊的信息传播作用［J］．中国科技期刊研究，1999，10（3）：187．

[3] 刘岩，刘新军．论高校学报在学科建设中的作用及推动学科发展的实现途径［J］．中国科技期刊研究，2012，23（2）：297-300．

[4] 郑绥乾．科技期刊在高校学科建设与人才培养中的作用［J］．莆田学院学报，2014，21（4）：85-87．

[5] 邬书林．发挥学术期刊在创新发展中的作用［N］．光明日报，2016-07-18（11）．

[6] 肖宏．中国学术期刊国际引证年报［R］．北京：电子杂志社有限公司，2017．

[7] 肖宏．中国学术期刊影响因子年报（自然科学与工程技术）：第15卷［R］．北京：电子杂志社有限公司，2017．

传播中国学术好声音：高校学报“走出去”战略研究*

陈世华

（南昌大学新闻与传播学院，南昌大学学报编辑部，
江西南昌，330031）

摘要： 高校学报“走出去”是时代的要求，在传播中国学术好声音中扮演重要角色。高校学报“走出去”的价值和意义在于：“走出去”，传播中国学术，贡献中国智慧；“引进来”，提高办刊质量，与国际接轨。高校学报“走出去”面临办刊理念落后、管理体制僵化、编辑队伍无法胜任、内容和形式达不到要求，传播渠道和方式障碍等困境。高校学报应该通过政策保障、转变办刊理念、建设复合型编辑队伍、提高内容质量、规范形式等路径提高国际传播力，建立纸质出版、网络传播、移动传播、人际传播相结合的全方位传播网络，科学、合理、规范、有效地践行高校学报“走出去”战略。

关键词： 高校学报；“走出去”；“引进来”；传播力

在当今全球化时代，国际合作与交流日益密切，学术期刊承载着创新性科研成果展现的功能，成为科技文化交流的重要组成部分。学术出版的国际交流日益深入，学术出版市场逐渐开放，我国学术期刊迎接国际同行的冲击和挑战，积极“走出去”，由本土向国际发展，参与国际合作与竞争，已成为不可扭转的趋势。2013 年习近平总书记在全国宣传思想工作会议上明确提出要“精心做好对外宣传工作，创新对外宣传方式，着力打造

---

* 本文系全国高等学校文科学报研究会课题“中国高校学报‘走出去’战略研究”（YB06）阶段性成果。

融通中外的新概念新范畴新表述，讲好中国故事，传播好中国声音”。我国高校学报是学术期刊的主力军，应该践行“走出去”战略，在传播中国学术好声音中扮演重要角色。受制于内容的学术性和形式的规范化，高校学报在“走出去”的过程中面临一些问题和困境，但是互联网和新媒体的迅速发展也为其带来一些新的机遇。积极探索新形势下高校学报“走出去”的战略策略，推进中国学术“走出去”，传播中国学术好声音，是当前高校学报面临的迫切任务。本文在阐明高校学报“走出去”的价值和意义的基础上，分析其面临的困境和机遇，并建构相应的对策和方略，为我国学报“走出去”提供参考。

一、高校学报走出去的价值和意义

文明开放、合作交流是现代社会的重要特征，作为集中呈现知识生产和创造的学报是中外文化交流的重要桥梁，是世界学术刊物和学术研究的重要组成部分。高校学报“走出去”是扩大开放与交流的重要方式，既是国内经济、教育、科技和社会发展的需要，也是参与国际学术期刊竞争、争夺读者市场的必然要求。在学术出版日益全球化，中外学术出版差距日益加大的情况下，高校学报“走出去”迫在眉睫。

（一）“走出去”：传播中国学术，贡献中国智慧

高校学报承载着中国最新的科学研究成果，是中国软实力的重要组成部分。美国政治学家、哈佛大学教授约瑟夫·奈提出的“软实力”概念就包含了“信息传播力”。高校学报是学术理论性刊物，是国内学术知识生产、创新与传播的重要载体，是我国科研实力的一个重要指标。但是，当前我国高校学报在国际社会的影响力与我国高校的声望和中国学术研究的整体水平是不相称的。传统学报主要面向国内学界，稿源和读者都来自国内，无法跻身于国际学术期刊强者之列，也就未能将中国最新的学术进展传播给国际社会，失去了中国学术在国际社会上的话语权。

高校学报“走出去”具有重要的价值。学报“走出去”是传播中国学术好声音的重要渠道。知识无国界的属性决定了学术研究成果是全人类共享的文化资源，应该在全球范围内流通和循环。我国具有悠久而又独特的

历史文化传统，中国人也有着鲜明的思维逻辑特色，对生命、文化、民族意义有独特的探索和思考①，中国当前所面临的问题都具有世界性意义，国际学术界也希望听到来自中国的声音。高校学报应该承载着国人的思考，积极走向世界，引起国际学术界的重视，被国际学术界接纳，为国际学术研究提供中国视角和中国问题，传播中国智慧，整体提升世界学术研究水平。学报“走出去”还有助于树立高校和国际形象。学报是高校教学和科研的“窗口”，是高校综合实力和国际竞争力的重要体现。透过学报这个“窗口”，可以向国际社会展示高校学术创新的能力，实现自身价值，受到国际社会关注，提升高校的国际地位。从国家层面来说，高校学报通过“走出去”，可以打破西方社会对我国科研滞后的刻板印象，展现中国科研大国和科研强国的风采，提升中国学术国际地位，树立中国大国形象。

（二）“引进来”：提高办刊质量，接轨国际学界

“走出去”是学报自身发展的客观需求。不可否认，西方很多领域的学术研究走在了我们的前列，国内学报与国际学术期刊的办刊质量和水平差距明显。与国际学术期刊相比，高校学报受制于体制因素和办刊视野等诸多内外要素，其内容质量、市场竞争力都处于弱势，局限于国内、校内的稿源和读者，无法吸纳国外最新的研究成果，失去了发布前沿成果的机会，也就无法被广泛引用，长此以往，无助于提高学报的竞争力，不利于学报长远发展。

国内学报也面临着国际学术期刊的挑战。在学术期刊出版市场日益全球化的今天，西方发达国家的名刊、大刊及大型出版集团正在陆续借助资本、人才、技术和经营优势，争夺中国的学术出版市场②。尤其是随着互联网的迅速发展，国外的学术期刊以各种数据库、网站等方式进入中国，蚕食中国的作者和读者市场。高校学报遭遇西方学术期刊的竞争在所难免。与其被动应战，不如主动出击，将优秀的稿源和读者引进来，积极学

① 王源．中华传统文化的具象化传播：原创性电视节目发展的新路径［J］．西南大学学报（社会科学版），2017，43（6）：146-154.

② 梁仁．略论高校学报国际化问题［J］．浙江警察学院学报，2009（4）：106-108.

习和借鉴国际知名学术期刊的办刊经验，“睁眼看世界”，加快学报的“走出去”步伐，把自己纳入世界学术出版的大系统、大格局之中，吸引国际学界的关注，吸纳高质量的作者和稿源，提升高校学报的办刊质量和竞争力，争取立足于国际学术名刊之林，促进高校学报的可持续发展。

二、高校学报“走出去”面临的困境

由于历史和现实的种种因素叠加纠缠，我国高校学报“走出去”面临办刊理念、管理体制、办刊条件等诸多因素的制约。

（一）办刊理念落后，“走出去”意识薄弱

办刊理念是指引办刊活动的指导思想。遗憾的是，我国高校学报的办刊理念还较为落后，制约了学报“走出去”的步伐。我国高校一般以教学、科研为主，学报是教学辅助单位，地位异常尴尬，未受到高校管理者的充分重视，并未像教学、科研单位那样投入大量的财力、物力、人力，导致学报办刊缺乏有效的体制保障。

相比西方学术期刊，我国学报“走出去”意识淡薄。西方发达国家的学术期刊很早制订了“走出去”战略，开启了国际化征程。但是国内大多数高校学报的功能定位存在偏差，还是停留在传统的“反映本校教学、科研成果，为本校教学、科研服务”阶段，体现了显著的内向型特征，导致关门办刊，编委会和作者群局限于校内和国内，外稿利用率较低，读者也仅限于国内，加之错综复杂的社会关系，“人情稿”难以避免，导致高校学报质量难以有质的提升。面对国外学术期刊的冲击，不少学报编辑仍然是观望和等待，对于“走出去”大潮好似冷眼旁观的看客，缺乏开放和竞争意识，对学报走向世界、参与国际竞争的重要性认识不足，没有走出去的“野心”，“等靠要”思想严重，致使刊物长期处在封闭型的发展轨道上，在编委构成、稿件来源、稿件审阅、办刊机制和模式、发行方式等多方面都未能国际化，这不但降低了学报的质量，也挫伤了校外和国外作者的投稿积极性，损坏了学报声誉，加剧了学报的内向性。

（二）管理体制僵化，办刊模式呆板

僵化的体制、封闭的“自留地”式办刊模式成为高校学报“走出去”

的障碍。西方发达国家的学术出版经过多年的探索已形成一套规范的制作、经营和管理机制①，拥有雄厚的资金、财力、物力和人力，能够进行大规模的集团化市场运作，拥有精确的读者数据库，能在调研的基础上制订市场方略，整合资源，优化结构，开展并购和跨媒体经营，使资产得到最大限度的利用，走集团化、规模化的知识服务道路②。相比之下，我国高校学报长期受管理体制、办刊模式等因素的影响，表现出鲜明的计划经济特征，明显跟不上时代发展的步伐。目前中国高校学报编辑部隶属于所在大学，依靠国家财政拨款，依赖政策性保护，甚至靠学校补贴过日子，不需要参与市场竞争，无需顾及发行量和传播效果，不用考虑经济效益和社会效益，在人财物方面没有任何后顾之忧，大多数高校学报市场意识薄弱，多数停留在粗放经营的阶段，忽视市场调查，管理水平不高，尤其是缺乏市场调研和读者数据库开发等基础工作，没有按照国际公认的市场规则办刊，行政力量干预多，无法独立面对竞争，没有建立销售网络终端，国外市场鞭长莫及，国内市场拱手相让。僵化的管理体制窒息了学报的活力，学报发展的原动力不足，不能灵活应对国际学术出版的前沿趋势，“走出去”成为天方夜谭。

（三）编辑素质欠缺，“走出去”艰难

编辑队伍的素质是制约学报“走出去”的瓶颈。在高校的权力场域内，教学科研是主流，投入了更多的经费、人力和物力，学报并没有得到应有的重视。相对而言，教学科研岗的待遇优厚，条件优越，优秀的管理人才和专业人员大多不愿意在学报工作，导致学报的管理层、编委、编辑、发行队伍力量薄弱，高校学报的人才队伍与“走出去”的要求还有较大差距。虽然近年来随着引进人才的力度加大，留学回国人数增加，但大多流向了教学科研机构，很少会进入学报编辑部。相比教学科研人员的科研压力，很多人把学报当作养老院，在无法胜任教学科研工作的情况下，转岗来到学报编辑部。传统的学报管理体制，养成了学报编辑的惰性，长

① 万晓琼．入世后我国期刊业发展的对策思考［J］．福建论坛（人文社会科学版），2004（10）：125-127.

② 韩丽，初景利．国际知名出版机构知识服务特征、价值和启示［J］．出版发行研究，2018（2）：5-10.

期从事的只是文字编辑工作，忽视自身的继续教育和专业素养的提升，对国外学科前沿进展不甚了解，缺乏组稿、审稿的意识和能力，英语水平不高，不熟悉国际学术期刊出版规范，导致编辑队伍无法胜任学报“走出去”的工作。

（四）办刊质量不高，写作不够规范

学术质量问题是制约我国高校学报“走出去”的根本因素。陈旧的办刊理念、僵化的管理体制、编辑队伍素质不高直接制约了学报办刊质量。

首先，优秀科研成果缺失和流失。我国很多学科的研究水平与世界水平还存在较大差距，还缺乏受到国际社会认可的世界一流的创新性成果，导致刊载我国科研成果的高校学报无法发表处于学术前沿的学术成果，自然无法受到国际学术界的关注。此外，当前世界公认的评价体系掌握在西方国家手中，国内许多高质量的高水平研究成果纷纷外流，导致我国高校学报论文学术质量不高，无法受到国际社会认可，国际影响力低下。

其次，选题受限，内容质量不高，竞争力不强。当前，我国高校学报的稿源狭窄，基本上局限于校内或者国内，缺乏高质量，尤其是国际知名学者的优秀稿件，国内学者的稿件缺乏国际视野，无法紧跟国际学术前沿，对新兴学科、交叉学科、边缘学科的关注不够，以致学报的稿件质量长期落后于国际学术期刊，发表的论文整体水平不高，存在自娱自乐、自说自话、闭门造车的弊端，当然走不出去。

再次，专业化和集约化问题。当前高校学报基本上是一校一刊，兼顾各个学科，综合性较强，涵盖了本高校的大部分专业，栏目庞杂，贪多求全，面面俱到，专业性不突出，特色不明显，缺乏集群效应。在国家层面，我国高校学报规模小、实力弱，各自为政，集约化程度低，资源未能优化配置，难以形成规模效应，优秀的论文湮没在论文的海洋中，无法被国外专业数据库、检索系统和科研人员关注到，自然无法被国际学术界转载、评论、引用。

最后，写作和规范因素。语言是沟通的工具。国际社会通行英文，国内高校学报都是中文，语言导致了沟通障碍，无法被国际学术界理解。虽然学报论文大多有英文摘要，但也不甚规范，部分文史哲论文带有鲜明的中国特色，难以翻译，影响了国际学术界的理解。在写作方式上，中西方

学术论文的思维逻辑、撰写方式、用语习惯都存在显著差异，我们所使用的标注和引用格式未能和国际接轨，大多数学报还是采用中国特色的高等学校学报编排规范，不能适应国际检索的要求，影响了论文信息的挖掘和利用，阻碍了高校学报“走出去”的步伐。

（五）发行方式单一，传播渠道缺位

我国高校学报普遍对发行和传播环节重视程度不高。高校学报本来就是小众的学术期刊，存在发行量小、读者少、订阅率低、渠道单一、覆盖面窄、影响力弱的问题。高校办刊经费来源是主办单位全额拨款，仅需完成出版任务，没有经营和经济压力，导致学报出版后没有及时发行和传播出去，库存积压严重，都未能走出仓库，走出学校，更不要谈走出国门。

当前，高校学报传播渠道单一，高校学报的主要发行渠道是发往高校和各研究机构的图书馆、资料室，以及本刊作者及一些审稿专家，或是学术刊物之间交换，发行量普遍不大，大多为免费交流，只有极少量的付费订阅用户，几乎没有国际读者。在当今全媒体时代，数字阅读和移动阅读成为潮流和趋势，不采取多媒介融合的传播方式，将会错失一部分读者，尤其是年轻读者，其影响力日渐衰落。

互联网时代，高校学报的传播途径突破传统纸质出版的局限，开展了一些网络出版、数字出版和新媒体传播工作，但也仅限于国内，只有少数学报加入国际知名数据库，文科学报更是少之又少。大多数高校学报都建立了官方网站，但是内容普遍陈旧，功能单一，界面简陋，缺乏更新维护，有的仅扮演公告栏的角色，只发布每期的目录，没有摘要，更没有全文，作者、编辑和读者之间的互动少，读者和作者无法及时反馈。少数高校学报虽已开始利用微博、微信公众号等自媒体渠道，但是内容更新慢，形式呆板，无法适应新媒体时代的用户需求和偏好。

反馈机制的缺失和延迟是学报传播环节的重要问题。高校学报普遍不重视收集读者和作者的反馈信息，缺乏与读者和作者的互动机制，无法了解传播的效果，无法根据读者和作者的要求和偏好及时作出调整，与时代脱节。高校学报普遍不重视宣传和营销，没有开展多样化的宣传推广，错失了“走出去”的大好机会。

三、高校学报的“走出去”战略

高校学报要走出封闭的办刊模式，争取政策支持，扩大开放，积极“走出去”，与国际学术交流融合，“面向世界办学报”，提升学报的国际传播力。

（一）政策是保障：大力支持学报“走出去”

合理有力的政策支持是高校学报“走出去”的强大后盾和重要保障。高校学报管理者应该制定和完善科学合理的法规和政策体系，为学报“走出去”营造政策制度环境，高校应该像对待科研和教学一样重视学报，加大财力、物力、人力投入，积极扶持学报发展①。有关职能部门制订高校学报“走出去”的规划和方案，明确改革思路，扩大办刊自主权，减少行政审批，充分发挥市场的调节作用，鼓励高校学报联合办刊、集约办刊、整合办刊，走内容专业化、办刊特色化、管理制度化的路线。在国家层面，应设立专项学报出版基金，重点扶持各个学科领域的高水平、高质量的优秀学报，可以借助教育部名刊工程、国际社科基金资助、“双一流”工程等对重点学报的支持，为我国高校学报进入国际学术界提供经济和政策保障，培养国际学术期刊品牌。在行业层面，建立和完善高校学报的认证和评价体系，评估指标尽可能与国际接轨，可借鉴国际通行做法，引入第三方机构进行学报办刊质量评估，获得国际学术界认可。但是，在制定相关政策时，不能一刀切，不能一蹴而就、一哄而上，而应根据各个高校学报的实际情况，分层次、分期、分批合理有序地推进。

（二）理念是方向：面向国际社会办刊

高校学报的管理者和编辑应该积极转变办刊理念，立足国内，面向世界，积极探索办刊方式方法。

开放的理念。学报应该解放思想，充分发扬开放意识和竞争意识，对内加强自身建设，对外加强诸种联系，打破校际间、地区间、国家间的藩

① 邹建达，袁莎．论推进高校学报国际化［J］．云南师范大学学报（对外汉语教学与研究版），2001，2（3）：106-108．

篱，开门办刊，面对国内外学术界，广泛吸收高水平的科研成果，通过内外兼修，提高学报的国际化水平和国际影响力。

终身学习观念。现代互联网时代，知识生产和更新速度快，学报编辑要建立终身学习理念，及时更新知识结构，积极提升专业素养和编辑技能，学习和借鉴国际名刊经验，提高办刊能力。

传统出版和网络出版并举观念。数字出版是必然趋势，高校学报要充分重视数字出版和网络出版，有效利用现代化沟通工具，使学报以最快的速度与读者见面。但是，学报的内容的严肃性和专业性，以及形式的规范化决定了短期内纸质出版仍然是学报发行的重要渠道。学报完全放弃传统出版无异于自掘坟墓，完全数字化是一个漫长的过程，短期内还是应该以纸质出版为主、数字出版为辅。

国际读者和作者观念。读者的认可是学报成功的标志。学报要“走出去”就要充分重视和满足国际学者的需求和偏好，与世界范围内的作者、读者和专家交朋友，建立长期稳定的关系网，建立起整个学科的作者群、读者群和专家群。

坚持质量办刊和规范化办刊。质量是刊物的生命线，学报要“走出去”就要求所发布成果始终保持世界领先水平，为国际学术界所认可，防止和抵制学术腐败行为，建立和加强学术规范，提高学术质量。同时，学报的学术规范和编排规范应与国际接轨，符合国际权威检索机构的具体规定与要求，提升刊物的编排规格和国际化程度。

（三）人才是关键：建设复合型编辑队伍

高素质的编辑队伍是高校学报“走出去”的重要条件。从选稿、组稿、审稿、编辑加工、排版、校对、印刷、发行等各个环节，编辑的素质和能力始终都是关键。学报“走出去”要求提高编辑人员的编辑理念、编辑业务素质和能力。学报要加强编辑队伍建设，培养国际化的复合型编辑出版人才队伍，可以借鉴国外出版集团经验，组建分工合作的团队：出版商团队负责收集和分析期刊评价指标、期刊运营数据和竞争挑战信息；选题策划团队负责追踪国内外学术前沿，开展组稿约稿；编辑团队负责内容和形式的质量把关；市场经理团队负责学术期刊的发行和营销推广，研发有效的技术对读者进行调研评估，制订市场计划，通过在线、印刷品、数据库或一些实体的渠道做好传播工作。

首先，筑巢引凤，引进高层次人才。学报编辑部营造良好的科研和编辑环境，要大力引进具有国际留学背景、了解国际学术前沿、熟悉国际学术期刊运作模式和规范的专业化人才，提升编辑团队的专业素养和业务水平。

其次，借鸡生蛋，组建高水平编委和审稿专家群。国际化的编委和审稿团队能够给我们撰写和推荐优秀的稿件，能够对国际化的稿源进行客观和中肯的评价，也可以扩大刊物的国际知名度来吸引优秀稿件，也能为学报提供前沿的学术资讯，确保达到刊录稿件的国际化要求；更能给我们提供建议和宝贵的经验，通过国外编委还能了解国际检索系统的收录要求和倾向，或者向检索系统推荐我们的学报。学报应该聘请国外专家参加审稿或编委会工作，或者可以聘请“特约编委”和“特约审稿人”，逐步实现编委、审稿者的国际化。

再次，编辑队伍是办好学报的主力军，打铁还需自身硬，编辑要提升综合素养。一是专业素质。高校学报“走出去”要求研究对象和研究水准得到国外学术界认可，这就要求编辑具有极强的科研素质、敏锐的洞察力和敏感性，了解某一专业、学科、领域以及相关学科的研究现状、发展前沿和未来方向，具备较强的专业水平和科研能力，能够参与专业领域的科学研究，又能对专业研究进行科学和独到的评估。二是英语能力。英语是国际通用语言，学报编辑要了解国外学术期刊的内容和规范，要将学报传播出去，都需要提高英语能力。学报编辑要掌握熟练的英文听说读写能力，能够与国际同行交流对话。三是国际化的编辑能力。编辑掌握国际期刊的编辑规则和规范，熟知国外学术检索系统的选择宗旨、学科范围、入选条件、格式规范等，使高校学报符合国际学术界的收录转载要求，提高学报被国际学术界的收录率、引用率和转载率。四是网络传播能力。编辑要具备计算机软硬件技术知识，熟悉数字出版和信息化商业运作模式，能够将内容资源与计算机技术、网络资源、电子商务技术结合起来，利用互联网和新媒体促进国内外读者、作者、编辑人员之间的交流，开展组稿、选稿、审稿、改稿、校对、征订、发行等工作。

高校学报应该与其他社会机构合作建立和完善编辑培训和继续教育制度，加强编辑人员的再教育和终身学习，保证编辑技能的与时俱进。

（四）质量是核心：刊载特色和精品内容

高质量、高水平的论文是学报的生命力和核心竞争力，是高校学报生存和发展的根本所在，是立刊之本。提高学报质量，营造学报品牌是高校学报“走出去”的核心和基础。学报要重视质量管理和提升，从内容到形式，从内在到外观，从学术水平到编校、装帧、印刷，都要做到精益求精，让学报具备正确的导向、优秀的选题策划、优质的内容、鲜明的特色、精美的装帧设计。

首先，开拓稿源，提高稿件质量。“巧妇难为无米之炊”，没有优秀与丰富的稿源，提高学报质量就无从谈起①。来稿和作者的国际化是学报“走出去”的指标之一，证明了世界范围内的作者的肯定。只有在国际化的稿源中才能遴选出国际领先水平的论文。稿源的国际化可以提高刊物的知名度，吸引更多的国际学者的投稿。高校学报要打破其内向性，跟踪国际学术发展的前沿和动态，并以此作为选题和组稿的依据，加强组稿力度，组织优质稿源，扩大组稿渠道，积极吸收选题新颖、高水平的外稿，力争拿到本学科最前沿稿件的发稿权，刊载国际先进水平的成果。国际先进水平的成果主要有几个来源。一是刊载国内高水平前沿性的优质稿件，鼓励我国高水平作者的论文投向国内刊物。二是高水平中外合作项目的成果。当今许多前沿课题都是中外合作共同承担的，这些成果不仅质量高，而且日益受到国际社会关注，这些研究成果应该成为我国学报的重要稿源，鼓励本国作者与国外同行合著论文，发表于高校学报。三是国外作者投稿，鼓励留学在外、学有所成的中国学者，以及国际知名学者在学报上发表高水平研究成果，学报积极约稿、组稿，逐步扩大国外的稿源。

其次，学报语言的国际化。英语世界上的通行语言，加上英、美等传统英语国家学术研究的领先地位，世界上著名的数据库都将英语作为评价收录期刊的第一原则。学报增加英文内容，发行英文版应是高校学报“走出去”的努力方向。有条件和能力的高校学报可以创办英文版，暂时缺乏条件的学报应该有规范的英文目录和摘要。要提高英文内容的写作水平，做到规范准确、符合英语用语习惯，适合国外读者阅读，这是学报“走出

① 陈幼玉. 加快高校学报国际化的思考［J］. 学报编辑论丛，2004（00）：34-37.

去”，进入国外检索系统，获得国际学术界关注的必要工作。

再其次，专业化办刊，体现个性和特色。刊物的特色是吸引读者的法宝，个性化是学报走向成熟的重要标志。在当今受众细分的时代，专业性刊物的传播优势日趋明显。在浩如烟海的学报群中，要受到国际社会的关注，学报应该可以采取专业化办刊，在遵守学术刊物共性的基础上，展现自身的个性和特色。学报应该结合本校优势学科和科研强项，确定重点选题方向，开辟相应专栏，刊登具有一定连续性的相关论文，从而吸引稳定、忠实的读者。高校学报的专业化转型与集约化、数字化发展已经成为趋势。教育部哲学社会科学名刊工程，就是希望以“专、特、大、强”为目标，实现专业化转型，打破高校门户之见，适应数字化发展，应对期刊评价①。高校学报可以借此东风，共同构建专业化、集约化、数字化的高校名刊平台，以求突破瓶颈。另外，内容特色、选题策划、栏目设置、版式封面等都是塑造学报特色的途径。

再次，国际合作与交流。高校学报利用各种渠道和途径与国际知名学术期刊开展交流与合作，举办各种研讨会、工作坊，共同征文，联合办刊，合办栏目，合作选稿、组稿、办刊、编辑。还可以联合办专辑，将高质量论文结集出版，参与国际交流，提高国际影响力。

最后，学报的编校质量不可忽视。加强对稿件的三审三校的常规工作，可以采用网络传输 PDF 稿件让作者校对，通过编辑和作者交叉校对审核，提高稿件的编校质量。

（五）形式是规范：编校的数字化和现代化

学报内容的高质量之外，规范的形式能起到锦上添花的作用。形式规范化是高校学报“走出去”的必然要求。学报编排的规范化、标准化是进行国际交流的基础，有利于国际学术界对内容的提取、存储与检索，也可以体现刊物的品位，更有利于学术的交流。高校学报要学习研究国外学术期刊的通行编排体例，改进编排规范，遵循国际期刊编辑出版的规范标准和规则，从文字到版式、装帧都要符合国际标准的严格要求，确保内在和外在质量，做到精益求精。

---

① 杨霞. 2010 年高校人文社科学报研究综述［J］. 山西师范大学学报（社会科学版），2011，38（6）：115-119.

在编辑工作流程方面，要顺应数字化和网络化的发展趋势，采取全方位的国际同行评审体系，严格规定审稿期限，缩短编辑、排版、校对、印刷周期，推行在线投稿、网上审稿、在线修稿、在线编辑、在线出版，缩短发表周期，提升时效性，为作者和读者提供更好的服务，利用自媒体网络把编辑、作者、审稿人联系起来，营造更好的投稿、审稿和阅读体验。

（六）渠道是契机：营造全媒体传播格局

传播是学报“走出去”的重要环节。无论多好的内容，没有传播出去，就没有效果，下载、点击、引用以及转载等更是无从谈起，传播太慢或导致内容时效性失效，也就起不到“走出去”的效果，如果不重视传播环节，再好的内容都会功亏一篑，办刊所做的一切心血就会付诸东流。学报应该创新传播方式和渠道，实现纸质传播、网络传播、移动传播、人际传播等渠道相结合的全方位传播格局。

首先，充分利用传统发行方式，保持纸媒传播。学术期刊的读者中，还有很大一部分保持着纸媒的阅读习惯①。学报一出刊，就应该以最快的速度将刊物邮寄出去，加大赠阅范围，有针对性地邮寄至西方发达国家以及中国港澳台地区的一些大学图书馆和科研机构、数据库，供广大研究者参考；也可以尝试出版发行的国际化，走境外合作出版之路，在国外建立分支机构和发行部门，扩大发行量；积极与相关国际检索机构建立联系，根据各个权威检索系统的收录范围和收录状况，并每期准时寄送样刊，供其参考；通过自荐和国际编委和审稿专家的介绍，给国际社会留下印象，或在一些重要的国际会议上赠阅，吸引学者注意。

其次，充分利用互联网渠道。随着移动互联网的普及，网络传播日益成为当前学术期刊传播的主要渠道。学报应该采取新旧媒介融合传播手段，兼顾各种层次、各种年龄的读者的阅读需求，创新传播方式方法，从“印刷传播型”向“全媒体传播型”发展，运用媒介融合手段，开拓数字传播新通道，采取网络出版、数据库出版、移动出版、手机出版、自媒体出版、OA 出版、按需出版，拓展传播渠道，实现“一刊多版”，使学报的

① 谢文亮，王石榴．学术期刊的传播力与传播力建设策略［J］．中国科技期刊研究，2015，26（4）：425-430.

办刊形态多样化，最大限度地拓展学报覆盖面，增加读者数量吸引国际社会关注，增强学报的国际播效果；还可以开展数字优先出版，在印刷之前，将论文转化为国际通行的PDF版，通过电子邮件传送到相关的数据库、学术论坛和“在线优先出版”、开放存取平台，让读者免费自由下载，达到广而告之的目的，提前占领市场。

再次，发展移动传播。随着移动智能终端的普及以及读者阅读习惯的改变，移动传播成为新的潮流和趋势。自媒体平台如微博、微信公众号、客户端，为学报提供了新的、强有力的传播渠道。学报可以将目录、重要文章上传到官方网站、官方博客、官方微博、客户端、微信公众号平台上，供用户浏览阅读。学报编辑可以借助微博、微信等社交媒体工具，开展丰富多样的感官传播方式①，与读者、作者建立互动机制，激发读者、作者积极下载、讨论、评论、转发、转载等，创新读者服务方式，完善服务体系，收集和分析信息反馈，对传播效果进行评估，根据需求偏好及时调整传播策略；还可以利用搜索引擎，如百度、GoogleScholar、Microsoft Academic Search的收录渠道，供广大用户检索，扩大影响力；还可以利用大数据技术研发精准传播，在发现和挖掘读者阅读倾向习惯的基础上，研发精准传播策略，为读者提供点对点服务，提升使用体验。

最后，利用人际间传播渠道。互联网时代人际传播仍然有重要价值，要借助人脉和口碑的力量，“请进来”，“走出去”。“请进来”就是专门邀请国外学者、数据库管理人员访问学报，提供指导；“走出去”就是走出国门，访问国外数据库、权威学术期刊。在境内外轮流举办双边或多边的高水平学术会议，或者借助于教学科研机构的会议，搭乘顺风车，与国外学者交流。还可以通过出国留学、访学人员，与国外学者建立长期的学术交流关系；借助学术组织活动、学术期刊研讨会、学术期刊评价指标发布会、期刊博览会等，与高水平学者交流，展示、推广宣传学报，做到“跨媒体、跨行业和跨区域”② 传播。

---

① 刘晶．试论文创产品的感官传播［J］．福建论坛（人文社会科学版），2017（10）：82-89.

② 陈美华，陈东有．全媒体出版产业发展的现状与对策研究［J］．南昌大学学报（人文社会科学版），2016（2）：79-84.

结　语

高校学报“走出去”是时代的要求。学报要坚持开放办刊、质量办刊、专业化办刊、市场化办刊、规范化办刊、网络化办刊，科学、合理、规范、有效地践行高校学报“走出去”战略。把握好国际化和本土化的平衡，融合传统精神和现代理念，协调好学术研究和编辑出版，创新“走出去”的方式方法，也要防范高校学报“走出去”战略中可能出现的新的问题和风险，并思考和建构相应的规避策略，保障效果最大化。随着我国经济社会的发展和期刊质量和规范的进一步提升，高校学报作为学术期刊的重要组成部分，必将成为中国学术“走出去”的重要力量，为知识生产和文化交流作出更大的贡献，传播中国学术好声音。

［本文发表于《河南大学学报》（社会科学版），2018 年第 4 期］

美术类学术期刊媒介融合出版的设想
——以八大美院学报融合出版为例

徐　盛

（湖北美术学院，湖北武汉，430205）

摘要：媒介技术迅猛发展，媒介融合出版持续升温，美术类学术期刊也迎来了发展的新契机。本文通过分析媒介融合出版理论研究和实践现状，介绍了八大美院的九本学术期刊出版现状以及遇到的瓶颈。为了打破传统媒体对视觉艺术“观看模式”之壁垒，转变办刊思想，创新美术类学术期刊出版模式，探讨建立一个以八大美院为学术依托的媒介融合出版平台，进行九大学报间的学术资源、传播渠道、经营管理、读者互动等多维度的深度融合。

关键词：美术类学术期刊；媒介融合；八大美院；出版模式

21世纪互联网媒介技术的迅猛发展，信息产业的异军突起，使传统期刊出版的传播模式、出版介质、出版流程、受众群体、发展理念等受到了巨大挑战，数字化和数据化给传统学术期刊带来挑战和威胁的同时，也激发了其强大的发展后劲。在深化文化体制改革和提高国家软实力的背景下，媒介融合出版持续升温。《关于推动新闻出版业数字化转型升级的指导意见》《关于推动传统媒体和新兴媒体融合发展的指导意见》以及《关于进一步加强和改进高校出版工作的意见》等先后出台则进一步说明，高校学术期刊的媒介融合出版已是大势所趋。在此背景下，美术类学术期刊更应顺应时代发展，顺应学科发展，提出适合信息化、数字化发展的高校学报出版模式和理念。

一、媒介融合出版理论研究现状

“融合”概念最早被引入新闻传播学领域是在20世纪70年代末，我国对媒介融合的研究始于20世纪90年代末，主要以中国人民大学新闻学院蔡雯教授、新东方教育科技集团王学文等为代表。他们不仅将“媒介融合”的概念引入中国，而且还从“微观、中观、宏观和大传媒四个角度将国内外关于媒介融合的代表性观点进行了梳理和归纳”①，并在此基础上提出了对于媒介融合的进一步认识——媒介内容的融合、传播渠道的融合、媒介终端的融合是媒介融合所包含的三个必不可少的核心内容。此外，清华大学新媒体传播研究中心熊澄宇，复旦大学新闻学院孟建、赵元珂，中国人民大学喻国明、戴元初等学者也都从不同的角度、研究视野对该概念进行界定和阐释，使之被纳入更多的学术视角并得到更深入的探究。

关于学术期刊融合出版的相关理论研究主要集中于：（1）“顶层设计式”的学理性思考，如朱剑的《高校学报的专业化转型与集约化、数字化发展——以教育部名刊工程建设为中心》和《构建互联网时代学术传播的新秩序——以高校学术期刊发展战略为中心》、陈学智的《高校社科学报新媒体传播的冷思考》；（2）从宏观角度对传统期刊在新媒介环境中的改革与发展进行分析，如朱剑的《我国学术期刊的现状与发展趋势——兼论学术期刊改革的目标与路径》、桑海的《我们需要什么样的在线学术平台？中国高校系列专业期刊之未来构想》、梁小建的《媒介融合中学术期刊的功能缺失与应对》、李贞的《学术期刊数字出版盈利模式探讨》、倪燕燕等的《媒体融合与科技期刊出版和运营方式的转变——以浙江大学学报为例》、熊觉的《我国高校期刊出版的融合发展研究》等；（3）从编校、营销等具体业务的角度分析对于新媒体的应用，如桑海的《学术编辑：学术传播新模式的灵魂——以“中国高校系列专业期刊”和“域出版学术平台”为例》、于殿利的《对新形势下编辑定位的再思考》、史春薇等的《3G时代科技期刊利用微信实现远程校对的可行性研究》等；（4）分析新媒体对传统期刊受众行为的影响，如郑筱梅《移动终端对科技期刊阅读行为模式的影响及策略》等。

总体而言，当下关于学术期刊媒介融合出版的研究成果并不丰富，多零散而不成体系，而落实到高校美术类学术期刊媒介融合出版的则几乎没有。

① 刘颖悟，汪丽. 媒介融合的概念界定和内涵解析［J］. 传媒，2012（1）：74.

二、中国学术期刊媒介融合出版实施现状

为适应数字期刊、融合出版大趋势，我国学术期刊在融合出版实践方面主要有以下几种主流方式：（1）通过把传统纸质期刊转成PDF、网页等形式的电子期刊，再依托自身的网站平台进行传播；（2）依托大型信息化建设项目或数字化图书馆，如中国知网、万方数据、龙源期刊和维普在线等网络资源共享平台，与之展开期刊数字化出版、优先出版等合作；（3）基于移动客户端的各种App开发与应用，微博、微信公众号、二维码等公众社交平台的学术信息传播或自我推广，一部分内容为基于纸本期刊的数字化发布，另一部分为适应移动客户端用户而新增的内容或对纸本期刊的内容延展。在媒介融合实践方面做得相对突出的单位主要以《浙江大学学报》群、“中国高校系列专业期刊”为代表：《浙江大学学报》群的集群化发展模式初现，其融合出版路径主要有微信公众平台、HTML超文本阅刊、单篇文章的二维码延伸阅读、网络刊号等；“中国高校系列专业期刊”主要通过成立联合编辑部，利用数字平台选编文章和数字化重组，借用网络和手机推送等全媒体手段传播学术信息，为人文社会科学学者提供网络学术平台。

就目前的大形势来看，无论是哪种方式，基本都是将已经出版或即将出版的纸本期刊进行数字化编辑，通过网络重新或优先发布，或者打包成数据库出售，这些做法更多属于出版数字化的过程①，其传播的内容本身与纸本期刊的内容相差无几，只是改变了传播手段及观看方式，仅仅为基于数字网络环境下的网络出版模式的变革。基于前文提及蔡雯等学者对于媒介融合的理论认识，笔者认为真正意义上的学术期刊融合出版，应该是从选题策划、信息采集、组稿、编辑、审稿到出版发行等一系列出版流程的全媒体融合。

三、美术类学术期刊融合出版现状

目前，八大美院共有9本刊物，分别为中央美术学院的《世界美术》

① 王华生．数字网络环境下学术期刊传播方式的变革及因应策略［C］//韩顺友．高校学报与学术期刊研究．郑州：河南大学出版社，2014：215.

《美术研究》，中国美术学院的《新美术》，西安美术学院的《西北美术》，四川美术学院的《当代艺术家》，广州美术学院的《美术学报》，湖北美术学院的《学院美术》，鲁迅美术学院的《艺术工作》，天津美术学院的《北方美术》，其中有3本为CSSCI来源期刊，4本为中文核心期刊来源期刊，形成了展现各自学校特色，反映我国美术类学科发展的学术期刊群体。这些学术期刊除《美术研究》于20世纪50年代创刊以外，其他大部分都是在20世纪80年代创刊，都有二三十年的办刊历史，经过在各自领域长期专业化、特色化发展，各刊都走出了一条适应自身发展的特色之路，不仅拥有品牌栏目，同时也集结了大批国内外专家学者资源，在业内也具备一定的口碑和学术影响力。

大多数学术期刊长期依靠学校或上级拨款来维持生存和发展，一般不需考虑开拓市场、发行盈利等问题，导致品牌意识和竞争策略严重缺失，内在发展的欲望和动机薄弱。面对媒介融合出版的大趋势，这些学术期刊也在努力实现传统突围，在实现与新媒体融合出版上进行了有益的尝试。如大部分学术期刊已实现了刊网融合（如与中国知网、万方数据、龙源期刊和维普在线等数字出版平台合作），不少期刊建立了自己的专业网站（如《西北美术》《新美术》等），还有一些期刊充分利用微信、微博等公众社交平台进行自我推广（如《学院美术》《美术学报》等），取得了不少成绩，亦积累了一定的媒介融合出版经验，但也存在零散化、形式化、单一化，缺乏互动等不足。因而，笔者设想建立一个以八大美院为学术依托的美术类学术期刊媒介融合出版的平台，通过该平台进行九大期刊的学术资源、传播渠道、经营管理、读者互动等多维度的深入融合。

四、八大美院学术期刊融合出版的必要性与可行性分析

（一）推动媒体融合发展既是时代任务，又是党的使命

2014年8月18日，中央全面深化改革领导小组第四次会议审议通过了《关于推动传统媒体和新兴媒体融合发展的指导意见》（后简称《指导意见》），改革领导小组组长习近平同志强调指出：“推动传统媒体和新兴

媒体融合发展，要遵循新闻传播规律和新兴媒体发展规律，强化互联网思维，坚持传统媒体和新兴媒体优势互补、一体发展，坚持先进技术为支撑、内容建设为根本，推动传统媒体和新兴媒体在内容、渠道、平台、经营、管理等方面的深度融合。”随后，各省市陆续转发了该指导意见，并认真贯彻执行；同时，国内各大媒体也积极投身媒体融合发展，利用互联网思维，探索融合发展路径，谋求传统媒体与新兴媒体优势互补的新思路，全国上下新闻舆论出版工作一派新气象。中央书记处书记、中宣部部长刘奇葆同志2017年1月5日在推进媒体深度融合工作座谈会上的讲话中提出：“着力创新工作理念思路，着力深化媒体内部体制机制改革，着力拓宽传播平台载体，着力强化人才支撑和政策保障，推动传统媒体和新兴媒体尽快从相‘加’迈向相‘融’。”① 在此背景下，《人民日报》、上海报业集团、澎湃新闻、浙报集团、上海文广相继都在媒体融合全面加速的道路上发展良好，成为业内典范。在这样的大好形势下，美术类学术期刊的融合出版也应顺应学科发展，不失时机地探索高校学报信息化、数字化发展的创新模式和理念。

（二）视觉艺术的观看模式需要打破传统媒体之壁垒

美术类期刊最显著且最普遍的特点就是作品图片多、图片质量高，而且随着绘画语言表达方式的多样化，绘画的媒材、形式、技术的日益丰富，艺术家所创作的作品也越来越多元，早已不再局限于架上作品的表达，以至于有了我们时常听闻的“绘画已死”“绘画终结”的种种论断。与此同时，美术院校的学科交叉也日益明显，校园里我们也时常看到学生或老师的作品融绘画、影视、装置乃至行为于一体的，很难界定为某个绘种的作品，这种现象在当代艺术作品，以及世界各大艺术博览会中屡见不鲜。此外，随着VR虚拟现实技术的发展和应用，影视媒体、动画等专业从创作、审美到观看模式都发生了巨大的改变。3D建模、服装动态展等作品如何传播都是美术期刊工作者面临的现实而具体的问题。美术类学术期刊作为美术作品的传播载体，主要为高校美术类师生、科研事业服务，在内容和观看模式发生巨大转变的大形势下，如何打破传统媒体之壁垒，更

① 刘奇葆. 推进媒体深度融合 打造新型主流媒体［N/OL］. 人民日报，(2017-01-11)［2017-06-16］. http://cpc.people.com.cn/n1/2017/0111/c64094-29013700.html.

好地将美术院校中这些优秀的视觉艺术作品传播出去，更好地满足读者的观看需求，都需要我们利用新媒体传播手段不断创新。

（三）现有的数字传播受制于人，需要突破传统，得到更好传播和彰显

据笔者调查，八大美院的这9本期刊在数字出版实践方面，全部都加入了中国知网数据平台，与之开展数字出版、优先出版、唯一授权出版等合作。这些方式能够将期刊在内容传播速度、频次、范围等方面有较大的提高，但由于期刊文章往往被分解成单篇学术论文加入数据库，仅能通过原文目录页浏览期刊封面和版权页，此种情况下，期刊的整体特色，尤其是经过精心选题策划的特色栏目、专题栏目就会受到削弱，成为碎片化信息，期刊本身的整体效应也因此容易受制于人，不能得到很好的传播与彰显。部分学术期刊的内容支离破碎，在展示学科前沿和概貌方面存在严重失语①。此时的学术期刊更多扮演的是内容提供商的角色，而非学术信息传播者。此外，笔者更发现，在这类数据库中，美术类期刊中刊印的大量作品，也很难通过搜索作品名或者作者名进行查找和研究。单从这一点看，数据库在针对美术类期刊的特殊需求时，考虑得还不够周全，没有针对性地建立作品数据库，如何突破目前的固有合作模式，打破大型数字图书馆的掣肘和缺点，亦是目前亟待解决的问题。

（四）办刊思想由内向外的转变

20世纪众多高校美术期刊创刊以来，承担的主要功能就是作为美术创作和研究成果的重要载体传播本校的科研成果，学报是高校的“窗口”或“自留地”。随着互联网特别是移动互联网的飞速发展，这一内向型的保守观念逐渐转变为“为高等教育服务，也要为国内外学者服务，为一切对哲学社会科学感兴趣，有需要的读者服务”② 的国际化、开放型的学术姿态与学术自信，即全球化竞争的办刊格局。

---

① 梁小建．媒介融合中学术期刊的功能缺失及应对［J］．编辑之友，2012（3）：56.

② 袁贵仁．新世纪新阶段高校社科学报的形势和任务——在全国高校社科学报工作研讨会上的讲话［J］．北京大学学报，2002（6）：5-13.

就这九大美术期刊而言，经过多年发展，已形成各自的特色，通过融合媒体的平台，可以形成优势互补，使原有特色更加凸显。由于这九大期刊属同类型期刊，特色交叉地带的竞争必然不可避免，但对比通过平台所形成的集群优势，资源发挥得更充分，“两权相利取其重，两权相害取其轻”的道理告诉我们后者更适合今天的美术期刊的发展需要。它可以引导各刊从各自为政转为集约式的抱团共赢模式，通过放大各刊的学术影响力，优先抢占我国在该领域的学术制高点，虽然不可能成为美国 Wiley、荷兰 Elsevier 那样全球大型的学术期刊出版商，但如果平台的编辑学者能够以学术大局为本位，明确刊物专业的学术高点，达到国内顶尖水平，乃至国际前沿的可能性也不是没有。

五、美术期刊媒介融合出版模式设想

前文已经提到，真正意义上的学术期刊融合出版，应该是从选题策划、信息采集、组稿、编辑、审稿到出版发行等一系列出版流程的全媒体融合。笔者借鉴了“中国高校系列专业期刊”的部分实践经验，结合高校美术类学术期刊特色，设想建立一个以八大美院为学术依托的美术类学术期刊媒介融合出版的平台（后期亦可考虑引进更多美术类专业期刊加入该平台），在这个平台上实现内容、渠道、终端、品牌等方面的融合，打破校域界限，集中各期刊的内容资源、作者资源、品牌资源、读者资源、名校优势，突破原有各单位编辑部，进入一个开放性的网络联合编辑部。在此基础上，初步可以形成以下两种出版模式。

（一）以稿件资源共享为主的模式

这种模式主要是以美术类专业期刊稿件为核心的内容融合出版模式。在开放的资源共享平台上，既可以接受来自作者的自由投稿，同时也可以拿出自己组约稿中的可分配、交换的稿件，根据各刊的特色配置最适合的稿件，各刊在获得适合的稿件后就可以开始稿件编辑加工及后续出版程序了。这种出版模式的前提必须保证刊物特色鲜明，或者是拥有显著的特色栏目，当然，也不完全排除因栏目重合或稿件适合多个栏目而造成的资源完全公开化。

（二）以学术委员会、审稿专家为主的模式

这种模式是以人力资源为主的人才融合出版模式。平台上除了稿件资源共享，各刊也有着深厚的学术背景，各刊都有强大的学术委员会、知名学者支持，采集稿件并经过初审之后，就可以通过平台分配审稿专家进行同行专家评议和审定，专家组不仅对稿件进行正常的审稿，还对稿件最终的配置具有绝对的发言权。这种模式不仅打破了院校的人才壁垒，还能将国内专业人才的集群化效应发挥到最大。

除了以上两种主要模式以外，还可以考虑进行渠道融合，主要研究探索涉及刊物的传播渠道、业务战略战术以及营销管理的融合。但需要把握两方面的原则：一是差异原则，即尽量避免同行之间同质化的恶性竞争，力争扬长避短，提高期刊布局的合理性；二是优势原则，即作者、编辑、社会信息、经济、品牌等多方面的集群优势。

媒体融合不是简单的平台相加，而是系统性的深度相融①。在新媒体日新月异的发展背景下，媒介融合发展本身就没有现成的经验和模式可循，且国内学术期刊在媒介融合出版上的不成熟以及不太了解国外学术期刊融合出版实践情况，要探索具有理论和实践意义的高校学术期刊融合出版策略，限于人力、物力、技术水平等，实际操作起来是存在极大困难的。但面对国内外传统学术期刊媒介融合发展的大趋势，探讨和研究在现有基础上的美术类学术期刊融合出版的积极对策，又是我们期刊管理者和经营者乃至相关专家当前需要关注的现实问题。这一问题的研究不仅具有现实的紧迫性和必要性，对于引导我国美术类学术期刊的良性发展，促进我国美术类学科提升更是有益的。

［此文发表于《湖北经济学院》（人文社会科学版）2018 年第 5 期］

① 李述永. 当前媒体融合发展的实践与思考［J］. 中国记者，2016（5）：20.

学术期刊发展及质量控制特性研究

杨丹丹

（武汉大学信息管理学院，湖北武汉，430072）

摘要： 对学术期刊进行质量控制的理论探讨以推动其高质量发展是当前学术期刊事业的重要议题。学术期刊质量是指学术期刊的固有特性满足用户需求的程度。学术期刊的发展经历了两次大的阶段：1990 年代以前的传统发展阶段及 1990 年代以后的数字发展阶段。两次大的发展阶段中均包含四次阶段内的发展和转型升级，其历史均表明，推动学术期刊向前发展的动力是其对研究人员科研需求的满足，即进行了有效的质量控制活动。学术期刊的质量控制活动具有必要性、动态性和复杂性三个特性，与之对应地，我国作为学术期刊大国，为向学术期刊出版强国迈进，应普遍制定质量控制机制，保持对用户需求即质量控制内涵的密切关注，制定的质量控制机制须科学严密，从而有效发挥质量控制功能。

关键词： 学术期刊；质量控制；必要性；动态性；复杂性

党的十九大和 2018 年中央经济工作会议均提出要推动事业产业高质量发展，学术期刊作为“文化自信”和文化软实力的重要载体，是我国科研、文化事业的重要组成部分，故进行质量控制的理论探讨以推动其高质量发展应是当下的重要议题。

从 1665 年世界上第一本学术期刊《学者杂志》（*Le Journal des Scavans*）诞生至今，学术期刊经历了 350 多年的发展。作为学术交流体系中正式交流渠道的主要成员，学术期刊质量控制的演进，印证了学术期刊进行质量控制的必要性、动态性以及复杂性。

一、学术期刊发展史就是满足用户需求的历史

根据 GB/T 19000-2008《质量管理体系　基础和术语》，质量的定义为："一组固有特性满足要求的程度。"① 学术期刊质量是指学术期刊的固有特性满足用户（读者与作者）需求的程度。

以 1990 年代为分界线，1990 年代之前的学术期刊经历了四次大的发展阶段②。第一次是学术期刊的早期发展阶段，其时间界限为 1665 年到 19 世纪上半叶，以 1665 年出现的世界上最早的两本学术期刊《学者杂志》和《哲学汇刊》（*Philosophical Transactions*）为标志③。第二次是 19 世纪后半叶，西方社会从事专业工作的人群比例迅速增长，促使学术期刊从综合性向专业性转型，这一时期出现的著名的专业性学术期刊包括英国的《柳叶刀》《哲学汇刊》A/B 辑，学术期刊数量大量增长④。第三次是 20 世纪上半叶综述性期刊的出现，学术期刊数量的迅速增长给科研工作者带来阅读效率的下降——那些活跃的学者和教师发现，在自己从事科研工作的领域，相关论文越来越难找全，这一现象的出现，催生了综述性期刊的诞生，如美国物理学会 1929 年出版的《现代物理评论》（*Reviews of Modern Physics*）杂志和英国物理学会 1934 年出版的《物理学进展报告》（*Reports on Progress in Physics*）杂志⑤。第四次则是二战以后至 1990 年代。这一时期学术期刊的生态环境发生了巨大变化，处于压力与机遇并存的发展时期⑥。首先是生产成本上升，专事学术交流的学术期刊需要开始

---

① 中华人民共和国国家标准 GB/T 19000-2008/ISO 9000：2005 · 质量 [GB]. [2016-01-27]. http://www.doc88.com/p-749820135213.html.

② XIAOJUN H，ZHENYING C，HUIYUN S. Chinese Scientific Journals：How They Can Survive [J]. Learned Publishing，2012，25 (3)：219.

③ 徐佳宁. 数字环境下科学交流系统重组与功能实现 [M]. 北京：光明日报出版社，2010：37-55.

④ ALAN C. Academic Publications before 1940 [M] // A Century of Science Publishing：A Collection of Essays. Amsterdam：IOS Press，2001：15-24.

⑤ ALAN C. Academic Publications before 1940 [M] // A Century of Science Publishing：A Collection of Essays. Amsterdam：IOS Press，2001：15-24.

⑥ JAMIE C. Watersheds in Scientific Journal Publishing [M] //A Century of Science Publishing：A Collection of Essays. Amsterdam：IOS Press，2001：245-256.

商业化运作，并与商业学术出版机构之间产生了激烈的市场竞争；其次，战后经济、教育以及科研全面复苏，尤其是科研和教育的复苏，为学术期刊带来了大量用户和购买力——各国对高等教育和科研的投入，使得图书馆拥有足够的采购资金；同时，从事教育与科研的群体本身就是学术期刊的直接用户，从而带来大量发表、传播以及阅读的需求①。

1990 年代末至今，由计算机、互联网和移动互联网带来二战后学术期刊新的发展机遇②，开启了学术期刊发展史上的数字出版新时代。以数字出版的形态为依据，学术期刊数字出版经历了四次转型升级。第一次是传统出版的数字化转型（1996 年—2004 年），以施普林格为代表的国际学术出版商率先开启数字化转型，利用数字技术进行传播质量的控制与提升。1996 年至 2004 年，施普林格将其 2000 多种学术期刊完成包括过刊在内的数字转化工程。第二次是提供信息产品和服务（2004 年—2009 年），以 2004 年谷歌学术（Google Scholar）推出为标志，数字出版进入第二阶段。SpringerLink 2006 年即与谷歌学术建立合作关系，借以增强内容的可检索性③，截至 2014 年，施普林格已有超过 50%的访问量来自谷歌④。第三次是社会化出版（2010 年—2014 年），爱思唯尔在数字出版的第三阶段迅速出击，于 2013 年 4 月收购 Mendeley，形成全文数据库（Science Direct）、摘要数据库斯高帕斯和文献管理与社交网络平台（Mendeley）为一体的、为科学家的研究全过程提供帮助的数字出版模式。第四次是数据出版阶段⑤（2008 年至今），数据出版是未来科研成果出版的重要组成部分和发展趋势⑥。近年来，除开放获取出版商生物医学中心（Biomed Central，

① ALAN C. Academic Publications before 1940 [M] // A Century of Science Publishing: A Collection of Essays. Amsterdam: IOS Press, 2001: 15-24.

② JAMIE C. Watersheds in Scientific Journal Publishing [M] //A Century of Science Publishing: A Collection of Essays. Amsterdam: IOS Press, 2001: 245-256.

③ 陈旷. 施普林格的数字出版模式 [EB/OL]. [2015-06-01]. http://www.dajianet.com/world/2009/0226/94625.shtml.

④ 杨锐. SpringerLink 数字出版物平台特点浅析 [J]. 科技与出版，2014 (12): 15.

⑤ 丛挺. 技术与商业视角下数字出版发展阶段研究 [J]. 出版发行研究，2015 (9): 34-38.

⑥ 李小燕，田欣，郑军卫，等. 我国数据出版前景探析 [J]. 中国科技期刊研究，2015，26 (8): 792-800.

BMC）推出数据期刊《生物医学中心研究笔记》（*BMC Research Notes*）外，许多大型传统出版机构也相继推出了数据期刊。如施普林格集团于2012年推出的《施普林格+》（*Springer Plus*）是一本跨学科的综合性开放获取期刊，其出版对象为原创研究、典型案例研究和研究方法的描述性文档以及数据论文和大数据集；2012年，威利出版了新的数据期刊《地球科学数据杂志》（*Geoscience Data Journal*），以数据论文形式发表数据；自然出版集团2014年出版的新刊《科研数据》（*Scientific Data*），开辟专栏帮助作者出版有科学价值和可重用性的数据集①②。

学术期刊发展的历史，就是其通过发表科研成果、传播科研成果的本质功能满足用户科研需求的历史，也是进行质量控制的历史。

二、学术期刊发展的历史表明，满足用户需求对于其发展的推动具有重要意义

在学术期刊350多年的发展历程中，既有因满足用户需求，进而促进学术期刊大力发展的历史过程，也有因不能很好地满足用户需求而被抑制发展的阶段。当学术期刊能够满足用户需求时，便能获得长足发展；反之，则裹足不前。新的学术交流方式进入学术交流体系，对学术期刊在学术交流体系中的不足产生有益补充与替代。

在1920年—1945年期间，每个物理学家都能够从数量有限的学术期刊上得到他所需要的科学信息，这种学术期刊被称为档案性的杂志（archival journals）；时间跨越到1970年代，学术期刊的数量和容量都增加了，读者的要求也变得跨学科和综合性强，需要花大量时间从学术期刊上获得所需的信息。于是，档案性期刊对于科研工作者来说越来越不方便，他们的需求不再是期刊本身，而是期刊上文章的拷贝。换言之，随着科学技术的发展、学科的成长变化以及科学文献的增长，学术期刊的功能从对科学信息的传播与传递转变为有效率、有精度的科学信息传播和传递

① 欧阳峥峥，青秀玲，顾立平，等. 国际数据期刊出版的案例分析及其特征[J]. 中国科技期刊研究，2015，26（5）：437-444.

② 傅天珍，陈妙贞. 我国学术期刊数据出版政策分析及建议[J]. 中国出版，2014（12）（上）：31-34.

功能。在这种背景下，科研工作者开始考虑建立文章选择性的积累，这是文摘杂志和目录索引诞生的实践基础。按照读者群的兴趣对档案性杂志进行重新分装（repackaging），形成了文摘杂志（user journals）。

1950 年代至 1970 年代，专业学会/协会出版的学术期刊对研究者的成果篇幅过于限制，而商业性学术期刊对此没有特别限制，从而导致科研工作者将论文发表大量迁徙到商业性学术期刊。由于在文章篇幅不受限制这一点上很好地满足了作者，商业性学术期刊很快赢得了作者市场，加上政府对科研事业的大力资助，使得版面费的收取变得可行，商业性学术期刊从原本不甚明朗的商业模式转而迎来发展的黄金阶段①。

三、学术期刊的质量控制呈现显著的动态性特征

学术期刊的质量控制主体经历了从编辑到同行专家再到学术生态圈的演进。从编辑部内部的编辑控制到同行评议专家控制，再到开放式同行评议，随着数字化的发展和第三方平台的兴起，其质量控制的主体范围还处于扩大之中。学术期刊质量控制的演进呈现了显著的动态性特征。

16 世纪中叶，近代科学的发展将西方国家的科学交流带入新的历史时期。科学家和研究者之间非正式交流骤增，并逐渐形成专业学会/协会②。1662 年，伦敦皇家学会（Royal Society of London）诞生；1665 年，伦敦皇家学会会刊《哲学汇刊》创刊③。最初，由刊物的主编兼编辑挑选具有交流价值的信息和文稿编排其中。1752 年，《哲学汇刊》采纳了位于爱丁堡的皇家学会选择文章的机制：将投稿文章送给能够判断其质量高低的专家进行审查，专家将反馈意见转达给编辑，其意见对于文稿能否刊用具有直接利害关系。这一过程被视为学术期刊同行评议的开端④。

---

① JAMIE C. Watersheds in Scientific Journal Publishing [M] //A Century of Science Publishing: A Collection of Essays. Amsterdam: IOS Press, 2001: 248-249.

② ALAN C. Academic Publications before 1940 [M] // A Century of Science Publishing: A Collection of Essays. Amsterdam: IOS Press, 2001: 16.

③ ALAN C. Academic Publications before 1940 [M] // A Century of Science Publishing: A Collection of Essays. Amsterdam: IOS Press, 2001: 16-17.

④ RAY S. The History of the Peer-Review Process [J/OL]. [2015-07-22]. doi: 10.1016/S0167-7799 (02) 01985-6. Trends in Biotechnology, 2002, 20 (8): 357-358.

自此，同行评议制度被广泛采纳和应用于学术出版以及科研审批领域。美国是继英国之后第二个采用同行评议制度的国家，也是对同行评议制度应用最为广泛和深入的国家①。

传统的同行评议经过长期发展，积累了一定的弊端②，如审稿周期长、编辑部审稿负担重、审稿专家敷衍塞责等。改良后的同行评议制度丰富了学术期刊质量控制的形式，变得更加开放、透明和互动，并涌现出了一批第三方审稿平台、新的审稿制度。

开放同行评议。开放同行评议的做法来源于 BMC 对于传统同行评议的改进。论文在发表时，需要提供论文初稿、评议专家的意见与签名、作者的修改稿以及论文最终稿同时发布，力求评议过程公开、透明③。*PLoS ONE* 在接收到同行评议专家的评议意见时，要求取得意见的发布许可，在论文出版时，将专家评审意见作为附件发布在论文电子版之后，力争同行评议过程更加公正、透明。

互动同行评议。互动同行评议通过集中同行评议专家、编辑与作者的共同智慧，以降低同行评议过程中容易出现的误判。“互动同行评议”是《大气化学与物理》(*Atmospheric Chemistry and Physics*，ACP）对传统同行评议的又一种形式创新，它由评审专家、作者和科学团体进行公开讨论然后定稿。这种新型的同行评议方式已被验证是能确保期刊获得高质量稿件的④。

轻触同行评议。轻触同行评议也称低干涉同行评议，它由 *PLoS ONE* 率先采用。与传统同行评议不同，它仅强调被评审论文“方法学上的正确

---

① RAY S. The History of the Peer-Review Process [J/OL]. [2015-07-22]. doi: 10.1016/S0167-7799 (02) 01985-6. Trends in Biotechnology, 2002, 20 (8): 357-358.

② JEFFERSON T., WAGER E., DAVIDOFF F. Measuring the Quality of Editorial Peer Review [J]. Journal of American Medical Association, 2002 (287): 2786-2790.

③ 徐丽芳，方卿. 基于出版流程的开放存取期刊学术质量控制 [J]. 出版科学，2011 (6): 78-81.

④ LUTZ B, HERMANN S, WERNER M, et al. Is Interactive Open Access Publishing Able to Identify High-impact Submissions? A Study on the Predictive Validity of Atmospheric Chemistry and Physics by Using Percentile Rank Classes [J]. Jouranal of the Ameirican Society for Imformation Science and Technology, 2011, 62 (1).

性和原创性”，对科学发现的重要性与创新性不作评价；同行评议专家的数量也有所减少，一般为一位①。自然出版集团从2011年开始将轻触同行评议应用于其开放存取期刊《科学报告》（*Scientific Reports*）②。

两阶段同行评议。除上述三种新的同行评议形式外，还有一种与开放同行评议较为相似的两阶段同行评议形式（reviewing and refereeing）。创办于1997年的《人工智能电子商务》（*the Electronic Transactions on Artificial Intelligence*，ETAI）杂志是一份纯粹的电子期刊，它将传统的同行评议做了类似于开放同行评议的形式创新，具体说来，它将同行评议过程直接拆分为两个阶段：第一阶段称为“评议”（reviewing），同行评审专家与作者之间的评议和反馈的互动过程以及被评议的文章，包括双方的身份信息，都公开在互联网上，这一过程一般持续3个月；第二阶段称为“审稿”（refereeing），将修改反馈的文章分发到2－3位同行评议专家手中，同行评议专家直接将录用/拒录意见反馈给编辑部③。两阶段同行评议的优点在于，一是增强作者权益，使作者对审稿人的信息和意见能清晰知晓，改变了传统同行评议带给作者方“一抹黑”的被动状态；二是给予审稿人经济回报，一改传统同行评议“免费评稿”陋规，从而通过经济手段激发审稿人的工作激情进而提高审稿工作质量④。但缺点也十分棘手，首要问题就是关于发表的伦理问题，即在文章公布于互联网之后和发表于期刊之前的一段时间，以何种形式解释它的存在；以及文章如果最终没有被录用，却又已经公布在互联网上，其后的处理给作者造成困扰⑤。要解决这一系列问题，需要借助一些机构和概念界定，如建立未发表文章的发布平台和仓储，通过建立电子出版社（electronic presses）来开展专门的存储工

---

① 徐丽芳，方卿．基于出版流程的开放存取期刊学术质量控制［J］．出版科学，2011（6）：78-81.

② 钟灿涛．Nature出版集团出版采用Light-Touch Peer Review的开放获取杂志［EB/OL］．［2011-01-16］．http://blog.sciencenet.cn/blog-373161-404856.html.

③ ERIK S. Open Reviewing，Closed Refereeing：Where's the Publicaiton?［M］//A Century of Science Publishing. Amsterdam：IOS Press，2001：285-288.

④ ERIK S. Open Reviewing，Closed Refereeing：Where's the Publicaiton?［M］//A Century of Science Publishing. Amsterdam：IOS Press，2001：285-288.

⑤ ERIK S. Open Reviewing，Closed Refereeing：Where's the Publicaiton?［M］//A Century of Science Publishing. Amsterdam：IOS Press，2001：285-288.

作；并分配给每一个未发表文档一个“身份证号”（document identifiers），区别于正式发表的文章。未来，这些工作将会衍生出一个新的学科领域——科研成果知识管理学（Research Knowledge Management）①。

第三方同行评议。Peerage of Science 是一家商业性的同行评议服务平台，它向学术出版商、资助机构以及其他需要同行评议服务的组织提供有偿服务，免费向科学家作者提供服务，服务的学科领域以生态学、进化生物学和保护生物学为主，业务范围正逐渐向跨学科方向发展②。稿件进入该系统后，任何一位有审稿资质的专家（如没有潜在利益冲突）都可以对稿件提供审稿意见，由系统对审稿意见和审稿时限（作者自行设定）进行管理，审稿人对其他审稿意见加以点评，并获得一份审稿质量评分清单③。根据市场竞争优胜劣汰的法则，进入市场化运作的同行评议服务机构，将会致力于为用户提供快速优质的同行评议服务。成立于2012 年的优贝克（Rubriq），能为付费作者在 2 周内提供严谨的同行评议结果④。优贝克作为一种创新的同行评议服务商，致力于为广大科研工作者节省漫长的同行评议时间，使其专注于学术研究，并为广大学术期刊提供同行评议服务的便利。优贝克成立于 2012 年，其团队由 100 余名研究生组成，拥有 10000 名以上的同行评议专家的信息，通过作者付费的模式，为作者和学术期刊提供严格的、2 周内得到审稿结果的双盲审稿服务⑤。

第三方服务商将同行评议环节从编辑部独立出来，从而给上述领域学术期刊的审稿工作带来革命性的变化，其服务具有又快又好的特点，具体体现于：其一，高时效性；其二，外审专家的主导型定位更加专业和积

① ERIK S. Open Reviewing，Closed Refereeing：Where's the Publicaiton?［M］//A Century of Science Publishing. Amsterdam：IOS Press，2001：285-288.

② IRENE H. The Changing Face of Peer Review［J］. Science Editon，2014，1（1）：9-12.

③ IRENE H. The Changing Face of Peer Review［J］. Science Editon，2014，1（1）：9-12.

④ Who we are；What we do［EB/OL］.［2015-07-31］. http://www. rubriq. com/.

⑤ Who we are；What we do［EB/OL］.［2015-07-31］. http://www. rubriq. com/.

极，同行评议由传统的被动邀请改为自主参与①。更重要的是，随着这类社交平台的成长与崛起，它们与开放获取、搜索引擎、学术社区、数据出版等新进入者一样，将会成为学术出版的新成员。

四、学术期刊质量控制的演进历史表明，其控制对象日益复杂、控制手段不断升级

科学研究内在的复杂性、庞大的论文数量、论文的即时传播以及验证科研结论的复杂性，使得仅凭审稿工作难以杜绝重大错误甚至严重欺诈行为②。

（一）控制对象变得日益复杂

学术期刊质量控制的对象，经历了文字标准控制（包括内容的知识判断）到学术标准把关（学术价值判断），及至今日，广大学术期刊编辑不得不对另一重要事项进行管理，即对于学术出版伦理的遵守情况。出版伦理是指论文发表过程中相关主体应该遵循的道德规范③。

近年来，科研成果在发表环节违背出版伦理现象频出。2006 年韩国生命科学家黄禹锡因学术造假被撤销其 2004 年发表于《科学》杂志上的论文；2014 年日本小岛方晴子因数据捏造和篡改被撤销其发表于《自然》杂志上的文章；2015 年 4 月，因作者涉嫌提供虚假同行评审，被英国医学中心（BioMed Central）撤销 43 篇文稿④；2015 年《北京青年报》载某校讲师同一篇论文在不同刊物上发表 16 次⑤。因各类学术不端行为，每年约有

---

① 马瀚青，周小玲，侯春梅，等. 基于社交网络的同行评议新模式：基于 Peerage of Science 与 Frontiers 平台的案例研究 [J]. 中国科技期刊研究，2015，26（9）：935-941.

② 张晓林. 提高学术期刊的合规标杆 [J]. 中国科技期刊研究，2015，26（1）：1-2.

③ 赵大良. 学术期刊出版伦理与不端防范 [EB/OL]. [2016-03-02]. http://zhaodal.blog.163.com/blog/static/55838420136287595768l/.

④ 英国出版商撤刊 43 篇涉假论文　41 篇为中国作者 [EB/OL]. [2015-04-20]. http://news.sina.com.cn/w/2015-04-04/023931680937.shtml.

⑤ 孟亚旭. 一篇论文重复发表 16 次引关注　当事讲师道歉 [N]. 北京青年报，2015-11-01.

200 篇文章被 Web of Science 撤稿①。2016 年 12 月 12 日，国家自然科学基金委员会在京召开 2016 年“捍卫科学道德　反对科研不端”通报会，通报了 2015 年—2016 年查处的科研不端行为典型案例。此次会议重点通报了 2015 年多起国际论文撤销事件，涉及论文 117 篇②。

一篇数据伪造、观点抄袭、重复发表或是外文翻译为中文而不加以署名的文章得以刊发，无疑会对学术期刊质量造成负面影响。科学研究内在的复杂性，使得学术论文审查难以杜绝重大错误甚至严重欺诈行为③，传统的依靠编辑对内容进行把关、通过同行评议专家进行论文内容价值的判断等在内容控制上的单一、线性策略，已经难以全面把控数字环境下学术期刊的内容质量。数字环境乃至大数据环境下，学术期刊质量控制的对象变得更加多维、复杂。

出版伦理涉及的环节，既包括作者在写作与发表过程中存在的学术不端，也包括同行评议专家甚至编辑本身存在违背出版伦理的行为。其中，仅作者发表论文环节可能存在的学术不端，就高达 5 种 16 类之多④，令作为质量把关人的学术期刊编辑防不胜防。

（二）控制手段不断升级

首先，借助远程审稿系统提高审稿效率。学术期刊远程审稿系统是指以编辑部内部局域网和互联网为基本平台，建成作者、编辑、审稿专家、编委四位一体的协作化、网络化、角色化编辑稿件业务处理平台⑤。国外如美国汤森·路透的 Scholarone 在线投稿系统、英国 Salix 出版公司的 ESPERE 系统、英国 BioMed Central 公司的 BMC 系统、美国斯坦福大学图书馆的 Bench>Press 系统、美国 Aries 系统公司的 Editorial Manager 系

---

① 姚长青，田瑞强，杨冬雨，等. 撤销论文及其学术影响研究［J］. 中国科技期刊研究，2014，25（5）：595-604.

② 谷业凯. 自然科学基金委通报科研不端典型［N］. 人民日报，2016-12-13.

③ 张晓林. 提高学术期刊的合规标杆［J］. 中国科技期刊研究，2015，26（1）：1-2.

④ COPE. Members［EB/OL］.［2016-03-09］. http://publicationethics.org/members/journals? f[0]=im_taxonomy_vocabulary_8%3A225.

⑤ 刘敏，王莉，董邦国. 科技期刊在线审稿系统的发展趋势［J］. 大连民族学院学报，2011（1）：64-67.

统等①；国内应用较广泛的有马格泰克和勤云公司开发的投审稿系统等。其次，借助数字出版平台的知识查询产品判断作者写作内容的价值与创新程度，如中国知网的“学术趋势搜索”“学术研究热点”，万方数据的“知识脉络分析”“学术统计分析”等。再次，借助论文相似性检测系统，可以有效预防、发现学术不端。抄袭识别技术在国外发展很快，有多个抄袭识别系统产品，其中 Turnitin、CrossCheck、Mydropbox 等应用较为广泛，国内主要是中国知网和万方数据的论文相似性检测系统。

21 世纪文本相似度检测软件（也称查重软件）的出现，在技术上为学术期刊辨识学术不端提供了功能强大的工具。但查重软件对于表格剽窃、数据剽窃、思想剽窃以及翻译剽窃（将他人作品翻译后署名更改）无能为力②。同时，随着开放获取、预印本以及机构仓储等学术交流新渠道的广泛应用，使用查重软件得到的结果，需要针对实际情况给予多重辨识：高相似度部分是否为预印本文档、是否为会议摘要、是否为机构仓储文档、是否为有必要的方法说明、是否为文章所需的有必要的复制行为等等③。同时，各类查重软件并非毫无破绽。利用学术不端软件、查重软件进行审稿，在三种情况下存在盲区：一是论文在发表前和发表未上网的“真空时段”，对于一稿多投难以核查；二是作者对不在数据库内文献的抄袭，或有意将稿件文字、图表进行变化，难以被发现；三是不能直接发现科学内容造假④。因此，技术审稿需要在人工审稿干预和文稿撤销制度辅助下共同杜绝学术不端行为。

五、启示

综上，学术期刊尤其是国外知名学术期刊出版商，正是在不断满足作

① 徐丽芳．数字科学信息交流研究［M］．武汉：武汉大学出版社，2008：204.

② ELIZABETH W. Defining and Responding to Plagiarism［J］. Learned Publishing，2014，27（1）：33-42.

③ ELIZABETH W. Defining and Responding to Plagiarism［J］. Learned Publishing，2014，27（1）：33-42.

④ 王新英，赵艳静，赵阳．彻查科技论文学术不端的编辑策略［J］．编辑学报，2011，23（3）：231-232.

者需求的基础上，运用技术变革、把握历史机遇，进行严格的质量控制，从而推动其向更优质的阶段发展。学术期刊质量控制的必要性表明，我国作为学术期刊大国，制定质量控制机制具有十分重要的意义；学术期刊质量控制的动态性表明，随着科研环境和科研需求的变化，学术期刊质量控制也会随之产生新的内涵，应保持密切关注；学术期刊质量控制的复杂性表明，有效的质量控制是一个严密的技术体系，需要制订科学严密的质量控制方案。

编辑出版类 C 刊微信公众号运营现状探究

周方羲

（华中师范大学新闻传播学院，湖北武汉，430079）

摘要：微信公众号作为一种新媒体，有效拉近了学术期刊与读者之间的距离，对期刊发展和传播起到不可小觑的作用。本文将对 8 种编辑出版类 C 刊的微信公众号运营现状进行研究分析并提出具体建议，探讨编辑出版类 C 刊应如何结合自身特点，充分发挥新媒体的优势，加强期刊品牌建设，推动学术传播，促进自身和学科的建设和发展。

关键词：微信公众号；编辑出版类 C 刊；新媒体

目前，微信逐渐成为人们日常生活中重要的社交工具之一，微信公众号是广大微信用户重要的信息获取渠道。2017 年底，微信在腾讯全球合作伙伴大会上发布了《2017 微信数据报告》。数据显示，截至 2017 年 12 月底，微信日登录用户 9.02 亿，较上年增长 17%；微信公众号月活跃账号数 350 万，月活跃粉丝数 7.97 亿。微信公众平台因其更新周期短、互动性强等特点，吸引了大量企业、机构、媒体、社会组织和个人开通微信公众号，利用公众平台开展信息传播活动已经成为宣传工作和形象建构中的重要部分。期刊类微信公众平台的开通，有利于期刊内容的推广，也有利于维护作者、联络受众，提升期刊影响力。为了了解编辑出版类期刊微信公众号运营现状，以提高期刊竞争力，扩大编辑出版学科影响力，本文将以中文社会科学引文索引（CSSCI）来源期刊和收录集刊（2017—2018 年）中的 8 本编辑出版类期刊为研究对象，调查他们的微信公众平台运营现状，并进行总结与思考。

一、8本编辑出版类C刊微信公众号运营现状

（一）研究方法

在微信公众号搜索中输入期刊名，分别查询《中国科技期刊研究》《编辑学报》《出版发行研究》《科技与出版》《编辑之友》《出版科学》《现代出版》《中国出版》是否有本刊专属的微信公众号。查看各刊公众号历史推送信息，归纳主要推送内容；随机查看10～15条推送信息的阅读次数，取平均值；统计一年内推送信息数量，并计算月平均推送信息数量；查看各公众号首页菜单栏设置情况。

（二）8本编辑出版类C刊微信公众号运营情况

上述8本刊物中，除《编辑学报》与《出版发行研究》未开通微信公众号外，其余6本均已开通微信公众号并在持续运营中。

《中国科技期刊研究》月平均推送信息数为3，推送平均阅读次数为352.3，主要推送内容有事务通知（研修班、沙龙研讨会等）、刊物相关新闻（发展蓝皮书发布、选题指南、征稿启事等）、转载专业相关文章等；首页菜单栏设置为在线查询（论文检索、稿件查询、最新资讯），期刊内容（当期目录、过刊浏览、优先出版），用户登录（作者登录、专家登录）。

《科技与出版》月平均推送信息数为15.7，推送平均阅读次数为393.6，主要推送内容有刊文选登（以特别策划栏目为主）、新刊目录、月推送回顾；首页菜单栏设置为读者服务（投稿指南、稿件查询、当期目录、过刊浏览、精选文章），关于我们（期刊介绍、官方网站、期刊订阅、联系方式）。

《编辑之友》月平均推送信息数为18，推送平均阅读次数为1256.4，主要推送内容有刊文选登、新刊目录、副主编随笔、编校知识点、追忆似水流年系列（书籍推荐、古书画文物欣赏），首页菜单栏被设置为刊物标志投票链接。

《出版科学》月平均推送信息数为9.6，推送平均阅读次数为118.5，

主要推送内容有刊文选登、新刊目录；首页菜单栏设置为往期回顾（本刊原创、编辑推荐），本刊风采（近期活动、小编互动），联系我们（投稿须知、期刊征订、本刊简介、申请转载）。

《现代出版》月平均推送信息数为9.2，推送平均阅读次数为526.9，主要推送内容有刊文选登、新刊目录、事务通知（学术会议、获奖名单等）；首页菜单栏设置为期刊导航（往期精选、期刊目录），稿件查询，联系我们（投稿须知、我们是谁）。

《中国出版》月平均推送信息数为11.8，推送平均阅读次数为319.7，主要推送内容有刊文选登、新刊目录、征文通知、行业动态；无菜单栏设置。

二、8本编辑出版类C刊微信公众号运营比较

从统计的资料看来，《编辑之友》微信公众号的推送平均阅读次数遥遥领先于其他公众号，其主要优势在于每期推送的编校知识点大受欢迎。编校知识点的文章通常并非刊内文章，而是一些在编辑校对过程中比较实用的知识点分享，例如病句分析、图表校对、标点用法详解等。在刊文选登、副主编随笔、书画欣赏等文章平均阅读量300左右的情况下，编校知识点始终保持着1000左右的阅读量。由此可见，《编辑之友》微信公众号的订阅用户更偏爱实用性的推送内容，而此平台的编辑也很好地满足了用户的阅读需求。

在菜单栏的设置上，《编辑之友》和《中国出版》则有所欠缺，无菜单栏设置，使读者无法自主选择获取其需要的内容，同时也并未给出有效的联系方式供读者订阅杂志或进行投稿。而《中国科技期刊研究》在菜单栏设置上有突出优势，订阅用户不仅可以浏览当期目录和过刊内容，还可在“期刊内容—优先出版”一栏中读到最新录用且尚未刊登的论文，这一点有利于读者获取最新的学术研究成果；同时，在“在线查询—论文检索”一栏中，订阅用户可以输入检索词，在过往期刊中检索到并且下载自己需要的论文。另外，作为学术类期刊，公众号的稿件状态查询功能也可以为作者提供最大程度的便利，设立投稿指南栏目也便于广大作者进行投稿前的准备。在这两个功能上，有首页菜单栏设置的微信公众号做得较

好，而无首页菜单栏设置的则需要改进。

在与读者的互动上，《出版科学》在2017年6月进行了一次读者留言赠刊一年的活动，但活动文章阅读量仅有564；其他微信公众号则没有相应的读者活动。微信公众号作为新媒体时代的产物，其优势就在于互动性强。而出现这种情况，说明多数此类刊物的专业编辑新媒体意识不足，也有人手不够的原因，没能充分发挥微信公众号的优势，扩大刊物影响力。

三、完善编辑出版类学术期刊微信公众号运营的对策

（一）注重学术期刊特点，消息推送坚持“内容为王”

微信公众号作为一种新媒体形式，选题策划仍然是传播运营过程中的最重要一环。因此，在推送前策划选择适当的推送内容，可以对期刊宣传起到积极作用，建立自己的品牌特点，同时也能吸引更多订阅用户。

首先，在内容选择上，由于学术期刊的学术性特点，其目标受众多为关注相关学科学术研究的群体，因此在推送论文时不能只是简单复制文章，应对原文有针对性地进行选择和编辑。其次，微信公众号应该多选择与社会热点话题和学术领域内的新闻资讯有关的文章进行推送，以满足目标用户的需求。另外，由于编辑出版学科具有一定的应用性，微信公众号可适当选择一些实用性较强的内容进行推送。

（二）不断改进推送细节，满足用户需求

微信公众平台不同于传统媒体，用户需求可以通过数据体现，并且其推送频率、时间、形式和内容都可以根据用户需要随时进行更改。首先，在一些细节上，微信公众号可以稍作调整。例如，根据用户的阅读习惯，如果次数过多，可能会使读者感到厌烦，甚至取消关注。因此推送频率一般不超过3天一次，每次推送消息4条左右为宜。其次，由于学术期刊类公众平台的关注者多为学者和相关专业大学生、研究生，因此可以选择读者共同的空闲时间段，例如18:00以后，或是12:00—14:00的休息时间。另外，根据阅读量提示的信息，越是有关人们熟知的话题和学者的文章，阅读量越大，因此，推送的主题可以进行适当调整，将首条推送的主题调

整为更加热门的话题或学者，并且也可适当进行“标题党”式的处理，引起读者注意。

同时，推送内容也应根据微信用户的阅读习惯进行适当处理。微信公众号由于其频繁多次和碎片化的阅读方式，不适宜推送动辄六七千字、逻辑严密的学术论文。平台可提供论文导读功能，通过推送摘要等论文信息满足用户对于特定主题论文的信息需求；也可根据读者的阅读习惯，挑选具有吸引力的选题，并对文章进行一定程度的改写，例如挑选并罗列文中较为重要的观点部分，截取文中最具启发性、创造性看法的段落等，使读者能在碎片时间内获取文章观点，也可在文章下方提供原文链接，供感兴趣的读者进行深入研读。

（三）完善公众号功能，加强互动与交流

不同于每日推送的消息，微信公众号菜单栏的设置多为读者的主动需要服务。新用户了解期刊信息、浏览过刊内容、查询所需资料，老用户检索往期论文，甚至是作者查询投稿指南和稿件状态，都依赖于完善的菜单栏设置。学术期刊的微信公众号应发挥新媒体平台的优势，提高与用户的互动性，做好读者服务，使读者更加便捷地获取信息。

同时，作为一个新媒体平台，微信公众号在运营过程中，只有加强与用户的互动，才能增强用户黏性，吸引并留住更多用户。

例如，在《出版人》杂志与北京数酷科技有限公司统计的2017年全年出版社、图书公司新媒体影响力排行情况中，机械工业出版社的“机工教育”公众号位居2017年出版社新媒体影响力榜首。机械工业出版社新媒体经理杜庆坤认为，“机工教育”公众号成功的一个重要原因是线上新媒体营销与线下实体营销的联动和配合。杜庆坤说：“‘机工教育’及时发布读书会、微课、直播以及分社举办的新书活动相关信息，借势出版社品牌影响力，拉近与读者的距离。为读者定期发放福利；综合本社的视频、音频、课件等资源，提供网盘共享给读者。”

因此，对于学术类期刊的微信公众号，平台推送的内容可以不仅仅局限于刊文选登和新闻速报的形式，也可以选择转载一些学科相关信息，延伸一些其他形式的学术服务，例如学者讲座资讯、转载英文文章的中文摘要、提供PPT或文章下载、开设微视频、微直播功能、开设线上微课、专

题研讨会、和出版机构合作发布原创内容等，增加内容的多样性和专业性。

另外，增设留言评论活动，例如每期提出与当月杂志内容相关的话题引发读者讨论；开展投票选标志、选话题等官方活动；进行微信公众号投稿刊登；开设微论坛等方式，也可以调动读者积极性，增强读者的忠诚度，并且吸引更多的学术爱好者参与其中。还可利用其资源优势，积极开展读者活动，拉近相关专业学生读者与知名专家的距离，如开设线下或线上专家专题讲座、读者沙龙，或接受读者提问，开设专家互动专栏，解答读者的专业问题，以此提高用户参与度，传播专业知识，同时扩大期刊的专业影响。

（四）借鉴其他期刊优势，促进平台建设

目前，在移动互联网环境下，传统媒体向数字化转型成了大趋势。在国外，多数权威的学术杂志致力于开发 App 供读者浏览最新的论文信息，如 *Nature* 出版社推出的 nature. com、*Science* 杂志社的 Science Mobile、Elsevier 出版集团推出的 SciVal funding 等，除了浏览杂志社旗下各类学术杂志的论文外，用户还可查看科研项目经费和奖学金信息、观看杂志社的播客（Podcast）以及其他多媒体形式的学术资料。

不同于国外的杂志类 App，我国的微信公众号体现出了其开发成本低、使用频率高、互动性强等特点，但微信公众号也保留了浏览论文信息、观看多媒体学术资料等功能。同时，国外学术期刊 App 也有其他值得借鉴之处。例如美国化学会期刊 App *ACS Mobile* 允许登录用户储存文章，并且记录下用户兴趣。编辑出版类 C 刊的微信公众号也可仿效以实现支持微信用户快速注册，并且将账号进行关联，将用户收藏的文章储存在账号信息内，供用户在网页、微信公众号以及 App 等多平台上随时随地浏览收藏内容。

编辑出版类 C 刊的微信公众号还可借鉴国内其他优秀期刊微信公众号建设优势。例如学习《中国书法》《中国收藏》等期刊微信公众号，在菜单栏设置中加入微店链接，以便于期刊的订阅和零售；借鉴《博物》杂志、中信出版集团举办线下活动的经验，在微信公众号上提供线下活动的信息和报名渠道，以提高微信公众平台的用户黏性。

微信公众号将学术期刊和新媒体进行了有机的结合，有利于学术期刊和知识的传播，能有效加强学术期刊的品牌建设。学术期刊应发挥新媒体的优势，促进学术的进一步传播，促进期刊的数字化进程，为读者提供更加全面和便捷的知识服务，使C刊和学术不再曲高和寡，而是更好地为学科建设和学术研究发展服务。

参考文献：

[1] 孟雪. 新媒体时代出版社微信公众平台运营的思考［J］. 出版发行研究，2018（3）：43-45.

[2] 韩燕丽，董晶. 期刊出版在新媒体领域的探索——以微信公众号的功能和运营探讨为例［J］. 科技与出版，2018（3）：64-68.

[3] 成观星，江霞. 广东省医药卫生期刊微信公众平台运营现状［J］. 今传媒，2018（2）：62-65.

[4] 牛晓霞. 学术期刊微信公众号的运营策略分析［J］. 中国传媒科技，2018（3）：78-79+95.

[5] 汤慧君. 新媒体时代大学出版社微信公众号运营现状探究［J］. 视听，2018（5）：163-164.

[6] 出版人杂志. 谁是2017书业微信公号“带头大哥”｜出版机构新媒体影响力排行榜年榜［J/OL］.［2017-12-29］. http://www.yidianzixun.com/article/0I16EQ32.

[7] 腾讯全球合作伙伴大会. 2017微信数据报告［R］.［2017-11-09］. http://www.useit.com.cn/thread-17068-1-1.html.

【第二篇】
近现代学术出版及其启示

学术出版服务之编辑观

吴平　任丽红　罗萍　胡程立　李佳　马骏[①]

摘要：在“互联网＋”背景下，出版社学术出版面临机遇与挑战，学术出版服务转型势在必行。本文以学术沙龙的形式，讨论了学术出版的定义、类型、面临的困境以及转型的方法与路径等问题。

关键词：学术出版；服务转型；可行路径

主持人：大家好！欢迎各位在炎热的夏日前来参加本期的学术沙龙活动。今天，我们就“出版社学术出版服务转型”这一主题展开讨论，希望大家各抒己见，畅所欲言。在讨论服务转型之前，先看看在大家的“词典”里，什么是学术出版，学术出版分几种类型。

李佳：我先说吧。很高兴参加主持人召集的这一学术沙龙活动。我认为，狭义的学术出版一般是针对自然科学、社会科学领域所开展的专门性、系统性理论研究成果的出版活动。但现在学术出版的内涵越来越丰富，已经拓展到人文科学、思维科学、系统科学等领域，且学科间的交叉越来越密集，学术出版发生了许多新的变化，比如核考古学、智能制造与工业4.0、智慧城市、人工智能与艺术创作等都已进入出版视角。其次，基于理论研究的应用型学术专著占据着越来越大的市场份额，学术出版早已不再“居庙堂之高”。比如湖北科学技术出版社获得中华优秀出版物奖的“中国第一条长大高速铁路干线（武广高铁）技术创新工程丛书”、正在出版中的“北斗新技术与应用丛书”、上海交通大学出版社的《大飞机

① 吴平：华中农业大学副校长、武汉大学教授、博士生导师；任丽红：华中农业大学农业经济管理方向博士生；罗萍：湖北科学技术出版社高教编辑部主任；胡程立：武汉大学出版社学术出版分社社长、副编审；李佳：湖北科学技术出版社总编室主任；马骏：湖北人民出版社总编助理、副编审。

出版工程》等，都具有很强的学术出版实践意义；一些社会科学普及读物和专深的科技科普图书也被纳入学术出版的范畴，比如湖南科学技术出版社的畅销图书《宇宙简史》《时间简史》等，都是科学、科普出版方面经典的案例。在我看来，学术出版一定是随着学术研究的进展不断变化的，这也是学术研究创新性要求的必然结果。

主持人：谢谢李佳，开了一个好头。特别是所讲到的学术出版内涵发生的变化以及学术交叉产生的许多边缘学科也都成为学术出版的对象，带给了我们一些新的思考。

胡程立：我认为，学术出版是对学术成果进行编辑加工后使之传播的一个过程，它满足人们对于学术研究成果的需求。学术出版的产品一般具有原创性和前沿性，涵盖各个学科，读者对象一般为某一领域的研究者。

罗萍：我理解的学术出版，是相对于大众出版和教育出版而言的专业出版，指与职业和行业有关的出版，是最专、最深、最细分的出版，有专业学术类、专业职业类、专业工具类等。

马骏：我同意上面几位关于学术出版的定义。学术出版主要是指由专业的科研工作者创作的，以有关社会科学、自然科学的科研成果或科研资料汇编整理为内容，以规范的学术语言为表达形式，以相关专业的研究者为主要读者对象，以公开发表及传播学术成果、反映学术动态、促进学术发展繁荣、推动学科建设为主要目的的出版行为。

主持人：大家所说很系统、深入，关于学术出版的定义也比较成熟、全面。那学术出版分几种类型呢?

罗萍：我把它分为单本和合集二种。一是发现、认识、加工、出版的单本学术精品，如长江少年儿童出版社的《当代湖北儿童文学精品研究》、湖南科学技术出版社的《时间简史》等。这类学术著作出版有策划的因素，也有专业、耐心、机遇的综合，有偶然性概率，也有对编辑坚守和等待的褒奖。二是传承文明成果的学术经典合集，即汇集人类历史上重要的学术经典著作结集出版。如长江少年儿童出版社的《世界幼教名人名著》系列、湖北科学技术出版社的“湖北古生物图册和珍稀古生物群落丛书”等，都是分类集合大批图书精品，集中推出的，有利于学术图书社会效益的充分发挥。

胡程立：我工作中涉及的学术出版多是按载体形式来区分的，比如传统的纸质出版形式和新兴的数字化出版形式。

马俊：我认为标准不同，学术出版的类型也不同。从学术成果的形式来看，可以分为文章和著作两种。从载体来看，就是胡程立说的纸质和数字两种形式，其中纸质包括报纸、期刊、图书等，数字包括电子报、电子期刊、电子书以及数据库等。从读者对象看，主要面向专业人员，但也有面向相关领域的爱好者的，即采用相对通俗的表述方式创作的、具有普及性的泛学术读物。从成果内容来看，有学术研究类、资料汇编类、古籍整理类等。从传播主导方来看，有的是出版社主导的，基于自身产品线主动策划的；有的是学者主导的，即将本人的研究成果公之于世；还有的是为了评职称或完成科研任务寄希望于作品公开发表的。从学术出版存在的形式看，有线上和线下两种。从商业模式来看，有付费才能阅读使用的常规模式，也有免费称之为开放存取模式的。

主持人：刚才的发言不仅厘清了学术出版的概念，还从多个方面探讨了学术出版的类型，增加了我们对纸质、数字、线上、线下学术出版的了解。从学术出版供给侧的角度，还可以深入一下：不同类型的学术出版的服务模式是否有所不同呢？如果不同，其差异性体现在哪些方面呢？

马骏：从本质上说，出版是编辑对有价值的文化成果进行加工后借助特定载体进行的一种传播活动。学术出版属专业出版范畴，大体流程也是如此。不同类型的学术出版具有很大的共通性。但服务模式也还是有所区别的。比如学术期刊和图书专著，纸质出版物和数据库，免费阅读和付费阅读，出版社主导和学者主导等，它们在具体的出版流程、加工方式、合作模式、盈利模式等方面有很大的差异，服务模式自然也不同。

李佳：不同类型的学术出版虽然都是服务作者和读者，但我认为网络期刊学术出版对读者信息需求的依赖性更强，其文章点击量、浏览次数、下载量、分享量、读者反响以及引用频次等均与读者有密切关联；图书专著出版立足于学术研究整体环节的末端需求，偏重于作者服务；电子音像、互联网学术出版在服务期刊和图书专著的同时，因为其动态性、更新频率、检索便捷、阅读随意、交互性强、内容全面、个性化服务等特点，呈现出独立发展的强烈需求。

胡程立：我觉得现在出版社更多还是在进行传统的学术出版，通过纸质图书出版将信息传递给读者，为科学研究提供一个展示交流的平台或渠道，信息多是单向的，在作者、出版者与读者中产生关联；而数字化的学术出版通过搭建网络平台来进行信息整合和交互，信息的交流是多向的，是信息提供商和用户之间的交互式关系。

主持人：大家的讨论更加明确了不同类型的学术出版所具有的不同特点。诸位长期工作在编辑出版一线，一定对学术出版的困境体会很深吧？

罗萍：做学术出版的确不易，简单地说有三点，一是稿件专业性强，审稿难度大；二是图书质量检查风险大；三是学术图书往往社会效益显著，经济效益较差。

李佳：学术出版确实与其他类型出版有很大的不同。如大众图书出版很多时候会面临产品线的淘汰，就像养生保健出版热一样随着人们理性回归而逐步降温，饮食类图书也在新媒体冲击下难有起色。但学术出版因为学术研究的不断深入与拓展，市场一直比较稳定。主持人所说的学术出版困境我觉得主要体现在图书出版方面：因为它缺乏像学术期刊出版那样的评价标准和评审机制，质量良莠不齐，“复制粘贴”现象严重；出版沦为“项目研究必须要有成果”“职称评定需要”的一种附加程序；而学术图书出版本身又具有滞后性，且内容专业导致审稿编校难度大、出版周期过长，也影响了时效性，还给编辑绩效考核带来难度；编辑素质与学术出版专业化的要求有差距；出版社严重依赖各级各类学术出版扶持基金，市场推广难度大。

胡程立：我同意李佳的观点。学术图书的特点是受众小，读者往往集中在某一专门研究领域，有的学术精品的读者对象可能是一个十分狭窄领域里的研究人员；出版周期十分漫长，有些选题的酝酿时间长达十年以上，从我们社操作的国家出版基金等重大项目的出版过程来看，提前七八年酝酿是很常见的事情；书稿加工难度很大。我社出版的人文社科类学术精品图书较多，常见的古籍整理、繁简字使用、引文核对等耗费了编辑大量的精力；盈利困难，学术图书的印数少，无法有效分摊成本。学术出版真的是文化出版中的核心，也是最脆弱的一部分。在市场经济大环境的冲击下，学术出版不仅很难做到一心只做“圣贤书”，而且有时候还要和走市场的图书品种一起，用同样的规则去扛利润考核的指标。现实中的急功近利是违背学术出版规律的，是学术出版早产、学术出版泡沫化的土壤。

主持人：学术出版包含了多少出版人的勇气、艰辛与无奈呵！怎一个

"扛"字了得！还有谁想"吐槽"吗？大家是不是也可以从编辑层面评价一下学术稿件的质量以及对出版的影响呢？

马骏：关于学术出版质量，从出版的角度来看的确有很多问题。第一，部分书稿存在学术水平不高、文本质量不佳的现象。有的是语句欠通顺、资料数据欠严谨、体例及表述不符合学术规范等；有的是学术观点缺乏创新性，在结构的合理性、逻辑的严密性、论证的充分性等方面做得不够，学术水准不高；更有甚者拼凑痕迹严重，有抄袭之嫌。第二，编辑加工面临诸多困难。一是编辑专业不对口，缺乏相关专业学术背景，对书稿缺乏足够的把关能力，这种现象在综合性出版社更常见，且由于编辑专业能力的制约，不太容易发现真正有价值的作品；二是有限的编辑人手和巨大的审稿工作量之间存在着矛盾；三是核对文献资料的任务繁重，耗时费力，出版周期较长，出版效率不高。第三，未能充分发挥学术出版的社会作用。很多学术成果包括一些国家资助项目，传播面不广，不能精准推送给目标读者，难以产生应有的学术价值。第四，经济回报不理想。相当多的学术成果由于受众有限，很难通过市场得到相应回报，需要有各类资金资助才能获准出版，这也使得部分确有学术价值的著作因资金短缺得不到出版机会。即使有出版社或者编辑有推动学科发展的愿望也受制于经济压力而不敢轻易出版。

还有外部环境影响学术出版质量的因素。第一，学术出版评价体系不健全。有时仅以是否入选国家项目、获得多少经费作为社会效益标准，贪大求全，而对其自身的学术价值、在学科发展中的地位与作用等有所忽视。第二，真正经典的"高峰"作品相对不足。有的学者事务繁忙，很难真正潜心科研创作；有的学者面对科研压力，重数量而轻质量；有的学者受评价体系导向影响，或者考虑到创作学术著作的"性价比"不高，对学术出版书稿缺乏足够的重视等，种种因素导致真正具有重要学术价值、深远学术影响的原创经典成果数量不多。第三，学术成果与实际脱离。有的学者长期专注于理论研究，对现实关注不够，研究成果与实际情况相去甚远，学术成果很难转换成生产力，在为社会服务、推动社会发展方面还有待进一步加强。

主持人：马骏总结得很有条理。我发现一种现象，同样是学术出版，出版社是不是更重视大部头作品一些，而对单本的或一般性的学术出版关注与投入不够，是这样的吗？

胡程立：出版社在评价学术出版成果时，和部头大小并没有直接关系，重点考察的还是出版物的社会效益。国家出版基金在进行资助时，对项目大小也是搭配进行的。

李佳：这种现象的确存在，也的确影响了学术图书出版的发展。不过，目前从主管部门到出版社都已关注并正在积极地解决这个问题。国家基金近年来对小部头图书的资助范围和力度明显加大；国家科学技术学术著作出版专项资金主要资助单本著作；省级基金如湖北省公益出版专项资金对单本图书的资助面也较大；出版社方面也在调整，比如湖北科学技术出版社的“长江科学技术文库”就是为单本、高端学术著作出版而策划的，其中多册单本获国家级奖项。

马骏：主持人所说的现象在出版社也还是有一定的普遍性的。相对而言，大部头的作品更容易引起社会关注，带来更大的社会影响，获得更多的资金资助等，在有限的申报名额或出版机会下，部分出版社做出这样的选择也可以理解。但就学术价值而言，小部头的专著质量不一定就低于大部头的图书，有时甚至更高。而且从学术积累、学科发展的角度来说，也需要一大批学术成果作为支撑。我们多次对各类评选做出呼吁，希望能对小部头的优秀学术著作给予更多支持。这两年国家出版基金专门针对小规模的学术成果增加了申报名额，非常受大家的欢迎，希望在此基础上有更进一步的引导与支持。

主持人：高校是学术出版的重要来源。但目前的评价机制似乎也不太利于专注于原创的科学研究工作者，包括教师。任博士在高校工作，大家对此有什么感想吗？

任丽红：受大家讨论的启发，我也说点个人意见吧。学术出版依赖学术研究的繁荣，但大部头的或厚重的原创作品来自专家多年的积累，要有“板凳一坐十年冷”的精神。但目前高校的考评机制却使老师们有点急功近利，社会上的浮躁之风在高校也有表现，也有“专著不如论文”“论文不如随笔”之说。当然，话又说回来，愿意坐冷板凳的专家还是有的，优秀的学术专著也不断呈现，倒是出版社是否有用多年的支持换取一部好稿的眼界与耐力呢？

胡程立：我在高校出版社工作，对高校的科研考核也有所了解。一般来讲，理工科重论文而轻著作，文科则是论文与著作并重。不太科学的是很多高校习惯于以出版社的等级来评定学术著作，而出版社的等级评定是动态的，因此这种标准的合理性值得考虑。

马骏：对高校及科研机构的学术评价侧重论文指标、课题经费等固然有其合理性、必要性，但客观上也造成了科研工作者对于学术专著的忽视。例如，设立于2007年的国家出版基金，作为继国家自然科学基金、国家社会科学基金之后的第三大国家基金，十来年只有3000多个项目入选，年均300个左右，立项数量大大少于国家自然科学基金和社会科学基金项目数①，但在科研机构和学者心中的地位远远不如自科基金和社科基金。

罗萍：我曾在少儿出版社工作多年，学术著作出版体会不深。但少儿出版社的《世界幼教名人名著》的作者基本来自某大学教育学院的专家教授。因为绩效考核的原因，年轻教师们对该套图书编撰工作的积极性不高，最后参与进来的全是退休或者临近退休的教授们。

主持人：大家所说的学术出版支撑体系与作者队伍建设其实就是学术出版服务转型中的重点问题。有什么办法可以解决学术出版目前遇到的困难吗？服务转型具体应该如何操作呢？

胡程立：我一直在从事传统的学术图书出版工作，工作的重心就是重要项目的策划与执行，过去常常将争取出版经费的资助作为目标，因为只有这样才能保证项目略有盈余。目前也正在思考能否在传统出版资源的基础上进行数字化的转型。转型中出版社的优势并不在于提供各种先进的手段，这一方面可由技术服务商来提供，我们的核心竞争力也就是出版社应该坚持的是要做优质内容的提供者。

李佳：我认为需要整个行业的努力才能解决学术出版转型面临的问题：一是尽快制定相关的评审机制与评价标准；二是积极创新收费服务模式，目前流行“绿色开放存取”“金色开放存取”② 等，后者由作者买单的

① 近年来国家自然科学基金和社会科学基金年均立项数分别为16000多项和3000多项。

② “绿色开放存取”指科研人员依然在传统（付费订阅）学术期刊上发表论文，但出版商会在论文发表一段时间后在网上发布作者原稿，供读者免费阅读。“金色开放存取”指作者付费后才能发表文章，并可以即时面向读者的网络出版模式。这种开放获取模式的显著优势在于，可以立即向读者开放，没有任何限制。但谁来付费是最具挑战性的问题。在某些案例中，资助机构或政府项目会满足出版费用的要求。但在大多数情况下，费用的负担最终都落在作者肩上。

机制可能会抑制学术出版的热情，如科学出版巨头爱思唯尔（Elsevier）因为收费机制不公曾引起消费者的抵制，应该给我们一些启示；三是创新服务渠道，比如与图书馆联合开展学术出版服务、策划学术“MOOK”（期刊型图书）加强实效性等；四是充分利用新媒体、新技术，如湖北科学技术出版社出版的《神经系统疾病三维影像融合技术、应用及图谱》，读者通过扫描书上二维码可以观看到相关的医学影像视频，提升了著作的实用性。

马骏：我同意二位的观点。首先，应该加强专业化运作，有所为有所不为，根据自己的出版优势、编辑力量、产品规划，选择合适的学科领域深耕，同时注重对编辑队伍的专业化建设，业务能力的提高，形成自己的竞争优势和品牌特色。其次，提高出版质量和效率，减少无效、低效出版，尽量不出平庸之作，提高出版门槛，扶优汰劣。也可考虑与相关学术科研机构建立战略合作关系，实现优质资源的深度融合。可联合同类出版机构，参照学术期刊的评审机制，建立学术著作评审平台。我认为，学术出版服务转型除了对上游作者的服务转型外，也还可以从如何为下游读者提供更优质的服务方面加以探索。

罗萍：改变高校、科研院所对科研人员进行的绩效考核办法，加大学术著作所占比重，鼓励高校教师和科研人员出版学术著作。

主持人：大家的交流很有价值。随着出版业转企改制工作的深化，互联网、新媒体业态的出现，学术出版也进行了相应的战略调整，你们的日常工作有变化吗？

马骏：我们在工作中主要探索如何应用新的数字技术，采用“互联网+”思维，实现出版单位和科研单位、传统媒介和新媒体的创新融合，包括出版方式、呈现形式、合作模式、盈利模式等。

李佳：工作中的确有变化。比如前面提到的二维码图书的出现，整合数据库等新媒体、新技术的应用；细分市场步伐加快，面向特定群体的定价和营销策略推动了数字出版的市场化，调整定价模式和营销策略后也有学术书成畅销书，如中华书局的《史记》，平装本和精装本相加已销售近50000套，湖北科学技术出版社的《王忠诚神经外科学》也创下了重印11次的奇迹；很多平台支持用户通过大数据智能分析，预测发展趋势，用户基于专业认识和个人理解获取“私人定制”式的知识服务……但在资源发现机制、信息分析工具开发等方面还有许多工作要做。

罗萍：除了在图书上增加二维码外，有的出版单位在职业类学术著作出版时还配套出了教学视频和PPT。

主持人：大家已经就学术出版的类型、困境、服务模式、转型等进行了充分的讨论。你们对学术出版数字化发展现状及前景有什么看法吗？学术出版数字化对其服务模式将产生怎样的影响？

李佳：其实早在2012年，不列颠百科全书公司就宣布，不再出版已有244年历史的印刷版《不列颠百科全书》，转而大力发展电子版业务；自2013年起，爱思唯尔在中国的电子书销量就已超过纸质书；浙江大学出版社数字出版在“十二五”期间已达一亿元，收入达几千万元，“十三五”末，数字出版有望达到其总收入的25%～30%……这些都表明出版数字化正在蓬勃发展，中国新闻出版研究院现在也联合中国人民大学书报资料中心等单位共同发起成立了中国学术数字出版联盟，目的就是推动学术出版的数字化，前景可期。学术出版的数字化有很丰富的内容，包括数字化工具给出版服务带来新的内涵，通过出版信息服务平台建设和出版大数据的收集与反馈，可以精准获知读者需求，可以为学术研究全程提供全方位支持；数字化营销为出版服务带来新的活力，网络众筹、纸电同发在为读者提供多种选择的同时，也为学术出版服务提供了更多可能性。

马骏：关于学术出版数字化对服务模式的影响我认为体现在多个方面：如选题策划上，可借用大数据来搜集信息，了解学科动态，掌握作者信息，建立专家库；在评审环节，可建立评审平台，对书稿进行价值判断和筛选；在书稿加工环节，通过数据库等工具，核对资料和查重，提高编辑效率；在营销推广环节，借用大数据实现精准营销、点对点推送，及时搜集读者反馈，便于出版方、作者、读者之间的互动；在产品设计方面，以大型数据库为基础，根据读者需要提供个性化服务，包括多种产品形态、便捷的搜索、定制化产品等。

胡程立：目前，出版社的数字化转型仍在投入阶段，盈利模式并不清晰，学术出版数字化应该是大势所趋。随着技术的发展和人们阅读习惯的转变，如何便利获得信息给传统出版带来压力与挑战，传统纸本书的形式已经不能满足读者特别是青年一代读者的需求。但学术出版的数字化绝不是纸本图书的电子化，而是依托内容优势搭建一个数字化平台，以提升和优化学术出版服务。

主持人：非常感谢诸位参与本次学术出版服务转型沙龙的讨论。大家的发言既有工作实践的总结与提炼，又有对学术出版数字化等问题的理性思考，为我们认识当前出版社学术出版服务转型的现状与未来打开了思路。下期，我们将探讨互联网、新媒介、数字出版等给编辑工作模式带来的变革。我们下期再见。

现代出版与编辑模式改革

吴平　章雪峰　罗萍　任丽红　李佳
胡程立　马骏　伊静波　刘丽刚①

摘要： 随着出版社内外部环境的变化，编辑模式也正经历着变革。本文结合编辑实务，以沙龙的形式就编辑考核制度、编辑专业化水平提升、自媒体、数字出版对编辑模式产生的影响等新时期编辑模式的创新与改革进行了探讨。

关键词： 编辑；编辑模式；改革

主持人：欢迎各位参加本期的学术沙龙活动。今天，我们讨论的是编辑工作模式这一主题，大家都在出版社工作，又都是做编辑的，相信会有很多话想说。

罗萍：今天讨论的话题我很有兴趣，因为编辑工作模式不仅涉及编辑，而且关联新的出版技术对我们的影响，包括对编辑工作的考核、对新编辑的培训等方面。实际上是一个常谈常新的话题。常规出版模式下编辑的工作流程是：收集信息、选题策划、选题论证、组稿、审稿和编辑加工、图书发稿（申报书号和图书在版编目）、整体设计、校对、印前审读、印前论证、图书印制、图书营销（媒体宣传、市场预热、营销活动）、稿酬处理（计算与上报、核发）。

伊静波：我认为在出版数字化转型、融合、发展的背景下，编辑工作

---

① 吴平：华中农业大学副校长，武汉大学教授、博士生导师；章雪峰：湖北科学技术出版社总编辑、编审；罗萍：湖北科学技术出版社高教编辑部主任；任丽红：华中农业大学农业经济管理方向博士生；李佳：湖北科学技术出版社总编室主任；胡程立：武汉大学出版社学术出版分社社长、副编审；马骏：湖北人民出版社总编助理、副编审；伊静波：上海外国语大学出版社；刘丽刚：新世界出版社副编审。

模式面临着变与不变的挑战。不变的是编辑工作的基本原则与制度，如选题审批制度、“三审三校”制等；变的是面对出版技术革新的编辑流程，面对读者需求的编辑内容，面对新媒体传播渠道的编辑营销。首先“变”的是编辑工作理念，然后各出版社出台各种编辑工作新规定，从选题建议表到营销策划书，从讨论决策和营销推广等都发生不同程度的改变。

主持人：你们二位开了一个很好的头。一般而言，编辑工作模式在新的编辑出版技术改革下可能会发生一些变化。但听说不同的出版形式，比如常规出版、资助出版也会对编辑工作模式产生影响，是这样的吗？

胡程立：主持人所说的便是我们称为全权出版和资助出版的两种形式。全权出版一般由出版社承担所有成本，并向作者支付稿费；而资助出版一般是出版社从企业经营的角度，考虑到某些图书品种的盈利能力相对不足，同意接受外来资助的一种出版模式。这些资助有可能来自个人，也可能来自院校、企业、政府部门。前者有利于出版社用心经营品牌，培养长线产品，编辑模式没什么改变。而资助出版可以从两方面来看：一方面，来自政府部门的资助多半是评定项目后下拨的，有严格的财务管理和使用办法，对精品力作的出版是有力的支持；但另一方面，它导致出版社陷入短视的怪圈，资助出版的图书，编辑模式虽然改变不大，但质量良莠不齐。也有人认为它是一种编辑模式的改变。

马骏：我认为这两种出版形式在出版标准和出版流程等方面基本是一样的，对编辑工作模式没有太大影响。

章雪峰：这两种出版形式之所以有人认为不同，是因为有些编辑过于依赖资助出版，特别是依赖于那种没有事后考核及质量要求的个人资助出版，满足于个人资助出版中的那点小小的经济收入。这样的编辑多了，既带来了编辑选题策划能力、图书市场分析能力、一般图书运作能力的丧失，也会对编辑工作模式产生深刻的影响，导致积重难返的被动局面。我认为这样的资助出版，会废了编辑的“武功”，时间长了，也会废了出版社的“武功”。

李佳：资助出版，因为印量较小、学术性强、审稿难度大等原因，有可能出现审稿不严的现象。总局近日重申“三审三校”制度，并正在开展“三审三校”制度执行情况专项检查，正是要杜绝审稿标准不统一的问题，严肃出版流程。但也要看到，有些学术精品有可能一开始也是资助出版项目，这就要考验编辑的眼光了。据我所知，广东科技出版社出版的《黄氏理伤手法荟萃》一书原也就是资助出版项目，编辑慧眼识珠，认真打磨，最终荣获了中华优秀出版物奖。

伊静波：同意李佳的观点。资助出版的项目也不一定都是质量差的，有些出版社设立了开放式的“国家社科基金项目优秀成果丛书”，在专家外审环节严把学术质量关，也可以获得一些好稿的。有的选题不错但文字质量不高，编辑会和作者一起不断完善，使之符合出版要求。一个优秀的出版社需要这样做。

刘丽刚：这两种出版形式对编辑模式基本没有影响。作为正式出版物，所尊崇的编校质量标准必须是一致的。但对于资助出版来说，编辑在大众市场前景的论证上，肯定是不如常规出版那样必需和严格，也就是说，它的销路不需要走常规渠道，往往是定制或者包销。但编辑出版流程不能减省，必须尊崇选题论证程序和“三审三校”流程，当产品制作出来，它的编辑业务基本就已经完成。

主持人：大家旗帜鲜明的态度已经表明了不管哪一种经费资助的出版形式，编辑模式都不应改变。在你们各自的出版社里，区分策划编辑与文字编辑吗？两者是如何进行分工和协作的呢？

马骏：策划编辑和文字编辑的分工是现在很多出版机构普遍存在的一种方式，对于专业化、团队化、流程化运作起到了很大作用，有利于培养编辑工匠精神，有利于提高出版效率，也有利于充分发挥骨干编辑的示范带动作用，体现出更大的价值。

章雪峰：策划编辑类似产品经理，主要负责选题的策划、图书生产制作推广全流程的总体设计掌控；文字编辑则多是在策划编辑的指导下，对书稿的文字进行审读加工，在确保图书编校质量的基础上，对文本进行优化，使其更能体现策划思想。两者是相互配合、分工合作的关系，工作重点各有侧重，但又是互为补充，密不可分的。相对而言，策划编辑处于先导和核心的位置，是图书的设计师，相当于大脑；文字编辑处于辅助地位，确保策划编辑的思想在书稿中得到贯彻实施，类似于四肢。

刘丽刚：我所在的华语教学出版社，属于教辅类出版社，是有明确的策划编辑和文字编辑之分的，对于发挥编辑各自的特长很有好处。但在实际的操作过程中却有一些矛盾需要解决。如出版周期，策划编辑认为，前期工作已经完成，文字编辑仅看文字怎么需要那么长的时间？文字编辑则认为，稿件质量太差，又无权退稿，只能慢慢细致地做加工整理，过不了编校质量检查关，自己还要承担所有的责任，宁可慢也不能出错。我认为应建立双向选择机制，形成优势互补、互相支持的状态。

胡程立：在我们社并未严格区分策划编辑与文字编辑，而是注重体现各自专业的特色。二者如果合作得好，有利于提高出版效率。然而，在现实生活中，策划编辑案头工作做得少，对书稿的把握不足，这就像医生给病人看病，脱离了临床经验的积累也是行不通的；文字编辑主打对内的工作，在对外工作的配合上可能也会跟不上策划编辑的步伐。

罗萍：长江传媒下属的几个出版社，制度上都没有明确区分策划编辑与文字编辑。只要是获得中级资格能独立担任责任编辑的人，都可以策划图书，成为策划编辑。不过在具体工作实践中，由于各出版社编辑室主任策划能力较强，实际上担当了策划编辑角色。新编辑则主要负责审稿和文字加工。策划与文案的利润，会根据各自在项目完成过程中的付出程度不同而进行分割，有的五五分成，有的六四分成。

伊静波：策划编辑和文字编辑不可能截然分开，策划编辑仍然需要负责一定量的文字编辑工作，这不仅是事业部工作量的安排问题，也是为了更好地了解和掌控所策划图书的质量问题。比如系列教材或者丛书，策划编辑要负责第一册，确定好前言文字、版式装帧、封面设计等，其余的分册则分给不同的文字编辑，后者按照统一的要求开展工作。策划编辑和文字编辑也不是固定的，策划能力和文字编辑能力是每一个编辑都应该具备的能力。

李佳：随着编辑内涵的不断拓展，编辑的分工也越来越细，除了上述两种角色，还有营销编辑、审读编辑、数字编辑等，需要实时调整定位和工作模式，才能够适应出版工作的需要。

主持人：大家讲得很好，既有理论又有实践，既有现实工作重点又有适时调整定位和工作模式的要求。编辑工作模式与编辑考核制度有关系吗？后者的导向性会不会引起编辑工作模式的变革？

胡程立：编辑的考核制度应该具有“枪杆子”效应，指哪儿打哪儿，如果考核制度制定得不合理，会造成编辑工作围着考核转，对编辑的个人发展和企业的生存都是十分不利的。一个设计合理的编辑考核制度应该既体现编辑工作内部分工优势，又强调团队互补。而且文字编辑、策划编辑、营销编辑，应各自有一套考核的办法。从考核编辑所做图书的效益来讲，社会效益和经济效益也应区别考核。尤其是重社会效益的图书，其指标难以量化，需要编辑考核制度上能有更多的倾斜。

刘丽刚：出版社对编辑的量化考核更多一些。策划编辑主要考核入库码洋、回款实洋，文字编辑主要考核文字量和编校质量。其实二者是不可分割的。如果在考核上绝对地分开，势必会造成各自为政、以自我为中心的局面。在此基础之上，还应全面地进行衡量，制定合理的、有激励性的考核政策。

伊静波：编辑考核制度可以分为编辑部考核和编辑个人考核。出版社考核编辑部（事业部），比如新书品种、出版完成情况、板块销售码洋、利润等量化内容，也有人才队伍建设等非量化内容。编辑部（事业部）再对编辑个体考核。以快捷、聚焦、个性为特色的互联网背景下的编辑工作不能单打独斗，一本书从策划到出版需要多元化的营销方式，这都不是一个编辑可以完成的。制定合理的编辑考核制度是编辑管理工作永恒的话题。

罗萍：出版社对新编辑通常会实行两到三年保护期政策，在此期间编辑拿基本工资和业编业校费；对通过初级考试的编辑，对其考核的指标涉及每年策划新书品种数、发稿字数、净利润、版权输出种数（针对特定的对外合作编辑部门）、图书获奖数（国家及省部级别奖励、行业奖励）、图书质检通过率等。每一项指标的权重，都会随着国家政策变化和新闻出版管理部门的相关意见而有所侧重。例如：净利润指标完成情况，是编辑考核的重中之重，近年来在指标权重中占比较大；随着国家“一带一路”政策的制定，各出版社对编辑的版权输出奖励增加了不少；近年来增加了各级别的图书质量检查，对编辑图书质量合格率的考核空前严格。

马骏：在市场需求多元化环境下，编辑的分工更加细化，如策划编辑、文字编辑、营销编辑甚至产品经理等，职责有很大差异，也更加需要团队合作。因而对编辑的考核不能一概而论，不可能是一种统一的模式。

至于编辑考核制度的设计，我觉得可以明确一些大的原则：一是以量化考核为主；二是和具体的岗位职责挂钩，设置多元化的考核标准，不可一刀切；三是将编辑个人考核与团队考核相结合，鼓励团队化运作；四是将阶段目标和发展目标相结合，鼓励编辑自我提升。当然，针对不同出版社不同的特性和发展方向，在考核指标中也可设置一些引导性指标，以利出版社阶段性目标的实现。

主持人：马骏提出的这四项原则很有指导意义，希望在编辑考核中能发挥作用。众所周知，国家新闻出版广电总局今年6月颁布了《网络文学出版服务单位社会效益评估试行办法》，明确要对网络文学出版服务单位进行社会效益评估考核；它对出版社、对编辑工作有影响吗？

李佳：出版单位社会效益考核已在几个省试点。新闻出版单位社会效益考核指标比重的不断提升是不可逆转的趋势。上海市新闻出版局组织的出版社社会效益评估已开展了十余年。早在2004年，他们就建立了上海出版单位社会效益评估体系：每年3月至10月，经自评、专业协会考核、专家综合评估等形成上海38家出版社的社会效益评估报告。它们的考核指标包含：出书结构、内容和装帧质量、编校质量、突出成果和违规活动。前三项为基本分，共100分，后两项分别为加分和罚分。其中，出书结构包括重点书比例及完成情况、重印书比例及完成情况、业务范围内需要确保比例的主要品种或门类完成情况及四年规划和特别任务完成情况等占40%；内容与装帧情况占45%，编校质量情况占15%。这在全国出版界都很有影响。

伊静波：我在上海对此感同身受，正如李佳所说。上海市新闻出版局每年对上海图书出版单位进行社会效益评估排名，出版社依据出版局评估体系中的相关条款又对编辑展开类似的考核。多是依据图书立项级别、获奖级别等给予相应的权重，在引导编辑关注图书社会效益方面发挥了很好的作用。

章雪峰：目前的编辑考核制度偏重经济指标的居多。像上海市新闻出版局注重出版集团、出版社的社会效益，进行的专门考核是一种积极的、可喜的现象。我认为对编辑个人的考核，也应该参照出版社的整体考核制度，从社会效益、经济效益并重的维度去设计，把编辑从沉重的经济压力下解放出来，让真正贡献了社会效益的编辑也能享有个人的经济收入和社会认可，从而把精力真正用到多出好书上来，不断提升自己的可持续发展能力。

主持人：上海出版界的社会效益评估体系的确很具有示范性。随着出版产业和印刷技术的快速发展，出版业已进入了一个专业化程度越来越高、细分市场越来越多的发展阶段，对编辑专业化的要求也越来越高。请问各位在提高编辑专业化水平方面有何高见？

李佳：年初上映的电影《天才捕手》在出版界引起了广泛讨论，“大神级”编辑珀金斯引发了我们对职业要求的反思。要想成为一名合格，进而优秀的编辑，终身学习非常重要，编书不看书是很可怕的。提高编辑技能有很多方法：可以随手拿个小本子或者用手机记录所收集到的权威审稿标准、易错字词句；经常研究别人的审稿记录，不断更新自己的编辑加工标准资料库；多关注行业资讯、研究已出版的图书；经常性地参加行业会议，增强自身与作者对话的能力。还有很重要的一点，编辑要能“混圈子”，即积极融入相关的领域。很多编辑本身就是专业领域的行家，如湖北美术出版社有一位同仁，既是年轻有为的美术图书编辑，又是不少绘画技法类书籍的作者。

罗萍：我跟李佳想法一样，编辑首先是个终身学习的职业。其次，在一本书的出版过程中，编辑要应对和解决各环节遇到的新问题。再次，还需要出版社和行业协会经常开展编辑业务培训与交流，组织业务技能大赛等活动，不断提高编辑业务水平。

马骏：人们通常说编辑是杂家，但就个人体会，若想有所成就必须先成为专家，应当是专家基础上的杂家。编辑的专业化主要包括三方面：一是传统的基本功，比如政治把关能力、选题策划能力、语言文字能力、市场敏锐性、营销策划能力、审美眼光等等。二是专业出版方向，即根据自身的专业背景、兴趣爱好、出版社发展方向等明确自己的出版领域和方向。这与个人受教育的经历和素养有关，在某种意义上是编辑的童子功。进入出版行业后，应快速掌握出版业的基本知识，提高编辑专业能力，并不断增强自己的看家本领，成为专家型编辑、学者型编辑，在此基础上向杂家发展。三是适应“互联网＋”时代发展的新技术应用能力，如数据检索分析能力、信息整合能力、多媒体加工能力、网络营销能力等。编辑只有以开放的心态不断学习，并在实践中加以运用，才能适应时代的发展。

刘丽刚：我同意马骏的观点。除了保持终身学习的热情外，还要对自己的能力和特点有清醒的认识，有意识地、主动地、持久地发展自己的核心能力。每个人的天赋是不同的，在经过杂家编辑模式的培养之后，如何让自己在某一个领域有发言权，有独到的专业眼光，非常重要。我有一位朋友爱学习、爱读书，工作中对各年级语文教材十分精通，且在中小学生作文学习方面也很有兴趣，甚至经常借助网络平台在线进行作文修改、点评与培训，很多家长和孩子们都把他当作这方面的专家了。这是一个很好的例子。

章雪峰：提高编辑专业化水平，除了正常的学习和培训之外，最重要的是实战训练。要把有培养前途的编辑，放到市场一线去实战，让其真正感受市场竞争的残酷无情，真正感受战场拼杀的血流成河。只有从血泊中站起来的，才是最强大的战士；只有从市场中杀出来的，才是最强大的编辑。国有出版社甚至可以把编辑送到民营出版公司去学习，至少一年。

胡程立：我强调四个字："顺势而为"。即突出专业特色，适应新的技术手段，积极开拓视野，转变工作思路。

主持人：我们已经从编辑模式的讨论引申到了不断提高编辑工作水平、强化编辑培训的范畴，说明大家对目前的编辑专业化水平和工作能力还有很多期待。有种观点认为目前编辑培训内容陈旧，针对性不强，不能满足编辑工作与市场的需求。请问您怎么看？对加强编辑培训方面您有何良策？

马骏：主持人所说的问题在目前的编辑培训中的确存在，具有一定的代表性。有不少编辑反映，有的授课内容和他们十多年前刚入行时所接触到的差不多；有些老师所举的案例时代久远而且较为雷同，都是大家很熟悉的；还有很多培训都是讲的一些常识性内容，对于编辑的专业化和时代性需求考虑不足，针对性不够。

罗萍：编辑培训不要走过场、炒冷饭，要有所区别。可以根据不同年资的编辑进行分类培训，也可以根据不同专业编辑进行分类培训。培训老师也要定期更新，不能几年都是老面孔。还要兼顾大专院校、行政管理部门、出版企业高管等培训师资的合理搭配。课程内容设置上要能接地气，确实对编辑工作实践具有指导意义。

刘丽刚：要注意提高培训的针对性，如请民营公司的总编辑、畅销书的策划者来做策划培训；请总署的质检专家来做图书质量培训；还可以特邀文字功力深厚的老专家、老编辑等来做专题培训，等等。

胡程立：每一次培训的对象可缩小范围。例如，针对新编辑的，针对数字出版的，针对图书质量控制的，等等。培训的形式可以多样化，既可以是封闭式学习，也可以是在线教学、微课等；培训的内容应紧跟时代，体现业界前沿动态，忌空谈理论、纸上谈兵。

李佳：编辑的学习途径是多样化的，单一的形式容易“营养不良”，除了有选择地参加业内组织的培训、自学等方法外，有一位好的师傅带领和引导非常重要，好的出版社一定是老中青搭配合理的，是有传承的。黑龙江科学技术出版社曾特别邀请退休资深编辑协助新编辑进行重点项目的策划与实施，最终其选题《儿科学》成功获得国家出版基金资助。在这一过程中，新编辑的策划能力、沟通能力、项目申报能力都得到了明显提升。

伊静波：我认为编辑业务培训还可以做两方面的工作，一是建立编辑资源库，由内容资源库和业务资源库两部分构成，资源库的建设者和用户都是编辑，即把自己的编辑心得和成功的案例分享到平台上，让资源库成为最好的培训师。二是加强新出版融合技术的培训，邀请介入出版行业比较成功的互联网科技公司来交流，这种交流不仅是技术应用培训，更重要的是理念更新。

主持人：大家谈到了培训的内容、时间、方式方法等具体事务，很有建设性。我了解到目前部分出版社实行了新编辑导师制，即由老编辑“传帮带”新编辑。你们怎么看编辑导师制？在实际工作中发挥的效果如何？

伊静波：编辑日常培训的形式主要有三种：“传帮带”“引进来”“走出去”。“传帮带”指老编辑带新编辑，“引进来”即请编辑理论和实务专家来做讲座培训，“走出去”是参加各种行业协会的编辑工作培训或者到其他出版社去考察交流。这三种形式确实发挥了重要的作用。

罗萍：编辑工作是需要“传帮带”的，导师制是一种个性化的编辑培养制度，针对不同的个体进行定向培养，对新编辑的成长大有裨益。编辑导师制也是出版社的编辑教学制度，师徒相授可以使新编辑更快熟悉和掌握编辑工作流程、工作规则，迅速进入编辑工作状态。

胡程立：出版社的“传帮带”是可以继承和发扬的优良传统。应积极倡导导师制，恢复新编辑的学徒期。一个好的师傅，会帮助新编辑尽快进入工作状态，养成良好的工作习惯，这是受益一生的。

马骏：我初入行时也是有指定的老编辑“传帮带”的，这种培养模式是经过实践检验具有积极作用的，值得传承。但在实施编辑导师制中，有几个方面的问题需要考虑：一是在骨干编辑自身工作压力已经很大的情况下，带新编辑的精力如何保证。二是在对图书质量要求越来越严格的趋势下，导师和新编辑的职责如何划分。三是对于导师的“传帮带”效果怎样进行评价和奖励。四是如何协调部门管理和导师管理之间的关系，以及导师和新编辑个性、经历、时代等方面差异带来的在理念、思维方式和工作模式等方面的分歧。以上这些，需要结合各社的实际情况，为导师制的实施制定科学、合理、有效的考评、激励、反馈机制，在新形势下不断完善导师制，促使其效果得到更好的发挥。

李佳：就我的了解，社会科学文献出版社、陕西新华出版传媒集团、复旦大学出版社等都坚持实行导师制，湖北科学技术出版社目前也全面推行导师制：导师由资深编审或副编审担任，与新入职两年内的新编辑一对一结对子。出版社对导师的职责，新编辑的培养内容、培养目标（职称考试通过率、出书质量、策划选题品质等方面）都提出了明确要求。导师制的好处在于能够加快新编辑的成长、减少人才的流失、保证出版社优秀传统的传承、加强作者资源的维系等等，我相信，坚持下去，出版社编辑团队的整体素质一定会得到全面提升。

章雪峰：这是在过去编辑行业师徒制基础上的继承与延续，既有利于新编辑尽快融入工作、融入团队，也有利于编辑队伍的新陈代谢，是中国出版业的优良传统之一，也是我所在的出版社正在重新实行的良好制度之一。我们社聘请了有丰富经验和责任心的骨干编辑担任新入职编辑的导师，还专门为他们颁发聘书。新编辑也以他们的朝气、创新思维和对现代技术的娴熟使用引领了老编辑，形成互为师长的良性互动。编辑导师制的效果显著，颇受新编辑的好评。

主持人：编辑导师制的实施是否可以看作编辑模式的回归？编辑模式回归的话题引起越来越多人的关注，部分人认为在提倡编辑工作创新的同时，应保留好的工作模式与传统。请问您怎么认为？

章雪峰：我非常赞同。自从出版社卷入企业化、上市化浪潮之后，编辑的工作模式与传统受到了很大的冲击，有些很好的制度和做法，如编辑导师制、编辑资料室，甚至包括“三审三校”制，都被视为迂腐、保守而摒弃。而这也正是一段时期以来，出版社图书品位降低、编校质量下降的主要原因之一。呼唤好的工作模式与传统早日回归、全部回归。

胡程立：编辑工作模式有进一步探索的空间，例如“三审三校”制度，在新的技术条件下如何更好地实施，就是值得探讨的。

马骏：编辑工作是一项带有个性化、创造性的劳动，以往曾将编辑视为带有手工性质的职业，导师制也有传统工匠师徒制的意义，可以被视为编辑模式的一种回归。在现代环境下，编辑工作讲究专业化、团队化运作，这有利于提升工作效率，弥补传统模式的不足，是顺应时代的发展和进步，有积极意义。我社将项目制视为一种重要的工作模式，如《朝读经典》实施时组建了多个项目组，强调老中青三代编辑的结合。它有利于年轻编辑的快速成长，有利于中生代编辑进一步丰富项目管理经验，也有利于老编辑充分感受年轻编辑的朝气和创新思维，各年龄段编辑互帮、互学、互助、互促，均有较大收获。从提升项目品质来看，年轻编辑精力充沛，更擅长各种现代化检索工具，高效处理核对、核查等问题；中年编辑年富力强，承担了很多管理协调职能；老编辑功底扎实、经验丰富，容易发现风险点与隐性差错。三者优势互补，从不同层面保证了项目的质量。

罗萍：当前各行业都大力提倡创新，但是创新不等于摒弃优良传统。编辑工作的“三审三校一读”制度、“一书一号”管理制度等好的传统不能丢掉，否则就会使粗制滥造、错漏百出的图书流入市场。

李佳：编辑工作需要匠心，好的工作模式和传统是一定要保留和传承下去的。继承和创新永远是编辑模式的两大永恒主题。从继承来看，传统的审校方法、打造精品的价值追求、终身学习的理念是出版行业一直以来的要求，不可废止。从创新来看，编辑确实要不断革新观念，利用新技术、新手段推动编辑模式的创新发展。当前，二维码、AR、VR 图书品种越来越多，也有不少畅销品种，这都是编辑模式创新的成果。

伊静波：新媒体技术条件下编辑模式的变化主要是三方面：编辑组织形态、编辑内容、编辑流程。组织形态上增加了数字编辑，有的还单独设了数字出版中心，他们与策划编辑、文字编辑分工合作；内容上的变化是利用二维码和条形码，将纸书内容与数字内容融合，立体地传递知识；流程上的变化集中在出版节奏的把控上，即需要兼顾数字产品编辑和纸质图书编辑的统一。

主持人：众所周知，随着计算机、互联网和通信技术的发展，科技正在给出版业带来深刻的变革，也催生了自媒体、数字出版等新的出版形式，数字出版呈现蓬勃发展的态势，传统的编辑模式受到挑战，出版社进行了一些相应的调整，请问这种调整体现在哪些方面呢？

罗萍：自媒体、数字出版等新的出版形式对编辑工作提出了更高的要求，各出版社在图书制作和宣传推广方面进行了相应的工作调整。比如在出版高校教材时，考虑老师的教学需求，为老师制作教学视频或者将课件二维码嵌入纸质图书；在出版文艺类图书时，纸质图书与电子书同步推出；在出版体育竞技类图书时，开展网络赛事直播；在出版少儿绘本图书时，通过大V网络直播培训课程，瞬间吸引大量粉丝读者。

章雪峰：据我所知，目前出版社为适应新技术趋势，普遍上线了内部ERP管理系统，还有一些出版社把编辑流程搬到了内部网络上，开发并且上线了协同编撰系统。还有一些拥有特色内容资源的出版社，如医学类、法律类出版社，进行了专业数据库开发的尝试，趋势良好。

李佳：今年2月，由国家新闻出版广电总局出版融合发展重点实验室（武汉）、中国期刊协会、湖北省新闻出版广电局共同启动了首届“出版融合技术·编辑创新”大赛活动，目前正在全面推进。编辑申报有交互功能的选题，主办方协助编辑完成数字资源的转化、对接，最终对入围项目给予金额不等的现金奖励。重要的是，活动推出了一批有创新意义的精品图书。这是编辑模式创新的有力尝试，我相信这样的做法会越来越多。无论是对出版社还是对编辑而言，策划选题之初就应该考虑与数字出版相融合。另外将一本精品图书按照一个IP来打造也许是个好的途径，新书品种不断增加、传统图书销售周期越来越短，用IP运营模式延长图书的生命周期、加强图书的交互功能，也许会有新的机遇。

马骏：出版业是内容产业，不管在传统出版时代还是数字出版时代，内容始终是出版社运营的核心。选题策划—编辑加工—营销传播的基本流程没有根本性的变化，但是在具体的方式上会有很多改变。比如在思维方式上，要善于运用互联网思维来考虑问题，从以图书产品思维为主转为以用户思维为主；在角色定位上，从传统的图书编辑向掌控全程的产品经理转型；在策划环节，利用大数据来收集信息、判断方向、做出决策；在加工制作环节，可以运用多媒体数字技术进行全媒体加工；在传播环节，针对读者需求提供个性化、定制化、交互性、便于利用的多种载体形式，努力发挥 IP 的最大价值；在营销环节，针对用户读者获取信息的惯用方式，采用多种媒体开展多样化、立体化的精准营销；等等。

胡程立：就目前的形势来看，出版社的传统图书出版业务仍旧是主业，大部分出版社专门设立了一个数字出版部门，有的是对现有纸质图书资源的数字化，有的是基于现有的资源搭建数字化出版平台以期探索多元化的发展方式。

主持人：刚才大家所谈又回到了编辑模式上，但并非是传统的简单回归，有了很多新内容、新做法、新改变。真正让我们感受到了时代赋予编辑的责任感与价值感。那么，编辑模式的变化又会给编辑角色带来哪些影响呢？请您结合实际工作谈一谈。

章雪峰：我认为第一个影响是在选题策划阶段，编辑开始从网上找选题。现在几乎没有编辑不上网去“混”豆瓣、天涯这样的知名网站或论坛的，可以从中发现网民欢迎的内容，对选题策划很有帮助；第二个影响是在加工过程中，编辑可以把封面、书名等设计草案提前放到网上，既是征求意见，也是预热宣传；第三个影响是在图书制作完成后，编辑更注重在新媒体领域的营销宣传。

胡程立：出版行业的新事物、新现象给编辑工作注入了活力，也激发了从业者的许多思考和探索。在实际工作中，编辑应该主动去适应这种变化，而不是被动地往前走。我们的工作方式、思维模式，都应该随着外部环境的变化而发生改变。

罗萍：现代编辑，绝不仅仅是组稿、审稿、发稿的文字工匠，而且要成为一个具备项目运营能力（策划、组稿、审稿、成本控制、营销）的复合型编辑。

马骏：在新的编辑模式下，编辑的思维，要从以“我”为主更多地向以用户为主转变；编辑的角色定位，将由信息收集者、简单的文字加工和传播者，更多地向信息筛选者、综合处理者和定向传播者的深度加工编辑转变。

刘丽刚：一个优秀的编辑，不能满足于做市场的追随者，而要立志并努力成为市场的引领者。不但要为客户“做饭”吃，还应该创造新的“菜谱”，让客户有新鲜的体验甚至新的、持续长久的需求。在互联网高度发达的今天，编辑可发挥的空间大大拓宽，理应在更高的层面上来引领市场，引领潮流。

伊静波：作为现代编辑应该具备以下特点：一是更为扎实和深厚的专业知识，有广泛的学界资源，有独到的专业眼光，这可以保证他成为图书选题的引领者；二是对出版新媒体技术有敬畏感，主动学习和了解并熟练掌握，利用技术把图书内容做得更好；三是有强烈的以用户为中心的意识，用专业知识发现用户需求，用“技术＋内容”满足用户需求，用大数据跟踪用户需求，从而创造新的需求。这样的编辑一定是很多出版社需要的。

李佳：一言以蔽之，编辑角色一直以来都是多个岗位和职能的集合体，优秀的编辑要懂策划、善审校、会营销、能学习，既要有审美眼光，还要玩得转新媒体、新技术，我认为，说编辑是最潮的职业也不为过。

主持人：非常感谢诸位的精彩发言。编辑模式有其客观规律，但内涵与外延都会随着外部环境的变化而变化，出版社在应对新环境对编辑模式的冲击时，必将对其内部组织结构和人员结构进行调整。下期我们将专题探讨出版社人员结构再造和流动性这一主题，我们下期再见。

浅议学术出版的专业品质
——基于学术出版的实践

冯会平

（华中师范大学出版社，湖北武汉，430079）

摘要：专业品质是学术出版的生命线。有专长、有专攻的作者，专业、专心的编者和专一、专注的读者共同赋予了学术出版生命力，令其具有学术性、思想性和科学性，从而使学术得以更好地传承下去。

关键词：学术出版；品质；专业

学术出版，强调的是出版的专业特征。前不久笔者做了一次学术图书读者问卷调查①，结果显示：关于目前学术图书的参考价值，有 24％的人认为不超过 70％，有 42％的人认为不超过 50％，有 34％的人认为不到 30％。也就是说，我们的学术出版至少有近 30％是在做无用功，另有 72％的人认为选择购买某一种学术图书的决定性因素是其专业内容。这说明专业品质是学术出版的生命线，出版物的学术性、思想性、科学性是其真正的生命力所在。而学术出版的这一品质是由作者、编者和读者共同赋予的。

一、作者的专长、专攻是基础

专长即专门的学问技能，它是一种相对专一、持久的兴趣。“兴趣是最好的老师”，而专长就应该是研究的导师。真正的学者是有对学术的真

① 这是一种关于学术图书的出版价值、定价标准、购买方式及阅读方式等内容的调查，选取的调查对象注重了代表性，包括出版界的专家、高校的著名学者、科研院所的研究人员和自由职业者等。

爱甚至是痴迷的，他们往往有一种学术情结，有时甚至上升为一种矢志不渝的学术情怀。

如我国著名的文献学家、国学大师张舜徽先生，他一生治学勤奋，博涉四部。虽然学历不高，但他自学成才，长于版本目录、校勘、考据，在经学、小学、史学诸领域均有成就。张先生撰写《说文解字约注》（约200万字），写秃了50多支毛笔。据说他有一个习惯，每天早晨四五点钟起来写作，经年如此。这种坚持肯定不仅仅靠毅力，一定还有对学术的至爱。

学贯中西、博古通今的杰出学者韦卓民先生在1957年突遭厄运后，从居住几十年的校长楼移居一间斗室，工资陡降，生活条件急剧变差，但他从容对待，一心扑在对康德、黑格尔等人的研究上，数年间以惊人的速度译出有关康德的专著竟达10部，达300余万字（同一时期，韦先生还撰写和翻译了4本关于黑格尔哲学和逻辑学等方面的著作达100万字）。那是中国最需要理性的时期，也是韦先生研究成果最多的时期。如果没有一种矢志不渝的学术情怀，在那个年代是难以潜心于学术研究的。

《杨东莼文集》的整理者周洪宇先生，是湖北省人大常委会副主任、华中师范大学教育学院教授、我国当代教育名家、全国人大代表，其工作真可谓日理万机，但这似乎并没有影响周教授做学问，他撰写或主编出版图书40余种，发表论文100余篇，还有很多有价值、有影响的提案。2017年11月17日，国际权威学术期刊《科学》专访了周洪宇教授（这是该期刊第四次专访周洪宇）。后来笔者了解到周教授经常是凌晨两三点钟睡觉，想必他的学术研究也一定是“苦并快乐着”。

我们从这些学者著述的字里行间能读到他们对学术的执着。

做专业研究，专业知识很重要。虽然现在强调学科互涉，也产生了很多边缘学科，但其实那也是以专业知识为基础的。“术业有专攻。”只有在某一学科长久发力，才有可能在这一领域想人所未想，见人所未见，才会有研究视角的独特、方法的独创和观点的独到，体现专业研究的特殊价值。虽然现在高校和科研院所的科研考核存在着严重的重数量、轻质量的现象，虽然学术评价有许多不合理的量化指标（笔者认为，很多研究成果的学术价值是无法用量化的指标来衡量的），虽然很多国家级和省部级的重大科研项目都是“命题作文”，有的申报者在项目获得通过后甚至有“骑虎难下”之感，但真正的学术研究者是可以淡定地遵从自己的内心和专长的。现在大学里有些教授、博导不再热衷于申报各种项目或课题了，主要做自己感兴趣、真喜欢的东西。如华中师范大学马克思主义学院的林剑教授近些年潜心于马克思主义哲学研究，每年都有多篇高质量的论文发表。这才是真做学问，做真学问。

二、编者的专业、专心是保障

现在全国有580多家出版社，大多数都涉及学术出版。其实学术出版是有专业规范和专业要求的。“隔行如隔山。”编辑如果没有专业知识背景，又没有经过较长时间的出版专业训练就做学术出版，就难有专业的敏感性，就容易出现知识性、科学性的错误。如我们在编辑出版《钱基博集》时，曾想请外面的工作室做封面，结果令人啼笑皆非，他们把《孙子章句训义》中的“孙子”的英文译成了“grandson”。此时如果没有专业编辑把关，就会贻笑大方。

“专业人做专业事。”从事学术图书的出版社一定要有自己的专业队伍。我社现在正在编审关于我国农村土改的口述史，由于有的年轻编辑对我国20世纪五六十年代的历史不了解，对当时的一些说法就会很陌生而不明其意，如不知道土改时期的土地分配与改革开放时期的土地承包的本质区别，搞不清交公粮与买余粮有什么不同，也不知道三年困难时期与“文化大革命”时间不一样。即使是有一定的专业知识的编辑，也不可能什么都懂，因为编辑毕竟没有从事专业研究，难免有知识的缺陷和盲点。这个时候就需要编辑勤学好问，包括向同行请教，向作者学习，还有简便易行的网络查询（当然，网上的东西不可全信）。如口述史中有“关金券”一词，估计很多编辑对此都很陌生，但上百度网一查，就知道它原来是国民党统治时期发行的、在其离开大陆前夕宣布废止的一种纸币。如果编辑遇到不明其意的概念、术语，求教一下“度娘”，至少不会对把“关金券”写成“官京卷”的低级错误不理不睬。关于口述史的编审，作者一开始对我们的进度太慢有些不理解，但看到我们三审的书稿和加工记录及修改意见之后说，我们的编辑确实让他刮目相看，并对我们的认真程度和对书稿的严格要求给予了充分肯定。

至于对书稿的政治性把关就更重要了。而对政治问题的把关除了明显的政治观点和政治倾向性错误外，还有隐性的政治问题，这就需要编辑具有专业的敏感性。2017 年结项验收的国家出版基金项目、22 卷本的“高考改革研究丛书”，分卷内容包括中国高校的各种招生考试制度及英、美、法、日等国的高校招生考试制度研究。其中有一本书，原书名为《台湾大学入学考试制度研究》，这个单独看本没什么问题，但当它与丛书名放在一起时，就存在把“台湾”与其他国家并列的问题了，书名就必须改为《台湾地区大学入学考试制度研究》。

学术出版要力戒浮躁的心理，学术图书编辑要静下心，坐下来，切实履行学术出版把关人的职责。这既是对作者负责，也是对读者负责，更是对学术出版的敬畏。

三、读者的专一、专注是归宿

学术出版就是要实施精品战略，保证其专业品质。学术出版市场是小众化的，受众往往出于一种专业需求，读者相对专一。出于专业研究的需要，读者愿意为知识付费，不会太在乎学术图书的价格，学术出版可以实行优质高价。“因为专，可以贵。”如张舜徽先生的《说文解字约注》、钱基博先生的《孙子章句训义》、韦卓民先生翻译的《纯粹理性批判》等专业性极强，只有感兴趣的读者才有需求，才会关注。对此我们深有体会。由于我们在规划 5 辑 24 分册的《钱基博集》时，是计划五年分期推出的，前期推出的 2 辑在学界和出版界得到了一致的认可和好评，多篇独立书评见诸报刊，不少读者盼望后续文集能如期出版。这对于编辑和出版社是极大的鼓励！而对于没有兴趣的读者，图书再便宜也没有吸引力。优质高价才能吸引名作者、好作者和有潜力的作者，编者和作者才可以实现双赢，才能更好地满足专业读者的要求，从而更好地传承学术。

论平台型出版

耿相新

（中原出版传媒集团，河南郑州，450046）

摘要：本文对平台型出版的概念意义进行了详细的讨论；分析了平台型出版的业务模式，并认为其是互联网业务模式的延伸与应用；根据具有代表性的出版平台将平台型出版的商业模式分为三种模式；提出传统出版向平台型出版转型将成为未来出版业的主流。

关键词：平台型出版；业务模式；商业模式

大多数图书出版业者在经历了信息技术和互联网技术革命洗礼后依然没有醒悟，基于移动互联网、智能终端、物联网、云计算、数据技术、人工智能、云存储等一系列新技术组合而成的新平台，正在以覆盖的方式分裂、替代、重新整合传统图书出版产业链、价值链和商业模式，平台如同工业文明时期的工厂、公司，正在以一种经济组织形态席卷各个行业，出版业也不例外。如何应对外部平台的覆盖，如何自觉转型为平台型出版，如何建立平台型出版商业模式正是本文思考的重点所在。

一、平台型出版的概念意义

平台的本义是物理空间概念，是指高于附近区域的平面，是用土筑成的方形的高而平的建筑物，积土四方观四方者曰台，中国自古即有筑台登高望远的文化传统。工业文明时期，“平台”一词又引申为生产或施工过程中为进行某种操作而设置的或固定或移动的工作台，也指可固定工件的机器金属表面。而信息文明时代，“平台”又普遍借指为计算机硬件或软件的操作环境，“计算机平台”一词基本包含三种形式：基于快速开发目的的技术平台，基于业务逻辑反复使用的业务平台，基于系统自维护、自扩展的应用平台。前两者是软件开发人员使用的平台，而后者则是应用软件用户使用的平台。通常来说，基于计算机技术和互联网技术的网络意义上的平台概念一般是指网站。

互联网是指将计算机互相连接在一起的全球性互联网络。分为基于PC端的PC互联网和基于移动端的移动互联网两种联接形式。而网络平台随之也分化为两种不同的呈现方式。移动互联网是将移动通信和互联网结合为一体的新技术和新业务组合，网络平台随着技术进步正由网络向智能移动端的应用程序转移。无论是网络还是App Store，此平台都是虚拟的。平台进一步进化为供不同群体交流互动的虚拟空间。平台的属性由此而被赋予更多的外部性、互动性、经济性、娱乐性、目的性，平台的概念再次突破物理空间的本义。平台已经成为互联网时代市场资源整合和商业模式创新的具化形态。因此，我们将平台定义为存在于物理世界或虚拟网络空间的交流交易场所，该场所引导或主导参与双方或多方互动交易实现共享共赢。具体到网络出版平台，我们可以将其定义为基于互联网的在网络上应用的汇聚知识、展示知识、传播知识、交易知识、促进群体互动的，满足客户多种需求的专业交流网站或应用市场、App Store。

物理概念下的平台蕴含着不同人群聚会交流、演出娱乐、交换交易的意义，在平台上活动的人群具有不同的身份特征，譬如作为平台之一种的舞台，活动于其上下的人群则包括演员和观众两种身份。活动于平台上下的人群至少是双边的，但更多的情况则是多边的。由舞台而理解平台，平台具有连接不同群体的媒介性质。平台具有的传播意义于此显而易见。以此视角去观察传统的出版机构，我们则可以毫不犹豫地判定出版机构实际上就是一个连接作者与读者的传播平台。与舞台所不同的是出版机构不能或很难将作者与读者组织到一个固定场所实现传播或交易，出版机构需要借助书籍这个媒介，需要通过第三方批发店和零售书店才能实现传播和交易。因此，传统的出版机构是个发育不充分的、有缺陷的、不能直接交流与互动的传播平台。

以传统出版机构为中心的传统出版平台的缺陷主要表现在三个方面：首先，出版机构无法有效管理出版产业链的上下游，作为内容价值的创造者——作者，基本上是以个体或小团体存在的，完全游离于出版方的管理；而作为内容价值的实现者——读者更是如满天星斗，出版方也基本无法了解读者的各种信息，无法有效联接出版价值链上的两个关键群体，无法使之互动，无法有效获取信息是传统出版产业链的最大缺陷。其次，传统出版产业链上的产品生产者与销售者是分离状态且利益相关方过多，造成过多的交易困难，一部书稿从工业化印刷厂复制，成品转回出版机构仓库再到批发店、零售店，环节多且信息不畅，而出版物寄销制的交易制度性设计将经营风险完全转移至出版机构，出版机构无法稀释风险，从而造成大量库存积压或不能及时满足读者用书需求，这种来自行业内部的伤害造成全球性的出版产业无法健康成长。再者，传统出版机构由其知识密集型和劳动密集型两种基本属性所决定，出版行业的手工加工性质与工业化机器大规模生产之间的基本矛盾始终无法得到全面有效的解决，单体出版机构很难做到规模化生产。即便是跨国的大型出版集团，其内部生产组织也是由小单元的编辑加工部门组成的，编辑的个体工作性质与农业文明的家庭作坊比较类似，但与工业文明工厂化生产方式则显得脱节或力不从心，不能有效整合编辑生产要素而形成大规模生产是传统出版行业的又一缺陷。由于传统出版产业链的诸多缺陷，出版转型的内在动因有其难言之隐的无奈性。

由于出版具有联接作者与读者的中介性质，传统图书出版与互联网平台具有较强的契合性。互联网平台最大的特点是能够有效联接两个或两个以上的群体在同一个虚拟场景里互动交流交易，这一特点就如一剂良方，可以十分有效地消弥传统出版产业的原有缺陷，从而让传统出版机构从传统出版平台稳健地转型过渡到互联网新平台。首先，互联网平台为作者、出版业管理者、编辑、读者提供了一个可以 24 小时互动交流的空间。如果此平台是由出版机构建立的话，出版机构的管理者则可以据此有效了解作者动态、读者需求等一系列信息，并且可以进一步有目的地系统管理作者和读者群体，将产业价值链的上下游群体真正地纳入出版产业链管理体系中，从而形成真正的价值共同体和利益共同体。其次，互联网平台的交易功能颠覆了传统出版物的交易流程，并且重新确立了一套新的知识交易模式。在纸质出版物领域，互联网平台合并了出版商、批发商、零售商的交易功能，可以直接实现与用户交易。通过第三方平台交易，至少是减少了批发商的环节。在数字出版领域，互联网平台则可以直接实现产品与用户交易，出版商与销售商分离的利益矛盾从某种程度上可以得到缓解甚至可以从根本上解决。目前，出版商与书商、平台商的矛盾未能有效解决，究其根本原因在于出版商出版平台还过于弱小，还无法形成联盟、形成实力与新的数字平台商、互联网平台商相抗衡。再者，互联网平台的外部性特征，让新平台成为聚集、整合各种出版资源的虚拟空间，它可以将全国甚至全球的编辑人员汇聚到一个平台上，从而形成一个庞大的生产群体，可以有效地解决出版规模问题。互联网平台的汇聚效应是出版行业做大规模的最有效的途径和工具。由以上分析可知，传统出版机构与互联网平台的结合，是传统出版行业解决自身问题的必由之路。

纸质出版产业正无时无刻不在感受着互联网技术公司和新数字内容运营公司的挤压，生存发展活动空间越来越小，持续赢利能力越来越受限，经营规模越来越相对萎缩，这是传统出版机构转向互联网出版平台的外部动因。相反，随着移动互联、人工智能、大数据等技术的快速迭代升级，信息技术正从计算革命（IT 时代）过渡到数据革命（DT 时代），而第三次信息革命——人工智能革命（AI 时代）也正初露端倪，这些新技术已经大规模地运用到信息内容产业之中，以内容平台运营为代表的 PC 互联网站和移动互联网终端应用平台迸发出前所未有的用户活力。如腾讯网阅文集团的中文起点网、中国移动的咪咕阅读平台、中国知网、超星数字图书馆等互联网平台，用户数量越来越大，持续赢利能力越来越强，经营规模越来越大，传播的范围越来越走向全球，内容平台运营的商业模式越来越清晰。以技术公司为开路先锋的数字型平台型出版已经证明了其商业模式是成功的，基于互联网的平台型出版传播已经成为信息文明初级阶段的象征，传统出版机构向平台型出版组织转移已经势在必行。

二、平台型出版的业务模式

平台型出版的核心是一家出版机构打造一个基于互联网的服务于作者与读者的出版服务生态圈，这个生态圈的外在呈现方式是建立一个互联网平台。这个平台是内容价值的整合者，是作者与读者群体的联接者，也是出版生态圈的主导者、组织者。这个平台是新出版的用户基础，信息内容共享是核心，服务与交易是实现出版价值的途径，这三者构成新的出版生态系统，同时也构成平台型出版的基本业务要素。

互联网公司大体可分为媒体广告型、付费服务型、电子商务型三大类型，而对于这三大类型公司所创建的平台，其分类方法则是多样的。如果按照平台的开放程度而言，我们可以将之划分为开放式平台、封闭式平台、垄断式平台三种类型。这三种类型的出版平台实际上已经深入我们的日常生活、学习和研究中，如文学网站中文起点网即是一个开放式的线上阅读平台，中国知网、超星数字图书馆即是两家封闭式的数字内容传播平台，而大多数的数据库产品——诸如中国专利数据库则是垄断式的知识检索平台。开放式出版平台的外部性、多属性最强，具有很强的观众性特点，无论何种身份的用户均可以随时随地登录阅读。封闭式平台的内容来源与用户均具有多属性，之所以称其为封闭式，主要是站在出版平台的创建者——出版商、运营商的角度而言。封闭式出版平台的专业性较强，具有横向联合组织内容资源的特征，用户的身份尽管具有多属性，但用户多以特定知识门类为诉求。垄断式平台的专业性、专属性最强，具有很强的单一性特点，其内容来源具有垄断性、独特性，其用户人群也具有专属性。根据垄断式平台创建者的不同身份，可以将此类出版平台分为公益性和商业性两类性质，国家政府所创建的垄断式出版平台几乎都是公益性的，而商业机构或个人所创建的则大多是商业性的。

出版商的本质是中间商。而互联网平台的基本属性是多边性、多属性和外部性，同样也具有很强的中间属性。出版商与互联网公司的业务模式基本上是重叠的。互联网平台将内容运营商、硬件提供商、终端提供商、分层服务提供商等不同角色提供的业务单元重新组合到一个虚拟空间场景里，从而为不同群体提供服务。基于互联网的出版平台同样如此，它是将互联网关联的数据、信息、知识的提供者与接受者集合到一起，平台的创建者——出版商通过提供多样化的服务促进平台上不同群体的高效互动，从而创造新的知识价值。可以说，出版平台是互联网平台的一个小小分支。其业务模式总分为召集双边用户和多边用户两种基本形式，换句话说，此两种业务组合是平台型出版的最基本的业务模式。

互联网兴起之后，网站最初多以联接一个行业的上游客户和下游客户为主。最初的中文原创文学网站如榕树下、红袖添香、中文起点网均是以联接作者和读者两个群体为导向，是以召集双边群体互动交流的平台的典型。这一业务组合模式简单易行，迄今为止，以中文起点网为代表的原创文学在线出版平台是最为成功的平台型出版案例之一。随着互联网用户的增加，细分用户或“赢家通吃”式覆盖所有用户的竞争策略不断升级，出版平台的创建者也从或专业或业余的创作者和阅读爱好者向技术提供商、电信运营商、内容出版商转移，出版平台创建者角色的变迁意味着出版平台的内容资源需要由第三方提供。如果是出版商搭建平台的话，出版商则需要技术提供商提供服务，反之亦然。如果平台的交易还需要第三方——渠道商实现或者需要支付担保的话，则此平台采用召集多方群体进行互动交流交易则是势在必行的。因此，搭建多边用户参与平台服务的业务模式是以双边用户业务模式为基础的，如中国知网，是一家集期刊杂志、博士硕士学位论文、会议论文、报纸、工具书、年鉴、专利、标准、海外文献资源为一体的网络出版平台，此平台的创建者是清华同方股份有限公司，是一家技术公司，此平台联接了作者、报刊社、出版社、图书馆、读者等不同群体，是一家由技术公司主导的由多边群体组合而成的出版平台，是典型的多属业务模式。

无论双边还是多边业务模式，出版平台的创建者是关键要素。目前，出版平台大多由技术提供商、电信运营商、终端供应商所主导，内容提供商则处于边缘状态。但无论何种身份，其创建出版平台即可视其为出版商。出版平台大体上可分为两种类型：一类是作者—平台（出版商）—读者，另一类型是知识创作者—平台（出版商、产品生产者）—服务提供商（技术、渠道、物流、支付）—用户。同时，出版平台的组织形态还经历了单个平台向多个平台以及多个平台建立平台联盟的集团化发展历程，如中文起点网原为单一网站，后被盛大公司收购，盛大公司还收购有其他几家网络文学网站。多个网络文学平台结盟构成的盛大文学，其后又被腾讯公司并购组建阅文集团，平台联盟将成为未来出版发行的发展方向。

出版平台的业务模式与互联网公司的业务模式紧密相连，甚至可以说，出版平台的业务模式实际上就是互联网公司的业务模式的延伸与应用。美国社交理财投资网络 Cake Financial 的创始人史蒂文·卡明特（Steven Carpenter）曾将互联网公司业务模式归类为 13 种：搜索（search）、游戏（gaming）、社交网络（social network）、新媒体（new media）、市场（marketplace）、视频（video）、商务（commerce）、零售（retail）、订阅

(subscription)、音频(music)、销路拓展(lead generation)、硬件(hardware)、支付(payments)。对比这13种业务类型,我们可以更加明确一个事实,基于互联网的出版平台,实际上就是一家互联网公司,就是一家互联网公司业务类型的综合性组合,就是一家依附于网络与终端,借助网络与终端传播和交易而实现价值的新型出版机构。

平台型出版的类别还可以按照不同维度进行分类。如按终端屏幕可分为桌面PC端网站、移动智能手机端App、平板电脑App等;按商业模式可分为商业型出版平台和非商业型出版平台,如商业型的中文起点网,非商业型的维基百科;按呈现方式可分为以榕树下为代表的在线网页,以中国移动咪咕阅读为代表的在线电子书,以中国知网为代表的数据库平台,以超星数字图书馆、中文在线为代表的数字图书馆出版平台;按出版类别可分为大众阅读、专业出版、教育在线等;按学科门类可分为哲学、历史学、文学、理学、工学、农学、医学等出版平台;等等。出版平台的多样性与丰富性,让我们更进一步地体会到中国自1994年接入全球互联网后向平台型出版转型的努力探索,同时也让我们对传统出版机构向出版平台运营商转变充满了想象。

三、平台型出版的商业模式

互联网技术发明后,联接全球的互联网成为人类生活活动的一个总平台,同时,这个总平台又是各类专业性平台的总载体,人类由此进入"平台经济"时代。据阿里研究院主编《平台经济》一书记载:"截至2015年5月,按照市值计算的全球15大互联网公司,无一例外均为平台型公司,其中美国11家,中国4家,这15大互联网公司的市值接近2.5万亿美元,是20年前的144倍。"互联网平台成为新经济的引领者,出版行业也不例外。腾讯、新浪、百度公司不仅仅是技术公司,从某种程度上讲,其大多业务属性应归类为媒体或出版门类。

出版平台就其产品特征而言具有纸质实物和数字虚拟的双重属性。总体而言,它具有开放性、共享性、分享性、协作性、聚集性、整合性、外部性、零成本复制性等特点。它的最基本特征是开放、共享、共赢。这些特点决定了出版平台的商业模式不同于社交、电子商务、搜索、支付等平台，具有相对的独特性。

出版平台的商业模式是指在出版物市场化交易和出版业者市场化互动过程中，通过互联网等一系列信息技术，设计并利用平台交易规则，使平台各利益方之间完成交易并实现赢利的全过程。简言之，就是利用信息技术让平台各方利益最大化。出版平台的商业模式的基础是互联网媒介，平台的创建方整合作者资源、内容资源，整合渠道资源、用户资源，整合内容制作群体、内容复制技术提供商，设计出版流程、出版物标准、交易规则和利益分配方案，设计平台应用层、规划层和数据层平台组织，借助云计算、大数据、人工智能等信息技术，促成出版物交易活动完成，通过这一组织构架和商业活动而实现各利益方共赢，实现平台运营商的赢利目的。以此概念与含义去分析平台型出版的商业模式，我们必须首先明确平台运营商的职责、平台利益方的主体责任和利益诉求、平台读者或用户的定位和需求，只有如此我们才有可能最终了解平台运营商通过什么样的方式达到营收与赢利的目的。

平台运营商是平台型出版的核心主体。世界级的国际集团公司已经从制订标准的标准型公司转向以网络为媒介的平台型公司。世界出版 50 强企业的前四位培生、汤森路透、励德·爱思维尔、威科集团均已成功转型为以平台为主体的数字化学习教育服务商和专业信息服务提供商。平台运营商的业务活动应从搭建基于互联网的包括数据层、规划层、应用层三级平台的组织开始，最终形成以内容为底层、以平台为中间层、以工具（各种解决方案）为最高层的运营架构。出版平台运营商的核心理念是共享，尤其是传统出版机构在创建出版平台时更需彻底扭转观念，需要从小规模个体化分工转向大规模社会化协作，需要从编辑、复制、发行出版产业链线性环节分工分离转向平台生态体系共建共享，需要从出版价值链上游作者与下游读者分离转向内容价值网络化上的交互与协同，需要从出版产业线性利益链转向平台群体网状化的利益共同体，平台出版的组织体系要实现一切活动均是以为满足平台运营而展开。再具体地说，传统出版机构需要转型为出版平台运营服务商，需要构建出版交易平台，聚合作者、书店（渠道商）、读者（用户）、出版分层服务商，以此平台实现数据、信息、知识、服务共享、实现按需复制、按需交易、按需服务，形成平台、内容共享、按需交易的三位一体的数据技术时代出版商业生态圈，形成 DT 时代出版产业新商业模式。

相较于工业文明时期的小品种、大批量、大规模标准化生产的封闭式的股份有限责任公司，信息文明时期的出版已经转变为多品种、小批量、个性化生产的开放式“平台＋个人”的众包和外包组织模式。出版平台的创建突破了原有出版机构的地理边界和时间边界，突破了“公司＋雇员”的传统组织认同，突破了生产者和消费者之间的边界，海量的读者或者用户正在成为作者或者数据信息、知识的生产者。如中国知网的论文读者同时也可能是论文的作者，中文起点网小说的阅读者通过点评和评论参与了小说创作，维基百科的用户也有权利成为词条的撰写者和修改者。传统出版机构的独立性正在逐渐消解，而海量的作者和读者正上升为出版产业的知识主体和经济主体，以海量作者和读者为主体、为主流、为主导的出版时代正在来临。出版平台的创建，让人人是作者成为现实，让数据和信息成为内容产业的重要组成部分成为现实，让海量的作者群体与读者群体大规模互动交流成为现实，读者与作者身份合一的历史事实在平台共享时代得到更进一步确认和强化，读者与作者一并成为出版平台的利益主体。同时，出版平台的搭建为知识生产加工环节的大规模外包提供了工作条件，文字、图像、音频、视频内容的编辑加工、校对、版面设计、装帧设计、印刷复制等环节完全可以实现全球性外包。事实已经证明，通过外包实现大规模内容聚集是平台型出版行之有效的一条途径。出版物生产加工环节的外包是出版平台做大规模的最有效工具，将全国乃至全球的专业人员汇聚到一个平台之上，这些个体获得了应有的报酬，而平台运营者获得了规模效应，这是典型的平台共享经济。平台出版之所以具有巨大的发展前景，平台外包与众包是最重要、最核心的竞争工具之一。

传统出版机构的经营模式是产品主导型的，从出版方向定位、选题策划设计、编校加工、印刷直至销售，均是围绕出版物产品而展开的。然而，平台型出版的经营模式则与之大大不同，它是以人为主导的，人是平台的出发点，它是以聚集海量的作者群体、读者群体和各类出版服务人员群体为目标的。在一个专业出版平台上，因为有了海量的用户才提出了海量的需求，因为海量的需求才聚集了海量的知识或内容创造者，因为海量的作者才创造了海量的内容，因为海量的内容才吸引了海量的用户，出版平台的核心是聚集海量的人群，人成为平台型出版的核心竞争力。由以出版物产品为主导向以聚集海量人群为主导的经营方式变革，是平台型出版的基本要义之一。

基于以上分析，我们自然可以得知平台型出版的商业模式主要有三类：一类是阅文集团的原创文学网站付费阅读模式，网站的运营者创建或控制出版平台，通过汇聚海量作者和内容，通过汇聚海量读者付费阅读而实现营收，再通过经营海量内容的影视、游戏、动漫等周边延伸版权实现新营收，网络出版平台通过提取佣金、与作者分成的方式实现赢利。一类是苹果公司的 App Store 免费＋付费下载阅读模式，苹果公司以智能终端 iPhone、iPad 为平台，提供应用程序商店，让第三方应用程序开发者入驻 App Store，应用程序开发者可以是个人也可以是机构，实际上就是一个前端网络，应用程序开发者也可视为出版人，苹果公司通过提供总平台，构建了一个用户、开发者、苹果公司三方共赢的商业模式——用户购买应用程序所支付的费用由苹果公司与应用程序开发商分成。还有一类是中国知网的出版平台收取机构用户年度服务费、使用费模式，中国知网通过汇聚海量的第三方出版内容资源，以动态方式建立数据库、数字图书馆，将之提供给学校、科研机构或企业，机构付费而用户免费阅读或下载，此类模式适合封闭式或垄断式的出版平台。当然，根据不同类型的出版平台还有更多的平台型出版商业模式，在此不赘述。

总之，平台型出版将成为未来出版业的引领者，或者说，以出版物产品为主导的传统出版向以汇聚海量创造和使用内容的群体为主导的平台型出版转变将成为未来出版业的主流，此变革是出版历史的必然。

（本文发表于《出版科学》，2018 年第 1 期）

中国近代妇女报刊考述（1898—1918）①

陈　静

（济南大学文学院，山东济南，250022）

摘要：1898年—1918年，是妇女报刊产生发展的重要时期，目前学界对近代妇女报刊的文献情况认识模糊。在这一领域中，有14种资料来源可供检索统计。但各资料来源由于统计标准不统一、报刊情况复杂等原因，报刊数量统计五花八门，报刊刊名、创刊地等基本信息说法不一。通过对各资料来源的分析、比对和查考，结合其他途径的辨析，本文共统计出97种近代妇女报刊。

关键词：近代中国；妇女报刊；资料来源

中国的妇女报刊产生于19世纪末，1990年代以来，对女性文化的关注，引发学界研究妇女报刊的热情。1898年—1918年，这20年是妇女报刊产生发展的重要时期，这一时期的报刊也常被称作“近代妇女报刊”。有关这一时期妇女报刊的研究，学界已取得不少成果。如关于第一份妇女报刊的热烈讨论；《中国女报》《女子世界》《中国新女界杂志》《妇女杂志》《妇女时报》《女铎》《香艳杂志》等的个案研究日趋深入且颇具突破性。近年来，还出现了两部研究专著：刘人锋的《中国妇女报刊史研究》（中国社会科学出版社，2012年）和张丽萍的《报刊与文化身份：1898—1918中国妇女报刊研究》（中国书籍出版社，2012年）。前者的研究范围为1898年—2007年，后者聚焦1898年—1918年这一特定历史时期，两者可视作近三十年来妇女报刊研究不断推进的成果。

① 本文为2016年度国家社会科学基金一般项目“中国近代女性文学批评研究”（项目编号：16BZW106）的阶段性成果。

综合来看，近代妇女报刊研究正日趋丰富与深入，但在这一发展趋势中，却存在一处明显短板：学界对近代妇女报刊的文献情况认识模糊。在报刊数量、编辑人员、创办时间、刊名等基本问题上，目前的很多表述都比较混乱。这一状况，很可能会制约该领域的研究走向。基于此，本文拟从基础问题入手，尝试对近代妇女报刊进行文献层面的清理与描述。

一、对资料来源的考察

（一）14种资料来源

要了解近代妇女报刊的总体状况，各类资料集、工具书以及含有资料整理内容的相关论作显然是最为重要的渠道。目前，共有14种资料来源为学界所常用。根据信息的丰富性和可信度，笔者将这14种资料来源分为两个层次。现分述如下。

第一层次共计10种，包括7种资料集、工具书和早期论著，2种资料汇编，1种数据库。

（1）7种资料集、工具书和早期论著（按出版时间排序）：

1. 谈社英的《中国妇女运动通史》，妇女共鸣社，1936年。

2. 方汉奇的《中国近代报刊史》，山西人民出版社，1981年。

3. 丁守和主编的《辛亥革命时期期刊介绍》（五集），人民出版社，1982年—1987年。

4. 姜纬堂、刘宁元主编的《北京妇女报刊考（1905—1949）》，光明日报出版社，1990年。

5. 史和、姚福申、叶翠娣编的《中国近代报刊名录》，福建人民出版社，1991年。

6. 王检林、朱汉国主编的《中国报刊辞典（1815—1949）》，书海出版社，1992年。

7. 刘增人的《1872—1949文学期刊信息总汇》，青岛出版社，2015年。

1936年出版的谈社英《中国妇女运动通史》是最早用较长篇幅介绍中国妇女报刊的著作（主要见于第一章第三节、第四节；第三章第八节；第四章第四节；第五章第五节）。1981 年出版的方汉奇的《中国近代报刊史》，列专节（第五章第十二节）讨论“辛亥革命时期的妇女报刊和秋瑾的办报活动”。较之谈社英之作，方汉奇之作明显更具系统性和理论性，可视作妇女报刊研究的发轫之作，但方著所列妇女报刊数量不多。《辛亥革命时期期刊介绍》第四集（1986 年）中载有徐楚影、焦立芝撰写的《中国近代妇女期刊简介（1898—1918）》长文，所收妇女期刊数量远多于方汉奇《中国近代报刊史》，且按时间顺序对每种报刊进了简单描述，当为第一篇全面而系统地梳理近代妇女报刊的资料性论作。在区域性资料集方面，《北京妇女报刊考（1905—1949）》最为重要，该书专门介绍北京出版的近现代妇女报刊，每种报刊都撰有长文，考订十分细致，是不可多得的区域性报刊资料集。

《辛亥革命时期期刊介绍》《中国近代报刊名录》《中国报刊辞典（1815—1949）》《1972—1949 文学期刊信息总汇》四种均非专门针对妇女报刊，但又均涵盖此领域，它们对所列报刊均有或简短或详尽的文字介绍（《辛亥革命时期期刊介绍》中，每篇介绍都是一篇内容丰富的论文），但也存在一些问题，如《辛亥革命时期期刊介绍》对同一刊物的介绍，就存在差异。此书共分五集，出版时间 1982 年—1987 年，这五集中共专文介绍了 17 种妇女报刊，第四集还载有徐楚影、焦立芝合撰长文《中国近代妇女期刊简介（1898—1918）》。但或许由于撰写时间、出版时间的不同，对同一种刊物的介绍，出现了差异，最为明显的如《妇女杂志》的创刊时间，《辛亥革命时期期刊介绍》第五集有专文介绍《妇女杂志》，称《妇女杂志》1915 年 1 月创刊于上海①，而在徐楚影、焦立芝《中国近代妇女期刊简介（1898—1918）》一文中，却是“1915 年 5 月 5 日创刊于上海”②。同一资料集中，对同一刊物的介绍，创刊时间一为 1 月，一为 5 月，明显矛盾。

（2）2 种资料汇编：

1. 上海图书馆编《中国近代期刊篇目汇录》（三卷六册），上海人民

① 丁守和. 辛亥革命时期期刊介绍（第五集）[M]. 北京：人民出版社，1987：351.

② 丁守和. 辛亥革命时期期刊介绍（第四集）[M]. 北京：人民出版社，1986：691.

出版社，1965年—1984年。该书详列每种期刊的全部篇目，资料最为详尽。可惜近代妇女报刊数量不多，仅收录了19种。

2.《中国近现代女性期刊汇编》，线装书局，2012年。该书为全文影印，可信度高，但仅收录了12种近代妇女报刊。

（3）1种数据库，指“晚清民国期刊全文数据库”：

近年来，上海图书馆推出的“晚清民国期刊全文数据库”已成为学界的常用数据库。由于是全文扫描，此数据库在资料的可信度上最高，完全可与已有资料等进行对照，澄清刊名、刊期、篇目等方面的很多问题。同时，数据库所收期刊有的还超出了已有资料集，如1917年高剑华主编的《闺声》月刊，就只有该数据库收录，其他资料来源未见。可惜的是，该数据库目前所收近代妇女期刊数量不全（笔者统计有42种），有的期刊内容尚不完整。

上述10种，为资料来源的第一层次，信息的丰富性和可信度较高。除此而外，一些专门研究近代妇女问题的著作中也会有近代妇女报刊资料，笔者将之归为第二层次。第二层次中，以下4种最具代表性（按出版时间排序）：

1. 刘巨才的《中国近代妇女运动史》，中国妇女出版社，1989年。

2. 马庚存的《中国近代妇女史》，青岛出版社，1995年。

3. 刘人锋的《中国妇女报刊史研究》，中国社会科学出版社，2012年。

4. 张丽萍的《报刊与文化身份：1898—1918中国妇女报刊研究》，中国书籍出版社，2012年。

以上4种著作都对近代妇女报刊的情况进行了统计和整理，以表格的方式附于书中，这些表格都是据已有资料集或相关研究成果而来，有的著作会在表格后罗列所据资料集，有的则不加说明。因此，这一类资料来源的可信度比不上前述资料集和工具书，但要了解报刊的总体面貌，表格清晰、简明，有比较明显的长处。然而，要进行研究，就不能单纯依赖表格。特别是在使用表格中资料时，一定要慎之又慎。笔者以最近两部著作为例，作进一步阐明。

从学术发展看，后出著作应对前人成果进行综合，特别是在基础信息方面，尤需如此，这样，方能让后来者获得帮助，从而推动学术发展。但反观近代妇女报刊研究，最新的两部著作（刘人峰的《中国妇女报刊史研究》和张丽萍的《报刊与文化身份：1898—1918 中国妇女报刊研究》）却均无法让人满意。

先看张丽萍的著作，此作出版于 2012 年（实际所用参考文献等均截止到 2006 年），且专做 1898 年—1918 年间的妇女报刊研究，读者有理由期待其基本信息的精确和全面。但对比之下，却让人颇为失望。张著附录有“中国近代妇女报刊目录（1898—1918）”表格，张丽萍直承此表来自刘巨才《中国近代妇女运动史》附录的“中国近代妇女报刊简目”并“结合谈社英《中国妇女运动通史》中的记述综合而做成”①。首先，仅以刘巨才之作为基础，就已不妥。刘巨才确实在中国妇女报刊研究方面起步较早，但他的资料统计并不全面，刘巨才的《中国近代妇女运动史》出版于 1989 年，其后《北京妇女报刊考（1905—1949）》《中国近代报刊名录》《中国报刊辞典（1815—1949）》等资料集和工具书相继出版，有更多信息被发掘出来，张著却完全不提及上述这些研究成果，更谈不上对比综合，显然缺乏严谨的治学态度。其次，笔者对照了张丽萍与刘巨才的表格，张著几乎完全照搬刘巨才之表，漏掉了刘巨才表中的一种报刊——《大汉报》，将 1911 年林贯虹主办的《女铎报》误为 1912 年亮乐月主办的《女铎报》。因此，张著中的妇女报刊表格价值不大，直接看刘巨才著作中的“中国近代妇女报刊简目”即可。

与之相比，刘人峰的《中国妇女报刊史研究》（2012 年）中的统计要认真得多。刘人峰著作中，按时期列有妇女报刊的统计表，如“辛亥革命时期的国内妇女报刊一览表”“辛亥革命时期留日学生创办的妇女报刊一览表”“民国初期妇女报刊一览表”等，每种表格下，作者都罗列了资料来源，遗憾的是，《中国近代报刊名录》（1991 年）未出现于资料来源中。《中国近代报刊名录》对于近代报刊研究而言，是十分重要的工具书，此书对方汉奇的《中国近代报刊史》的材料亦有所辨证。刘人峰之作未加引用当是一种疏失，也因此，《中国近代报刊名录》中的一些重要资料如《白话》（1904 年）、《不缠足会画报》（1905 年）、《新女界》（1909 年）、《无锡竞志女学杂志》（1910 年）等就未被刘人峰收录。

---

① 张丽萍. 报刊与文化身份：1898—1918 中国妇女报刊研究［M］. 北京：中国书籍出版社，2012：233.

综上，要比较全面地掌握近代妇女报刊的基本信息，需要借助前述14种资料来源。但这14种资料来源的严谨程度各有不同，总体上看，资料集、工具书优于著作中的表格统计①。

（二）各资料来源存在的主要问题

载录近代妇女报刊的资料集、工具书、专著等已颇具规模，但一些基础性问题上，各资料来源却说法不一。总体来看，存在两个主要问题：报刊数量统计五花八门，报刊基本信息说法不一。

1. 报刊数量统计五花八门

近代（1898—1918）到底出现了多少种妇女报刊？说法五八花门。有4种资料来源对近代妇女报刊进行了统计，笔者将之进行了比对，按1898年—1911年、1898年—1918年两个时间段进行了整理，得下表：

资料来源	1898年—1911年	1898年—1918年
徐楚影、焦立芝《中国近代妇女期刊简介》（《辛亥革命时期期刊介绍》第四集）（1986年）	27种	53种
刘巨才《中国近代妇女运动史》（1989年）	39种	68种
马庚存《中国近代妇女史》（1995年）	48种	70种
刘人峰《中国妇女报刊史研究》（2012年）	44种	88种

很明显，在同一时间段内，这4种资料来源的统计数字却大不一样。之所以出现这种混乱现象，除近代妇女报刊情况本身较复杂外，标准不统一是十分重要的原因。

首先，“妇女报刊”的界定标准不统一。要统计妇女报刊，首先要对“妇女报刊”有一个明晰的界定。前述诸作，只见两人做过此项工作，一为姜纬堂的《北京妇女报刊考》②，一为张丽萍的《报刊与文化身份：

① 有论作会用到臧健、董乃强编《近百年中国妇女论著总目》（北方妇女儿童出版社，1996年）。此书最后附有“妇女报刊名录说明”，按地域收录1898年—1992年的妇女报刊437种。其中1898年—1918年间的妇女报刊统计有51种。但此名录不列资料来源，有些条目有明显错误，如《天义》报错为“天义杂志”，编辑错写为何惠等。价值不大，笔者未将之作为有用的资料来源。

② 姜纬堂，刘宁元. 北京妇女报刊考（1905—1949）[M]. 北京：光明日报出版社，1990：3-4.

1898—1918 中国妇女报刊研究》①。张著只是基于姜纬堂的界定，略作修订。其他资料来源或相关论作，均未见界定，只能从载录等情况推断其标准。综合来看，各资料来源对“妇女报刊”的理解，可归结为三种思路：（1）面向女性读者的报刊；（2）女性创办的报刊，但不一定面向女性读者，如秋瑾办的《白话》、张昭汉主持的《大汉报》；（3）报纸中的女性专栏（专号），如《大自由谈·女界》《新青年·女子问题》。每种资料来源都是根据一到两种思路来载录报刊，大多综合（1）（2）两种思路。采取不同的界定思路，必定会影响及报刊数量的统计，造成统计数量的不一致。

其次，统计标准不统一。近代报刊，刊名、刊期的更动是常见现象。但就统计而言，这种更动却会带来混乱。以刊名更动为例，如 1899 年陈撷芬创办《女报》，1903 年更名为《女学报》；1907 年沈仲礼创办《天足月报》)，1908 年改为《天足会年报》。此类更动，是按一种还是两种来统计呢？有的资料集作为一种，有的则算作两种。还有的刊名不变，中间停刊，后又续办，如 1904 年丁初我创办的《女子世界》，出至 1906 年第二卷四、五期合刊后停刊，1907 年 7 月陈勤续办该刊至第二年第六期后停办。有人将 1904 年和 1907 年续办的《女子世界》视作两种，有人则视为一种。上述情况虽然不多，但已足够引起混乱。

第三，“近代”的时间标准不统一，以“近代”为名的资料来源，对“近代”的具体时段理解各出机杼（见表 1）：

表 1　不同资料对“近代”的具体时间理解

资料来源	“近代”的时间段
《中国近代期刊篇目汇录》（1965 年—1984 年）	1857 年—1918 年
徐楚影、焦立芝《中国近代妇女期刊简介》（1986 年）	1898 年—1918 年
刘巨才《中国近代妇女运动史》（1989 年）	1898 年—1922 年
史和《中国近代报刊名录》（1991 年）	1815 年—1911 年
马庚存《中国近代妇女史》（1995 年）	1898 年—1919 年

采取不同的时段计量，统计数量必然不同。

① 张丽萍．报刊与文化身份：1898—1918 中国妇女报刊研究［M］．北京：中国书籍出版社，2012：13.

资料来源统计数量各异，依托各资料来源进行研究的论作也就比较随意了。以笔者所见，研究者在谈论到近代妇女报刊数量时，大都是随便选择，或以一种资料集为准，或综合几种（不超过六种），进行一下统计。这样的结果，造成统计数目更是各说各话。造成这一局面的主要原因，当然在于资料搜寻的困难，也在于资料来源本身的差异。2012 年，张丽萍已经注意到这一问题："在笔者查阅的资料中，有很多书籍文章都有关于早期妇女报刊的总结。但是这些材料中涉及的不少妇女报刊，如办刊时间、刊名或编辑者都不相同……这样不统一的地方不少，很值得研究者进一步地确认、修订统一。"① 可惜的是，张著未做这项工作，而且至今亦未见有人从事这项工作。

2. 报刊基本信息说法不一

具体到每种报刊，各资料来源提供的信息也存在不少疑问。同一种报刊，在不同的资料来源中，刊名、创刊时间、创刊地等常常会出现不同记载。仅举几例：

（1）刊名说法不一

是《妇女星期报》还是《女界星期报》？是《星期女学报》还是《星期女报》？是《女铎》还是《女铎报》？是《女权》还是《女权报》？是《天义》还是《天义报》？……不同的资料集，所记均不相同。

（2）创刊时间说法不一

《女学讲义》《女学生》《女学生杂志》《大汉报》《女界》《香艳小品》等均存在创刊时间记载不同的情况。

（3）创刊地说法不一

《妇孺日报》是创办于广东番禺还是广州？《妇孺易知白话报》是在江苏阜宁县还是山东宁阳曲阜？《女镜报》是在广州还是广西？……此类状况并不少见。

二、近代妇女报刊概况

上述问题的存在，已在一定程度上阻碍了更进一步的研究。各报刊基

① 张丽萍. 报刊与文化身份：1898—1918 中国妇女报刊研究［M］. 北京：中国书籍出版社，2012：40-41.

本信息的辨析，笔者正在整理分析，假以时日，当能给出比较明晰的梳理。但在近代妇女报刊数量统计方面，笔者已初具成果，通过对各资料来源的分析与比对，借助学界已有研究，大致能厘清近代妇女报刊的总体面貌。

统计的混乱来自统计标准的不统一。基于此，笔者首先将近代妇女报刊的统计标准确定如下：

（一）“妇女报刊”的界定：女性创办或内容面向女性的独立报刊（不包含专栏或专号）。具体而言：凡以“女”“妇”为刊名主体的均为妇女报刊；与女性问题直接相关的，如《不缠足会画报》《天足会报》《家庭》《家庭杂志》等，也是妇女报刊；创办者为女性，内容不一定面向女性者也会计入，如秋瑾创办的《白话》，唐群英主办的《亚东丛报》，并不专门面向女性读者，但由于创办者为女性，即计入在内。另外，在近代，《新青年》和《大自由报》创办有两个女性问题专栏，本次统计不计入。

（二）“近代”的时间段：1898 年—1918 年。中国的妇女报刊始自 1898 年，1919 年创刊的妇女报刊均在“五四”以后。学界一般将“五四”及其后归入现代。因此，讨论“中国近代妇女报刊”，以创刊时间论，时间段定为 1898 年—1918 年。

（三）信息更动的处理方法：刊名更改者，如编者为同一人，计为一种；续办者计为一种。

依据上述标准，笔者共统计有 97 种近代妇女报刊，现列表 2 如下，限于篇幅，仅提供最基本信息（刊名、创办地、创办时间；刊名更动者，注明更动名称及更动时间；续办者注明续办时间；刊名、创刊地、创刊时间有疑义的，暂选取著录较多者）：

表 2　97 种近代妇女报刊

《女学报》 上海 1898	《女报》·《女学报》 上海 1899；1902	《岭南女学新报》 广州 1903	《女子学报》 广州 1903	《脂痕周报》 香港 1903	《女子世界》 上海 1904；1907
《白话》 日本东京 1904	《女子魂》 日本东京 1904	《妇孺报》 广州 1904	《女学讲义》 成都 1905	《女界灯学报》 佛山 1905	《不缠足会画报》 武昌 1905

续表

《女镜报》 广州 1905	《北京女报》 北京 1905	《妇孺易知白话报》 阜宁 1905	《中日女学界》 日本东京 1906	《女界》 上海 1907	《二十世纪之中国女子》 日本东京 1907
《中国女报》 上海 1907	《中国妇人会小杂志》 北京 1907	《天义》 日本东京 1907	《天足会报》 上海 1907	《中国新女界杂志》 日本东京 1907	《中国妇女会报》 北京 1907
《星期女学报》 北京 1907	《神州女报》 上海 1907	《妇孺杂志》 番禺 1907	《天足月报》·《天足会年报》 上海 1907；1908	《女论》 上海 1908	《妇孺日报》 番禺 1908
《惠兴女学报》 杭州 1908	《湖北女学日报》 武昌 1908	《竞化》 上海 1908	《女报》 上海 1909	《女报》 日本东京 1909	《新女界》 日本东京 1909
《女学生》 上海（城东女学社） 1909	《女学生》 上海（尹锐志） 1910	《女学生杂志》 上海（城东女学社） 1910	《女界星期录》 香港 1910	《无锡竞志女学杂志》 无锡 1910	《妇女改良会报》 天津 1910
《妇女日报》 上海 1911	《妇女时报》 上海 1911	《留日女学会杂志》 日本东京 1911	《女铎报》 上海 1911	《大汉报》 苏州 1911	《妇女杂志》 北京 1911
《女界杂志》 上海 1911	《锐进学报》 上海 1911	《女铎报》·《女铎》 上海 1912；1928	《民国女报》 上海 1912	《扬州女子公学女子月报》 扬州 1912	《复报》 浙江 1912
《女子白话报》 浙江 1912	《女子共和日报》 上海 1912	《女子同学报》 1912	《女界》 成都 1912	《女子国学报》 天津 1912	《中华女报》 上海 1912

续表

《女子白话旬报》·《女子白话报》 北京 1912；1913	《神州女报》 上海 1912	《女学日报》 武汉 1912	《女权月报》 上海 1912	《湖北女子教育杂志》 武昌 1912	《北京女学日报》 北京 1912
《女权》 上海 1912	《亚东丛报》 北京 1912	《青年女子星期报》 浙江 1913	《万国女子参政会旬报》·《万国女子参政会月刊》 上海 1913；1913	《自治学生》 长沙 1913	《女权日报》 长沙 1913
《香艳小品》 上海 1914	《眉语》 上海 1914	《妇女鉴》 成都 1914	《香艳杂志》 上海 1914	《女子世界》 上海 1914	《莺花杂志》 上海 1915
《妇女杂志》 上海 1915	《中华妇女界》 上海 1915	《家庭杂志》 上海 1915	《女子杂志》 上海 1915	《家庭》 成都 1915	《江苏省立第二女子师范学校汇刊》 苏州 1915
《江苏省立第二女子师范学校校友会汇刊》 苏州 1916	《直隶第一女师范校友会会报》 天津 1916	《青年女报》 上海 1916	《现代女学生》 上海 1916	《女铎报》 重庆 1916	《益世女报》 天津 1916
《闺声》 上海 1917	《女青年月刊》 上海 1917	《妇女旬刊》 杭州 1917	《江苏省立第一女子师范学校校友会杂志》 南京 1917	《墨梯》 上海 1917	《女鉴日报》 成都 1918
《女子刍言报》 成都 时间不确定					

三、结语

自 1936 年谈社英的《中国妇女运动通史》算起，到 2017 年，人们对中国近代妇女报刊的关注已有 81 年。这一过程中，方汉奇、丁守和、刘巨才、马庚存、徐楚影、姜纬堂、史和、刘增人等前辈学者付出了大量心血，厘清了近代妇女报刊的大量信息，刘人锋、张丽萍等新一代学人，也通过努力，让近代妇女报刊的面貌日益明晰。笔者此文，不过是沿着上述各位学者的道路，试图更为清晰完整地描述近代妇女报刊的面貌。对 14 种资料来源的考察，一方面，可为关注近代妇女报刊者提供一些资料性的帮助；另一方面，或能在文献层面起到一点正本清源的作用。笔者经比对、查考，统计所得的 97 种近代妇女报刊，在目前所见资料来源及相关论作中，是数量最多的。这 97 种报刊，笔者均一一做过查考，绝大多数是真实存在的。笔者以为，97 种这一数字仍不能说是穷尽，必定还有妇女报刊沉埋在故纸堆中，等待被发掘。下一步的工作，笔者还会对这 97 种报刊的基本信息逐一查考，澄清疑点，尽量恢复其本来面目。愿以此文为先导，希望学界同好多多批评辨正，以期尽快弄清中国近代妇女报刊的真实面貌。

（本文发表于《编辑之友》，2018 年第 4 期）

民国时期故宫博物院出版事业的发展及其评价

章宏伟

（故宫博物院故宫学研究所 北京，100009）

摘要：本文结合民国时期故宫博物院的出版成果及文献史料，梳理了民国时期故宫博物院的出版情况，体现了民国时期故宫博物院出版事业的发展历程，并从经济角度、出版数量和出版物内容三个角度对该时期的出版成就进行了评价。

关键词：故宫博物院；出版；民国时期

博物馆在民国时期是个新生事物，博物馆的运作本来就无先例可循，更何况出版了。因而博物馆的出版事业不为学界关注自在情理之中。1996年，邱崇丙、子钊在《民国时期北京的出版机构》中说到故宫博物院在民国时期出书近50种①。

随着学界对故宫博物院史的关注，自2005年开始，故宫博物院出版的历程也逐渐进入了学者的视野，朱赛虹、章宏伟《学术研究与编辑出版》②，

---

① 据邱崇丙、子钊《民国时期北京的出版机构》记载："出书年代和范围以所见书为据，出版量统计有少量遗漏，故按等级标注，仅供参考。即：A（100种以上）、B（50种以上）、C（10种以上）、D（5种以上），4种以下不标注。凡注两种等级者，估计有可能高一级。"其中所列16个图书馆、博物馆的出书状况为9个不标注，2个列为D，3个列为C，仅北平图书馆列为BA，故宫博物院列为CB。见《北京出版史料》（第八辑），北京出版社，1996年。

② 朱赛虹，章宏伟. 学术研究与编辑出版［M］//故宫博物院. 故宫博物院八十年. 紫禁城出版社，2005：256-265.

朱赛虹《故宫博物院民国时期明清档案整理、研究与出版》①、《故宫早期刊物的特色及其历史意义》②、《故宫博物院出版事业的首度辉煌——民国时期出版综论》③，张露《〈故宫周刊〉的创办与价值》④，郑欣淼《从武英殿修书处到故宫出版社——故宫文化传播的历史使命》⑤，张小李《民国时期故宫博物院出版事业的变迁》⑥、《民国时期故宫博物院出版事业运作机制浅探——以故宫博物院藏民国档案为论述中心》⑦ 等论文先后发表；《紫禁城》2016 年第 5 期“秘藏梓行——民国故宫的出版”专栏，发表了朱赛虹《字里行间的早期院史》⑧、陈秋速《振导中国固有文化之助者——民国故宫的出版事业》⑨、张小李《弘扬文化之先行——民国故宫出版事业先贤》⑩、何媛《〈故宫物品点查报告〉出版始末》⑪、张小李《化宫廷秘藏为天下公器——故宫博物院早期出版物展》⑫ 五篇文章。2016 年 5 月故宫出版社出版了张小李主编的《秘藏印行——故宫博物院早期（1925—1949）

① 朱赛虹. 故宫博物院民国时期明清档案整理、研究与出版［M］//故宫博物院. 故宫博物院八十华诞暨国际清史学术研讨会论文集. 紫禁城出版社，2006：531-539.

② 朱赛虹. 故宫早期刊物的特色及其历史意义［J］. 故宫博物院院刊，2009（5）.

③ 朱赛虹. 故宫博物院出版事业的首度辉煌——民国时期出版综论［J］. 故宫博物院院刊，2011（1）.

④ 张露.《故宫周刊》的创办与价值［M］//故宫学刊（2012 年总第 8 辑）. 故宫出版社，2012：323-340.

⑤ 郑欣淼. 从武英殿修书处到故宫出版社——故宫文化传播的历史使命［J］. 紫禁城，2015，8（S）.

⑥ 张小李. 民国时期故宫博物院出版事业的变迁［M］//故宫学刊（2015 年总第 15 辑）. 故宫出版社，2015：44-71.

⑦ 张小李. 民国时期故宫博物院出版事业运作机制浅探——以故宫博物院藏民国档案为论述中心［J］. 中国出版史研究，2016（2）.

⑧ 朱赛虹. 字里行间的早期院史［J］. 紫禁城，2016（5）.

⑨ 陈秋速. 振导中国固有文化之助者——民国故宫的出版事业［J］. 紫禁城，2016（5）.

⑩ 张小李. 弘扬文化之先行——民国故宫出版事业先贤［J］. 紫禁城，2016（5）.

⑪ 何媛.《故宫物品点查报告》出版始末［J］. 紫禁城，2016（5）.

⑫ 张小李. 化宫廷秘藏为天下公器——故宫博物院早期出版物展［J］. 紫禁城，2016（5）.

出版物展》图录。故宫博物院民国时期出版的情况，因为时间不长、品种也不是很多，因而并不复杂，朱赛虹、张小李等已经做了很好的梳理。这些论文通过爬梳故宫博物院藏民国档案和实物，探讨了民国时期故宫博物院出版事业的发展历程及其运作机制，用力颇勤，多发人所未言，有相当的价值。但由于对民国时期故宫博物院发展历史认知的不完整，有些囿于既往的观点甚至是错误的，这就使得有的论文存在颇多的错误，为免一错再错，特撰本文与诸位同志商榷，希望能推进本问题的深入研究。不敢自以为是，希望得到批评指正。

由于有的研究者对民国时期故宫博物院史没有比较深入的研究，只是沿袭既往比较粗疏甚至错误的观点，直接影响到了关于此时期故宫博物院出版发展脉络的认识。民国时期故宫博物院为时虽然只有短短的24年，却经过了多个发展阶段，无法也不可能用一个阶段的情况来概括整个民国时期，而张小李《民国时期故宫博物院出版事业运作机制浅探——以故宫博物院藏民国档案为论述中心》把民国时期的故宫博物院看成是一个单位的一个阶段，一个统一体，论文标题就存在很大的问题。该文还以偏概全，主要以易培基院长任上的国立北平故宫博物院做法来代替整个民国时期故宫的做法；对于编纂机构的叙述，以南京国民政府接管故宫、颁布《组织法》以后的易培基、马衡时期（主要是易培基时期）为叙述对象，虽然也有追溯，但对于不同时期的内设机构来说，其实并非简单的延续。文中叙述的实际是国立北平故宫博物院内的机构及编纂活动。无论是谈机构还是后面谈出版资源，“民国故宫出版对象为本院秘书处及古物、图书、文献三馆所保管的院藏物品”，都如此；印刷也还是谈的国立北平故宫博物院，主要用南京国民政府时期国立北平故宫博物院的情况来代表整个民国时期故宫博物院，这是极为不妥当的，文章标题或宜改为“国立北平故宫博物院出版事业运作机制浅探”。论文中虽然也写到了其他时期的情况，但必须置之于当时的历史场景中才符合历史实际。朱赛虹《字里行间的早期院史》[①] 在叙述故宫院史时，有时序错乱情况，如说：“1925年故宫博物院成立，履行其新式博物馆所赋予的各项职责。虽然政局不稳，经费困难，初创的故宫博物院常常处于紧张与动荡之中，但在临时董事会与临时理事

① 朱赛虹．字里行间的早期院史［J］．紫禁城，2016（5）．

会的主持与推动下，院属各馆处的职责和分工渐趋固定，古物馆、图书馆、文献馆和总务处等相继整理出版了一大批学术成果，《故宫物品点查报告》《故宫周刊》《故宫书画集》《故宫善本书目》《文献丛编》等等，……”临时董事会与临时理事会是1925年成立故宫博物院时的领导机构，当时临时理事会下属古物馆与图书馆两馆，而古物馆、图书馆、文献馆和总务处等三馆两处是1928年《国立北平故宫博物院组织法》确定的国立北平故宫博物院内设机构，而且所叙述的书刊也是跨时段的。显然文章的叙述是错误的。朱赛虹《故宫博物院出版事业的首度辉煌——民国时期出版综论》说“1925年故宫博物院成立后，积极筹建‘两馆一处’”，这种说法是不符合事实的。1925年故宫博物院成立时，只有古物馆、图书馆两馆。三馆（古物馆、图书馆、文献馆）两处（秘书处、总务处）是国立北平故宫博物院易培基院长任内的机构设置，在易培基院长之前不是这样，易培基辞职后也不是这样。张小李《民国时期故宫博物院出版事业的变迁》① 在民国故宫博物院历史分期中列出一个抗日战争时期，其实论文中述说的都是沦陷时期的北平故宫博物院，应改为沦陷时期。沦陷时期处于疏散状态的故宫办事处几乎没有出版活动，1944年在蓉、在筑书画展时，出过展览图录。沦陷时期的北平故宫博物院本院继续运行，也有不少出版活动。但沦陷时期北平故宫博物院本部，虽然依然是原来国立北平故宫博物院的一些老员工在留守，但性质迥然不同，已不是国民政府统治下故宫的一部分，已经与南迁后的故宫各支毫无交集，不应与向西南疏散的办事处相提并论，它属于日伪政权下的机构，根本不应纳入民国体制来叙述。北平沦陷时期的故宫博物院是个特殊时期，不可与其他时期混为一谈。北平1949年1月31日和平解放，1949年2月19日北平市军管会文化接管委员会派钱俊瑞等来故宫博物院办理接管事宜，3月6日正式接管故宫博物院。4月23日解放军先遣部队进入南京，24日红旗插上总统府，故宫博物院南京分院也回到人民手中。因此，民国故宫博物院的历史并不是止于中华人民共和国成立的1949年10月1日。还有，对吴瀛个人地位也似有夸大拔高，如说：“吴瀛与李宗侗一起规划了故宫出版格局，并领导了专司出版的故

---

① 张小李．民国时期故宫博物院出版事业的变迁［M］//故宫学刊（2015年总第15辑）．故宫出版社，2015：44-71.

宫博物院非正式机构——出版处①。”②

诸如此类的错误还有不少，这里就不再一一列举，将在下面叙述中在适当地方予以更正，且不再指出错误。

为统一讨论的口径，本文先做几个设定或规定：

（一）将清室善后委员会作为故宫博物院的前身，在言及《故宫物品点查报告》等出版时与故宫博物院视为一体，不再分拆。

（二）古物陈列所虽然 1947 年 9 月 1 日开始并入故宫博物院（1949 年 3 月完成整个接交工作），但本文的讨论将之摒弃在外，不予涉及。

（三）类似《北平故宫博物院工作报告》③、《国立北平故宫博物院职员录》④、《国立北平故宫博物院章制汇编》⑤、《故宫博物院南京分院保存库

① 出版处是故宫博物院为适应出版事业发展需要，于 1931 年成立，由秘书长李宗侗兼处长，同时兼任编辑组主任，吴瀛任印刷组主任，程星龄任发行组主任，杨心德任摄影组主任。出版处如此架构，应是秘书处的副牌。印刷管理机构也应是秘书处，而非总务处。国立北平故宫博物院属于国家机关，直属于国民政府，其组织架构是由《组织法》规定的，怎么能在《组织法》规定之外，凭空自己再设一个“出版处”？故宫博物院档案室保存了出版处的相关档案，1932 年 5 月 4 日制定的《改组发售室试行办法》，秘书长李宗侗及秘书吴瀛分别签字（故宫博物院：《通知改组发售室试行办法》（1932 年 5 月 4 日），故宫博物院档案室藏：《故宫博物院·领导指导类》第 37 卷，第 1—2 页）。1932 年 10 月《故宫博物院古物馆概览》有“以上二表所列流传刊物，均归本院出版处发行所发售”（故宫博物院：《故宫博物院古物馆概览》，北平：故宫博物院 1932 年版，第 21 页）。这是由于关于故宫博物院出版处情况不明造成的，确实需要认真探讨。但确实有对吴瀛在故宫博物院历史上的地位刻意夸大拔高的问题，最集中的论文是：王凡：《吴瀛与故宫博物院》，《故宫学刊》2015 年总第 15 辑，故宫出版社，2015 年 12 月，第 16—35 页。

② 张小李. 弘扬文化之先行——民国故宫出版事业先贤 [J]. 紫禁城，2016 (5).

③ 《北平故宫博物院工作报告》，据笔者知见有如下三类：一年一编的较多；多年一编的如《国立北平故宫博物院北平本院八年工作报告（1937 年 7 月至 1945 年 9 月）；还有院内各部门的如《故宫博物院图书馆工作报告》《故宫博物院文献馆工作报告》等，年份不全。三类均为铅字排版，字体、装式皆相同。笔者未见年份及品种，还望知情人士提供线索。

④ 故宫博物院. 国立北平故宫博物院职员录 [A]. 北平：故宫博物院，1937 (民国二十六年).

⑤ 故宫博物院. 国立北平故宫博物院章制汇编 [G]. 北平：故宫博物院，1936 (民国二十五年).

落成纪念册》①、《国立北平故宫博物院古物馆工作报告（廿六年五月份）》等工作总结、工作记录，都是内部工作使用的印刷品。故宫博物院发行所1936年编印的《国立北平故宫博物院出版物总目》、1937年编印的《SELECT LIST OF ART PUBLICATIONS OF THE NATIONAL PALACE MUSEUM》（《国立故宫博物院出版物选目》），列出所售各书的中英文书名，内容简介及价格，不是今天意义上的出版物，本文坚持这个标准，不将这些印刷品视为出版物。对于为了说明某个问题而对外公开散发（包括出版发行）的《故宫博物院处分无关文史物品经过概况》《故宫博物院三次标卖残废金质器皿经过情形》《故宫博物院处分皮货售出清单》等，则视作出版物。

（四）对于刊物和报纸使用学界统一的界定，不因为类似《故宫周刊》《故宫旬刊》用了"刊"名就认定为期刊，这是报纸。《故宫周刊》与《北京大学日刊》同为报纸的性质是相同的。但对于《故宫周刊》的合订本按出版物对待。刊物作为出版物本文统一加以论述。

（五）1933年故宫古物南迁上海后，9月，中央图书馆筹备处委托商务印书馆借印故宫博物院收藏的《四库全书》。次年影印结束，《四库全书》珍本共影印231种，另《影印四库全书四种》装潢等仿《四库全书》原本，可以此管窥《四库全书》原貌。又如1935年委托商务印书馆影印出版《选印宛委别藏四十种》。这些书都不是本院出版的，不在本文讨论范围之内。

（六）故宫出版的研究性期刊大概从一开始就有抽印本，如1936年10月院庆十一周年纪念出版的《文献论丛》，有本院专门委员及各专家来稿10篇、本院同仁研究报告14篇，现见到的有黄鹏霄、曹宗儒、张德泽等论文的抽印本。抽印本是期刊的有机组成部分，不应该作为单独的出版物来计数。

一、故宫博物院出版事业的开端

故宫博物院的成立起因于1924年冯玉祥北京政变后驱逐溥仪出宫，当

① 故宫博物院. 故宫博物院南京分院保存库落成纪念册［M］. 北平：故宫博物院.

时的摄政内阁为了解决溥仪出宫后的善后问题，于 11 月 20 日成立清室善后委员会，12 月 20 日善后会第一次会议通过《点查清宫物件规则》，12 月 24 日开始清宫物品点查[①]。为了让社会了解点查情况，清室善后委员会及时公布清宫物品点查清册，将《故宫物品点查报告》作为“故宫丛刊之一”公开出版，1925 年 3 月 1 日出版第一编第一册（乾清宫）。同年 3 月 15 日、3 月 20 日、3 月 20 日、4 月 1 日出版第一编第二、三、四、五册，之后第二编九册、第三编五册、第四编五册，以及 1925 年 12 月 25 日出版的第五编第一册，均署“清室善后委员会刊行”。此时，故宫博物院已在 1925 年 10 月 10 日举办开院典礼，正式成立了。1926 年“三一八”以后，北京社会动荡，政府变动频繁，故宫博物院领导层也不断更换，清宫物品点查时断时续，直到 1927 年 12 月 1 日才得以出版《故宫物品点查报告》第五编第二册，出版者已改署“故宫博物院刊行”。清宫物品点查至 1930 年 3 月基本结束，共出版《清宫物品点查报告》6 编 28 册。报告按中路、内东路、内西路、外东路、外西路、宫外各处分为六编，每编之下再以宫、殿、堂、园等为单位分册，较大殿堂一处一册，较小殿堂多处合为一册，记录了点查物品名称、件数、年代、残缺、包装等项，并冠以编号，自乾清宫始，至清堂子止，总计 28 册、94 万余个编号、117 万余件文物。各册卷首有凡例、清室善后委员会点查清宫物件规则、点查情形，卷首或卷末附封锁情形，卷末附点查人员统计表。清宫物品点查为紫禁城从皇宫向博物馆的转变奠定了基础，起到了积极的推动作用。

1925 年 7 月 31 日在点查溥仪寝宫养心殿时，发现了溥仪与社会上复辟势力相勾结、密谋复辟的信件，包括《康有为请庄士敦代奏游说经过函》《镶红旗蒙古副都统金梁条陈三事折》等 9 件，清室善后委员会将其编为《甲子清室密谋复辟文证》，后附善后会就清室复辟问题向京师地方检察厅、京师高等检察厅报案，并请求外交部驱逐英人庄士敦的往来信函 8 通，作为“故宫丛刊之二”，1925 年 9 月 1 日出版。

在点查物品的同时，根据《点查清宫物件规则》，要有摄影师随同出组，当时拍摄了不少相片，后来专门以“故宫丛刊之三”来出版《故宫摄影集》，1925 年 10 月 10 日出版第一编第一册（乾清宫），1925 年 11 月

① 章宏伟. 紫禁城：从皇宫到博物院［J］. 江南大学学报，2016（2）：52-61.

5日出版第一编第二册（交泰殿坤宁宫），均署“清室善后委员会刊行”。或许该摄影集是配合《故宫物品点查报告》出版，遗憾的是现在能见到的只有3册，还有1928年“故宫博物院工程科刊行”的一册。

1925年，《隋展子虔授经图》出版。

1926年6月2日，清室善后委员会刊行《故宫已佚书画目录三种》（故宫丛刊之四），汇集点查文物时发现的《赏溥杰单》《收到单》《诸位大臣借去书籍字画玩物等糙账》。

1926年“三一八”以后，李煜瀛遭通缉，清室善后委员会选举卢永祥、庄蕴宽为善后会正副委员长，维持故宫博物院局面。卢永祥没有到任，由庄蕴宽独力维持。庄蕴宽组织人力传拓《金薤留珍》古铜印谱24部，历时三个月，9月完成钤拓，并对外发行。是谱收录清乾隆朝搜集的秦汉铜印1291方。

毓庆宫藏汉铜印100方，可能是乾隆朝收集来用以补充《金薤留珍》印谱的，大都未见著录，数量虽少，价值却大，1927年，古物馆编目传拓，并名之为《毓庆宫藏汉铜印》。

王士珍任职故宫管理委员会时，图书馆掌故部本来计划将所藏宫内档案、军机处内务府档案“辑为长编，以存一朝文献”，由于该项工作过于庞大，于是决定每月编印《掌故丛编》一册，“先就清厘所得，随时刊布”，在内容上“皆就原文抄录”，在排列上“略以类从”。《掌故丛编》是故宫博物院最早编辑出版的一种期刊，当时“由美款中拨付伍百元为开办费”①，1928年2月出版第一辑，计划每月赓续编印，但也有“校印不及，以致迟缓”，直到1929年11月，《掌故丛编》才出版了10辑。每辑按专题刊发，内容选自清宫中档案、内务府档案、内阁大库档案及军机处档案等。计有清帝谕旨、《钦定宫中现行则例》、仁宗遇刺案、年羹尧、鄂尔泰奏折、英使马嘎尔尼来华案，以及王锡侯字贯案、王沅爱竹轩诗案、太平天国文件、禁书目录、西征随笔等。

由以上的叙述可以看出，故宫博物院在北京政府时期，由于草创伊始，社会动荡，领导层更换频仍，在开放之余，主要工作围绕物品点查来开展，出版只是取信于社会的一种手段，没有计划，也没有多少成果。

① 《掌故丛编》创刊档案，1928年1月13日。美款指美国退还的庚子赔偿，由中华教育文化基金董事会管理。

或许可以将《掌故丛编》的创办看作故宫博物院出版自觉的一种积极举措。

1928 年，据清内府刻本排印清汪景琪撰《读书堂西征随笔》[①]。汪景祺，原名日祺，字无己。浙江钱塘人，康熙五十三年（1714 年）举人，雍正二年（1724 年）初曾随年羹尧西征。此书即以其西征途中按日所记的见闻笔记整理而成。不分卷，杂记清初政治、军事等方面的史事，如年羹尧击败罗卜藏丹金的功绩，康熙年间西北吏治的腐败，青陕地区的民变、熊赐履修《明史》的经过及清初某些官吏的事迹等，也述及一些地方的风土人情及异闻。由于书中夹有讥讽清统治者的语句，所以此书当时即在“悖谬狂乱”的罪名下被列为禁书，作者也因此遭杀身之祸。

二、国立北平故宫博物院出版事业的繁荣

1928 年 6 月，南京国民政府接管故宫博物院，经过经亨颐“废除故宫博物院案”的周折，南京国民政府终于在 10 月颁布了《故宫博物院组织法》，明确了故宫博物院的地位与任务。《故宫博物院组织法》第一条规定：“中华民国故宫博物院直隶于国民政府，掌理故宫及所属各处之建筑物、古物、图书档案之保管开放及传布事宜。”“传布”就是故宫文化的播扬流传，故宫文化的传播成为故宫博物院的重要使命。组织法还明确规定各馆处的任务，古物馆有传拓摄影、图书馆有善本图书影印、文献馆有清代史料之编印等任务事项。总务处的十项“执掌”中的第 3 项是“关于征集统计材料及刊行出版的事项”。故宫博物院的工作走上正轨，工作重点从前期的点查转入整理、保管、开放与传布，并且把整理、刊印、传播故宫文化作为一项自觉使命，通过各类出版物，介绍故宫的文物藏品、明清档案以及紫禁城宫殿建筑，在学术界、文化界乃至全社会都产生了重大影响。此时，还有办理清室善后委员会作为出版单位继续存在。

1929 年 2 月，国民政府任命易培基为故宫博物院院长。博物院的下属机构，业务方面为古物、图书、文献三馆，事务方面设总务与秘书两处。1929 年 3 月 1 日，国府第 22 次国务会议决议，派易培基兼北平故宫博物

① （清）汪景琪. 读书堂西征随笔［M］. 故宫博物院据清咸丰年内府刻本排印本，1928（民国十七年）.

院古物馆长、张继兼文献馆长、庄蕴宽兼图书馆长、马衡为古物馆副馆长、沈兼士为文献馆副馆长、袁同礼为图书馆副馆长。3 月 17 日，张继、马衡、沈兼士、袁同礼到故宫任职。4 月 11 日，总务处俞同奎处长就职。随着各馆处领导的到任，故宫博物院迈入了一个新的时代，各项事业全面开展起来。

在出版方面，最先动起来的是文献馆。文献馆由原图书馆掌故部分列出来，继续整理、编目宫内各处旧存档案。这方面应该说是基础最好，档案整理工作从 1926 年以来，一直持续不断地在进行着，故宫管理委员会时就编印《掌故丛编》。文献馆成立后，开始影印出版《筹办夷务始末》，这是晚清官方编修的大型外交档案汇编，自道光十六年（1836 年）议禁鸦片开始至同治十三年（1874 年）止，计道光朝八十卷、咸丰朝八十卷、同治朝一百卷，1929 年—1930 年刊行，俾全国人士明了清末外交事件始末，及早实现废除不平等条约。1929 年，文献馆又将《交泰殿宝谱》石印出版，由易培基题书名。乾隆十一年（1746 年）对交泰殿所藏前代三十九方皇帝御宝重新考证排列，确定御宝总数为二十五方，并制成宝谱，对皇帝行使最高权力标志的国家御宝的宝文、形制、保管、使用等作了基本规定，“盖天子所重，以治宇宙，申经纶，莫重于国宝”。1925 年驱逐溥仪出宫，鹿锺麟也是先接收两方国宝送到国务院。文献馆还从景山寿皇殿与宫内所藏清代帝后画像及行乐图中，选编了 120 幅，辑为 4 册，为《清代帝后像》，1929 年—1933 年出版。

绘画集有《历代帝后像》①、《清代帝后像》②，系搜集景山寿皇殿及宫内藏本，以珂罗版影印而成，供研究掌故者参考。除帝后画像外，尚有“行乐图”多件，亦一并列入。

1929 年，图书馆编印了《故宫善本书影初编》，收录书影 41 种，计经部宋本 9，影宋本 2，元本 5，影元本 1，共 17 种；史部收宋版 5，元本 2，共 7 种；子部收宋本 1，影宋本 1，元本 3，共 5 种；集部收宋本 6，元本 6，共 12 种。书前的解题目录出自本院专门委员张允亮。

---

① 历代帝后像（1—4 期）[M]. 北平：故宫博物院，1929—1931（民国十八年至二十年）.

② 清代帝后像（1—4 期）[M]. 北平：故宫博物院，1929—1931（民国十八年至二十年）.

古物馆则创办了综合性的艺术类刊物《故宫》（月刊），以“荟萃普及”为宗旨，“分建筑、雕刻、书画、铜磁器、史迹各类，凡具有艺术及历史价值者均在网罗之列”，每期收录20件，宣纸珂罗版精印，大本线装，月终发行。自1929年9月开始，至1936年共出版了44期。创刊时古物馆馆长易培基还未到任，吴瀛说是总务处长俞同奎在主办。而第一期创刊缘起为秘书处秘书长李宗侗所写。

1929年10月10日创办的《故宫周刊》，其实是一份报纸，不应算作期刊。这是我们讨论问题时必须有的一个共同认定的定义。这张8开小报（每期4版或8版）由秘书处秘书吴瀛主编。《故宫周刊》自创办后连续出版510期后，改为《故宫旬刊》，出了32期，因为抗日战争全面爆发而停刊。合订本共装21册，如第1—26期合订为第1册，1930年4月发行。

1929年故宫的出版主要仰赖中华教育文化基金董事会的经费补助，中华教育文化基金董事会管理的是美国庚子退款。截至当年6月，出版方面支出，计有点查报告656.075元、《掌故丛编》519.8元、善本影印786.4元、《故宫月刊》300元、夷务始末样本45元、影印宝谱200元，还有建筑明信片2574元[①]，从支出金额来看，数量不少。从这份档案来看，1929年度的出版实际是延续的去年的工作。当年8月29日故宫博物院制定了领受中华教育文化基金会董事会补助费收支办法八条：“第一条，本院领受中华教育文化基金会董事会补助费，由总务处会计科依照该会补助费登记及稽核办法，另立工簿据保管收支。第二条，收领该款时，由会长或副会长发据收条领收储存指定之银行，提用时用支票支领。支票印鉴由会长或副会长签署。第三条，各馆支用该款须按照原定预算科目金额开支，由该馆馆长或副馆长及各该处主管委员签具请款单，附同商号账单，请会长或副会长核准知照总务处交由会计科登记支发。请款单须与商号账单收据相符，每一单据只可填写一科目之账目。第四条，各馆处预算科目所定金额如不能按目分支可先后举办，但所支项目不得超过各该馆处本期应分得之数。第五条，各馆处科目中的出版物文由发售室出售。第六条各馆处出版物之售价应划归各该馆处收支费下，为该馆之费，不得移作别用。但遇必要时得依各该馆处之同意下办理。第七条，各馆处领用该款细账由各馆处主管

① 造送一九二八年度收支报告表及支出结算表案由，故宫博物院档案室藏财务档案，编号：jfqggcw100038。

人员负责查核，每月终由会计科将所有收支账目分别核给，一次报告公布之。第八条，本办法自核定公布日施行。”①依据领受中华教育文化基金会董事会补助费收支办法，故宫自然十分重视出版物的发行出售回款。5月31日,修理了北平本院出版物发售室，11月，将出版物发售室分为文书部、会计部、发售部、代订部共四个部门，派专员负责，改良管理办法，四部分工合作，各尽其责。

1930年1月1日，故宫博物院刊行《故宫已佚古物目录二种》（故宫丛刊之五），含《清室内务府与北京盐业银行合同三件》（附抵押品清单两件，由内务府档案查出）、《清内务府招商标卖瓷器、玉器、古铜估价单》两份目录。

1930年古物馆创办了月刊《故宫书画集》，以玻璃版精印书画名迹，按月发行，以补《故宫》及《故宫周刊》之不足，“俾尽量介绍吾国书画艺术于世界，使一洗珍秘之习焉”。每期收录书画作品20件，每幅图后附有著录，略述名家款识印记、绘事传承，宣纸珂罗版精印，大本线装，到1936年共出版了47期，先后发表940幅作品，具有较高的艺术鉴赏价值。多次再版重印。据版权页记载，此书共印行了4版，初版650本，再版、三版各印500本，四版时印行100本。

国立北平故宫博物院的组织架构为三馆两处，文献馆从图书馆掌故部独立出来。1930年3月起，原有的《掌故丛编》改为《文献丛编》出版第一辑，先后整理发表的史料有苏州织造李煦奏折、康熙朱笔谕旨、康熙与罗马使节文书、雍正朝关税史料、雍正朝文字狱、圆明园史料、修建京师大学堂史料、俄罗斯档、乾隆朝文字狱、乾隆朝天主教流传中国史料、荷兰国交聘案、英吉利交聘案、鸦片战争之中英交涉史料、英法联军战役之中英、中法交涉事件、太平天国史料、教案史料、徐锡麟革命史料、秋瑾女士亲笔告国人书、台湾风俗图等。即便1937年北平沦陷，《文献丛编》仍然继续出刊，直到1943年，共出版了46辑。

因“本院文献馆所藏各种档案，多属有清一代之重要史料。其中凡可以单行成书，或类聚多数文件加以系统整理者，已就其性质类别分别编印《文献丛编》及《丛书》行世。惟是贮藏浩繁，整理需时，倘仅恃《丛编》

① 公布本院领受中教文基委会补助费收支办法由，故宫博物院档案室藏财务档案，编号：jfqggcw100016。

《丛书》两种刊物发表，惟恐时日稽迟，数量微少，不足以餍海内学者之渴望，兹特加出《史料旬刊》一种，以辅《丛编》之不及。凡属有关文献可供考征者，随时发见，即行刊布，片鳞只爪，兼容并纳”。“虽与《文献丛编》并行，而体裁各异”①，从1930年6月1日起到1931年，《史料旬刊》② 出版了40期，先后选编发表的档案有俄罗斯国喇嘛学生案、雍正安南勘界案、道光十一年（1831年）查禁鸦片烟案、乾隆二十四年（1759年）英吉利通商案、道光朝外洋通商案、乾隆朝外洋通商案、咸丰十年（1860年）英法兵入京焚毁圆明园案、割辫案、朱三太子案、嘉庆诛和珅案、台湾黄教案、河南青阳教案、道光朝关税案、道光朝留中密奏等。

清代军机处成立后，内外奏章由内奏事处送皇帝批阅，再交军机处抄录副本，将原件发还，所抄副本存方略馆，即为军机处档案。1914年，国务院将这批档案移置国务院集灵囿。1926年，经陈垣等争取，国务院将这批军机处档案移交故宫博物院。所有档册折包共庋49架，凡档册7969本、折包3535包，80余万件③。故宫一直在整理这批档案，经多年坚持不懈地努力，终将各档名称件数按年编为简目，1930年，出版《清军机处档案目录》。

雍正帝在生前曾将历年朱批奏折分别选刊颁赐廷臣，乾隆三年（1738年）又将雍正帝检录的朱批谕旨刊印。雍正朝奏折散存故宫各档箱中，凡已刊者原包标书“已录奏折”，未刊者书“不录奏折”。文献馆整理此项档案时，将没有刊印的1000余件档案，按其内容摘取略由编为总目，包括包号、人名、案件、略由、件数、备考各项，1930年出版《雍正朱批谕旨不录奏折总目》。

由1930年文献馆的出版物，可见文献馆职工一直以来工作的勤勉、成果的丰硕。

---

① 故宫博物院史料旬刊发刊前记［J］. 史料旬刊，1930（1）：1.

② 张小李主编《秘藏印行——故宫博物院早期（1925～1949）出版物展》“《史料旬刊》”条下的知识链接，引朱家溍的回忆“加紧出版《史料旬刊》”，说：“抗日战争，古物南迁，也包括历史档案，他们预料这个旬刊（《史料旬刊》）将要中断。为了加紧出版旬刊，必须缩短周期……”（故宫出版社，2016年5月，第162页。）朱家溍的说法有误。《史料旬刊》1931年就中止了出版，此时谁都不知道后面中日关系的发展，谁都不可能想到故宫会有古物南迁，如何预料？编者选这段话作知识链接，误甚。

③ 故宫博物院文献馆. 清军机处档案目录［M］. 北平：故宫博物院，1930.

本年，图书馆的出版物主要是影印、排印典籍，影印的有宋刻本《淮海居士长短句》、明刻本《柳贯上京纪行诗一卷》、明金粟园刻本《太平清调迦陵音一卷》、明刻本《李孝美墨谱三卷 明潘膺祉墨评》。排印的有《射阳先生存稿》《殊域周咨录二十四卷》。

影印《宋四家墨宝》，收录苏、黄、米、蔡作品 16 件，册后附说明、释文及收传印记考。

1930 年出版《定武兰亭真本》，此本元柯九思旧藏，清经训堂毕秋帆得之；嘉庆间，毕氏籍没，入清内府，编目于《石渠宝笈三编》。影印本大多有说明、作者小传及收传印记考，有宣纸和高丽纸本两种印本。1932 年 1 月出版的《唐明皇鹡鸰颂》的版权页上可售书广告中有《柯九思家藏定武兰亭真本》，定价大洋一元五角。但 1932 年 2 月出版的《王原祁仿古山水册》版权页出书广告有《柯九思珍集定武兰亭正本》，但标为“印刷中”，该书应该就是《柯九思家藏定武兰亭真本》，已经出版了，不知为什么还出现异名？异名当是印刷错误，“印刷中”应是重印。

1930 年，出版《宋人法书》（1—4 册，第 1 册分上、下卷），收录原藏于乾清宫的《宋徽宗欲借风霜二诗帖》等 95 人作品 98 件。

1930 年出版《名画琳琅》（宋元明名人真迹十二），作品原贮乾清宫，《石渠宝笈续编》著录，包括宋范宽《群峰雪霁》、梁楷《泼墨仙人》等作品 12 幅，每幅之后都有详细的文字说明，包括质地、尺寸、款识、作者小传等。

1930 年，故宫将明信片汇辑为《故宫书画信片》出版，磁青布匣装，每辑一匣，每匣 100 张，内容类别有历代名画、法书、名人画扇、玉玺印、扇面、瓷器、铜器等。到 1934 年，共出版了 15 辑。

1930 年，故宫博物院还拟出版多种外文的图籍古器，以广流传，但因时局变化，文物南迁，此一计划，未能实现，但从所设想的项目，也可见当时故宫人传播中华文化的使命感。当时之计划如下①：

（一）建筑图绘。故宫殿廷之彩画雕刻，在在均有美术价值。日本伊东忠太博士及瑞典 Osowald Siren 教授对此均有著作。惟彼等之

① 民国十九年本院全年工作报告［A］. 北平：故宫博物院.

书，对于清宫内廷，因当时进内不便，所获材料甚少，殊非完璧。不知中国建筑之最富有美术者，厥维宫殿，而精华所萃，又在宫殿中之所谓内廷。现由本院搜罗材料，拟将各处最精美之图案，或用照相法照出，或觅有经验之油画匠，照原来之彩色依样绘画。汇集精印，加以各国文字之说明，以飨世界学者。

（二）古代瓷器图说。中国古瓷，声闻于世已久。而古瓷种类之完备，及数量之多，尤推故宫所收藏者为第一。然以如许之宝物，不使其图像及其艺术之特长处，使世界学者均有机会流览，殊属可惜。故本院拟编出一种古瓷谱，将其图像分类精印，并请专家加以考证说明，以各国文字宣传之。

（三）古代铜器图说。中国古代铜器，远由四五千年前流传至今。为研究中国古代文化者必需之参考品。宫中收藏精美完整铜器千余件。亦拟照出图像，以原来色彩精印之。并加各国文字之说明。

（四）书画专集。中国画，以写意为特长。故各种之画，愈经研究愈觉意味深长。诚如文学家所作之古文诗歌，百读不厌也。近来欧美人士，研究中国画者亦不少。兹为便利介绍于世界起见，院中拟择古代最有名之画，精印中西文专集，或月出一册，以飨研究中国美术之人士。

（五）翻印书籍。宫中藏书，有关于中国掌故历史或文学艺术者极多。皆为研究东方文化者所必读之书。而海内只此孤本，外间搜求不易，现拟择要复印百余种，籍供中外图书馆之需求。

1931 年 3 月 18 日，易培基到北平，专办故宫博物院事，开始视故宫博物院为自己的终身事业。易为“三一八”关系者，故特于是日到平。1931 年 5 月 26 日，行政院定李宗侗为北平故宫博物院秘书长。易培基来到故宫，同秘书处、总务处的同仁在一起办公，全院同仁齐心协力，奋发工作，使故宫博物院的各项业务均获很大发展，故宫博物院进入了蓬勃发展的时期。“前二年（1929、1930）本院之工作，为草创的，为普及的，不论何事，随手举办。办事成绩，虽似较多，但其缺点，则在无统系，无一定目标。本年度则渐由草创工作，进为有趋向之工作，其最大目标，一面倾向于整理保管方面。一面倾向于流传方面。此两种工作，为本年度就财力所及，而尽量发展之趋向。”[①] 1931 年，故宫博物院为加强出版，做出了两项重大举措：一是成立出版处，统筹管理故宫的出版事业。由秘书长李宗侗兼处长，同时兼任编辑组主任，吴瀛任印刷组主任，程星龄任发行组主任，杨心德任摄影组主任。二是成立故宫印刷所。1931 年特由本院呈准行政院，与杨心德私人创办之印刷工厂，合资另组故宫印刷所，于 3 月 10 日正式成立，其性质为官商合办。有学者说：“这一专门机构的组织和技术保障，更直接促进了故宫博物院出版事业走向‘辉煌’。”[②] 从以下年份的出版物来看，故宫印刷所并没有表现出多么强劲的推动力。

1931 年 5 月，北平故宫博物院文献馆编的《清代文字狱档》（第一辑）出版，全书共分九辑，1934 年出齐，辑录了雍正、乾隆年间近 70 宗文字狱案，所辑内容取之于军机处档、宫中所存缴回朱批奏折、实录。“各案著录之顺序，以发现之先后为次。每一案中文件排列之顺序，用纪事本末体以年月为次。”

文献馆在整理清内阁实录库档案时发现康熙年间三藩事件的文书千余件，有各将军府文档、札付令牌及印记、各部院钞送内阁典籍厅之题本、方略馆编辑平定三逆方略之钞档及稿本、各司致内阁典籍厅之手本等，1931 年—1932 年，辑为《清三藩史料》（一至六辑），以《文献丛编增刊》名义出版。

1931 年，影印清乾隆年武英殿刻本《钦定河源纪略三十六卷》。《河源纪略》为纪昀等奉敕撰，内分七类，依次为图说、列表、质实、证古、辨讹、纪事、杂录，卷首一卷为御制诗文，书后有卢弼撰《河源纪略跋》。

1931 年 8 月，故宫博物院图书馆编辑出版《故宫方志目》，收录自明正德年间至民国初年的地方志 1700 余种，著录书名、卷数、编者、版本、册数，正文列刻本，按省份排列，顺序依次为直隶、盛京、吉林、热河、山东、河南、山西、江苏、安徽、江西、福建、浙江、湖北、湖南、陕西、甘肃、新疆、四川、广东、广西、云南、贵州；附录列活字本；册末为“方志目索引”，按笔画排列；书前有江翰序，略述成书背景。

1931 年—1935 年，《郎世宁画》一至五集出版。

---

① 民国二十年本院全年工作报告［A］. 北平：故宫博物院.

② 朱赛虹. 故宫博物院出版事业的首度辉煌——民国时期出版综论［J］. 故宫博物院院刊，2011（1）.

故宫博物院在印行《金薤留珍》和《毓庆宫藏汉铜印》之后，又发现了两箧印，一箧计官私印 244 方，一箧计官印 10 方，均以佩文诗韵为序排列。这两箧印于乾隆时收入内府，因原谱钤有“避暑山庄”玺，故命名为《避暑山庄藏汉铜印》，古物馆 1931 年编印出版，系拓印本。

1931 年，《虞集澄泉结翠研文印谱用本》出版。

1931 年 10 月，袁同礼《北平故宫博物院图书馆概况》出版（1936 年再版），这是故宫博物院各馆介绍最先出版的一种。《北平故宫博物院文献馆一览》《故宫博物院古物馆概览》先后于 1932 年 1 月、10 月印行。

1931 年，介绍导引类图书，出版有英文本 *The Palace Museum of Peiping*。

故宫博物院从 1931 年 12 月出版《印谱日历》起①，几乎就掀起了日历出版的故宫特色。《印谱日历》为活页悬挂式，从《金薤留珍》谱内精选秦汉私印 732 方冠于日历上首，随时序渐次变更印章，日期等文字为铅印字体，背面为“本日记事”。1932 年—1936 年出版的是《故宫日历》，曾选用汉魏碑帖集字表现日期，并配以器物、书画的图像，十分典雅。

1932 年，吴瀛著《故宫博物院五年经过记》出版。内容包括记溥仪出宫、办理清室善后委员会、故宫博物院之草创、维持时期、奉方管理委员会、南北统一接收时期、国府颁布院法正式组织等。本书是第一部故宫博物院史著作，曾在《故宫周刊》连载。

1932 年，图书馆影印出版《天禄琳琅丛书》第一集②（第二集未付印），包括《论语集解》《孟子赵注》《尔雅郭注》等 15 种。乾隆九年（1744 年），下令内廷翰林检点内府善本，择其优者移藏于昭仁殿，御笔亲题匾联“天禄琳琅”，悬于殿内。“天禄”取汉朝天禄阁藏书旧事，“琳琅”乃美玉之称，意谓内府藏书琳琅满目，价值非凡。嘉庆二年（1797 年）内廷交泰殿火灾波及昭仁殿，所有秘本尽化为灰烬。同年嘉庆帝敕命重修昭仁殿，并命先将御花园内各殿所藏秘笈宝简移置殿中，同时又从各地陆续

① 现有对故宫日历出版时间的叙述，无论是论文还是《秘藏印行——故宫博物院早期（1925～1949）出版物展》图录，都忽略了日历出版在时间上要在头年的特点，因而叙述都是错误的。

② 该书函套封面署书名“天禄琳琅丛书第一辑”，但书中《叙目》前署书名“天禄琳琅丛书第一集”。

征集的许多善本图书中择优入藏其中，于是昭仁殿又复旧观。天禄琳琅藏书荟萃了宫中藏书的精华，在清宫丰富的藏书中最具价值，有不少是流传有序、极为罕见的古籍，孤本秘笈为世重宝，各书校勘精审、刻印精良、装潢讲究、流传有序。

1932 年 4 月，影印出版乾隆四十二年（1777 年）武英殿刻本《明史本纪》二十四卷，附校刊原本补本异同录。4 月，据清嘉庆抄本排印了《清宫史续编》一百卷。

何澄一编《故宫所藏观海堂书目》四卷，1932 年出版，著录 1926 年拨交本院保管、曾辟专室庋藏阅览的杨守敬“观海堂”藏书 3100 余种。

1932 年—1933 年，出版《故宫名扇集》1－10 期，每期收录 20 件作品，画家有明文徵明、董其昌、文彭、文嘉、文伯仁、文从简、文从昌、文从先、文震孟、文俶、文柟等，清人有恽寿平、王时敏、王鉴、王原祁、王翚等。

1932 年出版的《王右军三帖墨迹》收晋王羲之书《平安帖》《何如帖》《奉橘帖》。

1932 年，出版《北宋朱鋭赤壁图，附金赵秉文书和东坡词卷》。

1932 年 1 月，石印出版唐玄宗李隆基撰并书的《唐明皇鹡鸰颂》。从该书版权页上可见，已出版的还有《朱子尺牍真迹》《宋四家墨宝》《沈石田山水册》《柯九思家藏定武兰亭真本》《名画琳琅》《宋元集绘》《明人书札》《唐吴彩鸾唐韵》《王麓台仿古册》《恽南田山水册》。

1932 年 2 月，珂罗版影印《王原祁仿古山水册》，收画 12 对幅。该书版权页上在售书目有《夏珪长江万里图》、《宋人法书第一册（上下卷）》、《宋人法书第二册》、《宋人法书第三册》、《宋人法书第四册》、《恽寿平山水画册》（《恽南田山水册》）、《名画琳琅》、《朱子尺牍真迹》、《宋四家墨宝》、《沈石田山水册》、《赵孟頫书急就章》（从此以下为印刷中，故下本书名有异）、《柯九思珍集定武兰亭正本》（《柯九思家藏定武兰亭真本》）、《宋元集绘》、《历代名绘》、《明人书札》、《唐吴彩鸾书唐韵》（《唐吴彩鸾唐韵》）。

1932 年，珂罗版影印《赵幹江行初雪图》，这是现存最可信的五代南唐画迹之一。

1932 年，出版《晋王羲之快雪时晴帖墨迹》《宋贤笺牍》《宋贤遗翰》。

1932 年出版的《宋元画萃》，花鸟、山水各一册，仅有图版，无著录文字。该书两册版权页上均印有“本院出版物简要目录”。

1932 年出版的《历朝画幅集册》，收李成《瑶峰琪树》、惠崇《秋浦双鸳》等作品 6 幅。

1932 年将旧藏造办处的铜制《皇舆全图》提存馆中整理并就原版付印。此图系乾隆年间何国宗、明安图等测绘，法国人蒋友仁制作，共分十三排，一百零四方，出版时更名为《清乾隆舆地全图》。

故宫博物院在整理内阁大库档案时发现“朝鲜迎接都监都厅仪轨”二册，一为明万历三十六年（1608 年）朝鲜王李昖卒，中国遣使赐祭事；一为天启元年（1621 年）熹宗登极颁诏朝鲜事。因赐祭仪轨已分期发表于《文献丛编》，1932 年遂将颁诏仪轨刊行专册《朝鲜迎接都监都厅仪轨》。

《康熙与罗马使节关系文书》系清康熙四十四年（1705 年）、五十九年（1720 年）罗马教宗格勒门第十一两次派使节来华交涉的汉文文书，共 14 通，其中多有康熙朱笔批改之处，反映出康熙对西方天主教及传教士由宽容到禁止的态度转变。1930 年出版的《文献丛编》第六辑曾照康熙改稿排印一次，阅者以未见原稿为憾，1932 年复照原稿影印出版，题名为《康熙与罗马使节关系文书影印本》，其中 9 件未具时间者由陈垣考订了有关文书年代的次第。

故宫博物院在整理内阁实录库档案时，先发现乾隆四年（1739 年）纂修本《太祖高皇帝实录》，当即排印出版。继又发现《清太祖武皇帝努儿哈奇实录》十卷，未署著者名氏及纂修时间。该实录自崇德成书后，在顺治、康熙、雍正、乾隆四朝屡有修改，史实被删改歪曲，此实录据方甦生考证是顺治年间重修本，行文质朴，保留有很多其他版本未载的史实，可信度较高。1932 年排印出版。

因《筹办夷务始末》记事起自道光十六年（1836 年），而清代与各国的交通实不始于此，为了弥补其不足，本院从军机处存档中继续搜辑嘉庆朝、道光元年至十五年，有关各国交聘、通商、传教、边防等的上谕、奏折、照会、书札等文书，编年系月，按日详载，编为《清代外交史料》（嘉庆朝）和《清代外交史料》（道光朝），1932 年—1933 年出版。

本院文献馆从清代军机处档案、档册和折包中取材，1932 年 3 月编辑出版了《清光绪朝中日交涉史料》，系统地记录了光绪朝中日关系及有关交涉事宜，包括日本侵占琉球、侵犯台湾、胁迫朝鲜签订《江华条约》、中日甲午战争等。同类出版物还有《清宣统朝中日交涉史料》《清光绪朝中法交涉史料》等。

1931年易培基来院后，组织处分物品临时监察委员会，着手实施处分无关文化历史之皮货、药材、食品、绸缎等物。三次处分物品，惹起社会间严重注意。为了澄清自己，公布实情，故宫博物院1932年出版了《故宫博物院处分无关文史物品经过概况》①、《故宫博物院三次标卖残废金质器皿经过情形》和《故宫博物院处分皮货售出清单》等小册子。但最终还是没能扭转局势的发展。1932年10月，监察院以北平故宫古物院盗卖古器案真相不甚明了，派监察委员周利生、高鲁到北平调查其事，结果是呈请国府将故宫博物院院长易培基移付惩戒弹劾。1933年6月22日，易培基辞故宫博物院院长职。7月15日，故宫博物院理事会议，院长易培基因病辞职照准，并去电慰问，请安心疗养，并以理事兼古物馆长马衡代理。

1933年1月，日军进扰华北，攻陷榆关，平津十分危急。故宫博物院各馆处因而加速文物装箱工作。1933年2月6日，故宫古物正式起运。到5月15日，共运出五批文物到上海，共计19557箱（其中第二批开始加入了古物陈列所、颐和园和国子监的文物6066箱），贮藏在上海天主堂街和四川路法租界和英租界的仓库里。当年，故宫刊印了《北平故宫博物院古物馆南迁物品清册》《北平故宫博物院图书馆南迁图书清册》《北平故宫博物院文献馆南迁档案文物清册》。

1933年出版《（崇德七、八年分）朝鲜国王来书》，书前有1932年故宫博物院文献馆《叙言》。

1933年出版的《重整内阁大库残本书影》，系由内阁大库残存书籍中选定宋元以来旧椠《春秋谷梁传》《礼书》等及明清写本《尚书白文》《孝经总类》等共38种、57页，悉照原本影印。

1933年出版的《太平天国文书》，收录太平天国文书谕、呈、尺牍、职凭等12件，有的还有封套和钤印，由于均以原件影印，保留了文献的历史面貌。

1933年3月，图书馆编印《故宫所藏殿板书目》，书扉在书名后并有“此册便检点之用，尚有殿本书库现存目二卷嗣出”字样。书目分为经、

① 《故宫博物院处分无关文史物品经过概况》是此时的出版物，朱赛虹等误为1924年。

史、子、集及聚珍版、古香斋五卷，分别注记撰者、版本、册数、有无御制序等项，数量约为280余种。1933年5月出版的《故宫殿本书库现存目》是前目的姊妹书，内容为南迁后殿本书库目录的重编本。其收录范围，“……至御制、钦定以及呈览诸书，凡刻本、写本、抄本、铜版、聚珍、石印、铅印等（石印、铅印除官书外，均以奏准为限），但与内廷有关者，均归之为殿本书库，即武英殿库之遗意也，编兹书目，一以殿本书库之有无为断，名曰《故宫殿本书库现存目》，以备览者参稽”①。书目收录的并不是严格意义上的殿本，而是广泛意义上的内府的版本，收录品种约490种。

1933年6月，李德启编、于道泉校的《国立北平图书馆、故宫博物院图书馆满文书籍联合目录》由北平图书馆及故宫博物院图书馆合印出版，是第一部满文图书目录。

1933年出版的《天禄琳琅　四库荟要排架图》，将两种清宫陈设档案缩印为一书，以表格的形式记录了各书列架分层顺序摆放的情形。前半部为《天禄琳琅排架图》，前层十五架，后层二十架，共663部计1828函。宋、辽、金、元、明各序时代，仍分经、史、子、集；后半部为《四库荟要排架图》，计经部6架，史部10架，子部6架，集部10架。纵横有致，形象地反映了当年的陈设实况。同年校印出版了清于敏中、王际华等奉敕编的《摛藻堂四库全书荟要目录》。

1933年出版Simon Harcourt-Smith著 *A Catalogue of Various Clocks, Watches, Automata, and Other Miscellaneous Objects of European Workmanship Dating from the XⅧth and the Early XⅨth Centuries, in the Palace Museum and the Wu Ying Tien, Peiping*（《故宫钟表目录》），收录故宫博物院和古物陈列所武英殿收藏的18世纪和19世纪早期由欧洲生产的各种钟表115件。

1933年出版了套色石印本《黄庭坚书松风阁诗》。

1933年，出版《宋诸名家墨宝》。

1933年，出版《陆柬之书文赋真迹》《唐僧怀素自叙真迹》等，知见者有50余种。

---

① 陶湘. 故宫殿本书库现存目［A］. 故宫博物院图书馆，1933.

1933 年 3 月出版《故宫名画竹集》第一集，收录作品 20 件。《故宫名画竹集》第二集 1936 年 11 月出版，第一集同期再版。

1933 年，据明林有麟原刻本重印其所撰《素园石谱四卷》。

1933 年，原藏延春阁的《宋拓定武兰亭序》影印出版。

1933 年，珂罗版影印出版了《宋拓道因碑》。

1933 年，《宋拓岳麓寺碑》。

1933 年—1935 年，出版过系列《故宫信片》。今见者有 15 辑，每辑一类，计有名画、画扇、法书、扇面、青铜器、瓷器、清代宝玺、台湾风俗图等，有的专辑还分甲、乙等若干编，每辑 100 张。

1934 年，影印《广西沿边各营驻防中越交界对汛法屯距界远近图》。

1934 年，出版《故宫已佚书籍书画目录四种》，册前“弁言”述及缘由：“民国十四年三月十九日点查毓庆宫，至余字九六四号五四时发见题名《诸位大人借去书籍字画玩物等糙账》一册，内有‘宣统庚申年三月记’等字样，当时颇讶其可随意借取，继又于是年七月三十一日点查养心殿至吕字五二四号更发见‘赏溥杰单’一束，又‘收到单’一束，二者大体符合，内计宋、元、明版书籍约 200 余种，唐、宋、元、明、清五朝字画 1000 余件，皆属琳琅秘籍、缥缃精品，《天禄》书目所载、《宝笈》三编所收，择其精华大都移运宫外，国宝散失，至堪痛惜，兹将三种目录印行，用告海内关心国粹文化之人。该书原稿计有四种：一、赏溥杰书目；二、（溥杰）收到书画目录；三、诸位大人借去书籍字画、玩物等糙账；四、外借字画浮记簿。其中三、四两种性质大致相同，初版时混而为一，今改称四种，并于四种中各影印原稿一幅，用示本来面目。”每种皆列细目，注卷数、册数或函数。

1934 年，图书馆编辑出版《故宫善本书目》三卷，内分三编：一为“天禄琳琅”现存书目；二为“天禄琳琅”录外书目，录《天禄琳琅书目》后编未录或《后编》既成而后续进宫的书；三为《宛委别藏》书目，为阮元所进《四库》未收之书。书前有本院专门委员、版本目录学家张允亮所撰识语。

图书馆在将所藏善本、殿本、方志等各编书目后，再将所遗之书 9400 余种，编录为《故宫普通书目》，于 1934 年出版，卷前有图书馆馆长江瀚所撰序言。

1934年，由张国瑞编纂的《故宫博物院文献馆现存清代实录总目》出版。按清制，《实录》例有正、副本五份，每份汉、满、蒙文各一部，书皮分饰大、小红绫及小黄绫，分贮内府各处。此目以列表形式著录，首载《清各朝实录总表》《清太祖太宗世祖三朝实录初纂本》，分列朝代、起讫年月、函数、卷数、纂修年月、告成年月、监修总裁名氏诸项。以下依次为《乾清宫实录》《皇史宬实录》《实录库实录》《清史馆实录稿本》诸目录。各目又按汉文、满文、蒙文分别列表，说明存佚内容及卷数。对各种《实录》的修纂经过、收藏处所及装帧情况叙述甚详。

1934年，《宋徽宗池塘秋晚图》用珂罗版并套色石印出版。

1934年出版英文本故宫说明书 *Guide to the Palace Museum Peiping, China*。

1935年，本院出版了伦敦中国艺术国际展览会筹备委员会编的《参加伦敦中国艺术国际展览会出品目录》。故宫博物院共有735件艺术品入选展览，占伦敦中国艺术国际展览会展品总数的77%。

1935年，据宋椠袁州本影印《昭德先生郡斋读书志》。

1935年，影印罕见之本《碎金》。

1935年，据清乾隆四十二年（1777年）武英殿刻本排印清王筠撰《史记校二卷》。

1935年1月，张德泽编辑的《清季各国照会目录》（第一册）出版。文献馆在整理清军机处档案时，清厘出道、咸、同、光四朝各国照会3872件，计有英、法、美、俄、日、德、意、和、比、丹、布、奥、巴西、大西洋、秘鲁等十数国，多为《筹办夷务始末》及《清季外交史料》所不载，与近代外交史关系密切，因按国编年，逐件摘由，编制详目，每国之后，各附照会具名官员表及要件索引。表格形式为朝代、年、月、日，具照会人、事由、字号，以便检索。共成4册，1936年出齐。

文献馆在整理内阁大库各项档册时，发现不同时代的红本、书籍表章、实录、记注、史书及杂项等文件百余册，为研究两库档案书籍之来源、历年增损、现在存佚等问题的重要参考资料，由方甦生分类编辑为《清内阁库贮旧档辑刊》（6册），于1935年出版。

1935年，为纪念故宫博物院成立10周年文献馆出版了《文献特刊》。内容分为四部分：第一部分为图版，有皇极殿、九龙壁等建筑图和档案原件，共16件；第二部分为论述，有陈垣《记吕晚村子孙》、孟森《史与史料》、余嘉锡《书册制度补考》三篇论文，孟森《中国历代史料之来源并拟现代可以收集之方法》、蒋廷黻《欧州几个档案库》和姚从吾《档案馆与现代历史学的关系》等三篇讲稿，共6篇；第三部分是报告，有文献馆馆长沈兼士《文献馆整理档案报告》等7篇。第四部分为文献馆陈列室文物总目，有宫中、内务府、内阁和军机处档案中的原档陈列细目和重要文物清单。

1935年，出版清人宝恒编《升平署岔曲》。岔曲是我国北方曲艺八角鼓、单弦的主要曲调，盛行于清代乾隆年间，传说为乾隆时阿桂攻金川时军队中所唱的歌曲，由宝小岔（名恒）所编而得名，又称“得胜歌辞”。曲中以描景写情者最多，词句雅训、简洁，后传入宫中，高宗喜其腔调，命张照等另编词句，由南府太监演唱。曲词内容多样，或写景抒怀，或述古谈今，或改编诗文名篇，或歌功颂德，字里行间多粉饰之字句。

文献馆在整理档案时发现26支满洲木牌，为崇德元年（1636年）的军中报捷。木牌字体为老满文与加圈点满文两种，内容系记载战地杀敌，俘虏，及掠获战利品等事。李德启遵沈兼士馆长之嘱加以编译，并略考其内容与时代，1935年以《阿济格略明事件之满文木牌》书名出版。

1935年，故宫博物院文献馆将从懋勤殿档箱中发现的清乾隆四十二年（1777年）武英殿刻本《名教罪人》，列为《文献丛书》第二种出版。

同年，将宝应刘氏藏本《多尔衮摄政日记》和《司道职名册》合刊，列为《文献丛书》第十五种排印出版。

1935年影印出版的《历代功臣像》，原藏清宫外朝之茶库，民国初年划外朝之部为古物陈列所，则此图始移贮内廷，本院点查文物时，于斋宫发现上述图像，共21轴。图像次序依《国朝宫史续编》编次，以张良为首。

单幅作品有唐、五代、宋、元、明、清等诸家，如《隋郑法士观碑图》《唐贯休十六应真像》《刁光胤写生花卉册》《明宣宗子母鸡图》等，清《清金廷标秋山行旅图》《清香妃戎装像》《王原祁仿古山水》等，今知有百数十种。有些单幅作品还印行纸、绢、照片三种质地出售，无说明文字。

1935年，故宫博物院印行“出版物目录”，将院中所有出版物分为20大类：计有月刊（《故宫》及《故宫书画集》）、周刊（《故宫周刊》合订本21册及目录等)、书翰（29种)、名画（54种)、书画合璧（2种)、影印金石（7种)、印谱（影印《交泰殿宝谱》)、信片（13种)、地图（1种)、图像（2种)、书影（1种)、目录（15种)、史籍（9种)、史料（13种)、谱录（1种)、诗文集（5种)、杂著（9种)、特价刊物（10种)、最近出版刊物类（10种)、金石拓片（111种)、信笺、信封、请客柬（11种)。

1936年3月编印的《国立北平故宫博物院章制汇编》，收录本院29项规章制度，基本确立了故宫博物院的组织结构和工作原则。

1936年4月，文献馆编《内阁大库现存清代汉文黄册目录》出版。书中将顺治朝至光绪朝清代各部院衙门及臣工关于报销或例应造报的黄册6600余册，参照会典，依各册之性质，别为吏、户、礼、兵、刑、工六部，与在京各衙门黄册合并分类。各类之下，再分子目，按年排比，共有51类124目。书前有文献馆《弁言》《凡例》，附录《整理内阁大库清代汉文黄册之经过》。

1936年6月，文献馆编《整理档案规程》出版。该书归纳了明清文献档案的整理方法与原则，“档案整理八法”“秤不离砣”的档案整理守则等，对中国历史档案的整理研究产生了深远影响。7月间提交博物馆协会年会讨论，均无异议。同年11月再版时改名《整理档案规则》，本院向行政院行文，要求各机关整理档案时参考该书。

《国立北平故宫博物院年刊》1936年7月创刊，第一期有图版16幅，论文有唐兰《周王㝬钟考》、马衡《新嘉量考释》、励乃骥《释庣》、孟森《清太祖起兵为父祖复仇详考》、方甦生《整理档案方法的初步研究》5篇，附录有庄尚严《赴英参加伦敦中国艺术国际展览会记》、傅振伦《中国艺术国际展览会参观记》2篇。年刊有抽印本，如马衡《新嘉量考释》，有的将之视为“出版马衡论著《新嘉量考释》单行本”，表述并不准确。第一期“编辑略例”谈及办刊宗旨、作者对象、文稿要求与报酬，显然《年刊》是计划长期办下去，遗憾的是明年抗日战争全面爆发，国将不国，进入战时避难，《年刊》的第一期不得不成为终刊。

1936年10月，院庆十一周年纪念出版《文献论丛》，包括插图、论述及附录。论述一为本院专门委员及各专家来稿，有蔡元培、陈垣、孟森、福开森、吴廷燮（2篇)、朱希祖、刘厚滋、刘文兴、顾颉刚等10篇；论述二为本院同仁研究报告，有傅振伦、黄鹏霄、曹宗儒、单士元、单士魁、王梅庄、吴志勤等14篇，附录有《文献馆大事表》。这辑《文献论丛》有抽印本，现见到的有黄鹏霄、曹宗儒、张德泽等的论文。

清内阁蒙古堂所存清代康熙九年至乾隆二十五年（1670年—1760年）俄方来文，内容涉及遣使、通商、征税、越界、欠债、逃亡、损害要偿、犯人交付诸方面，所用多为斯拉夫文，部分附有拉丁文和满文译文。文献馆1935年在整理内阁大库档案时发现，由王之相、刘泽荣负责整理鉴定，并将其转抄为现代俄文，加以翻译，当时译出23件，合原抄件影印，1936年10月出版《故宫俄文史料——清康乾间俄国来文原档》。

1936年，《故宫博物院图书馆概况　附太庙图书分馆概况》出版，这是1931年版《北平故宫博物院图书馆概况》的修订本，附“太庙图书分馆概况”。

1936年，出版《明宣宗书画合璧》。

1936年，出版《明文伯仁诗意图》。

1936年，《故宫名画梅集》出版了二集，每集收录作品20件。1942年12月，北平本院珂罗版影印出版《故宫名画梅集》第二版。

1936年，专门编发了《〈故宫周刊〉总索引》，以供分类检索。

1936年，编印舆图目录《清内务府造办处舆图房图目初编》。分类大致参照《萝图荟萃》旧目略加损益，别为舆地、都城宫苑、风土、江海、河渠、武功、巡幸、名胜、瑞应、效贡、寺庙、山陵、风水等十二类，并附图目一类于后。

为已刊档案集编制的索引有《史料旬刊目录索引》，但仅编至24期，且只能从单一角度检索。

1936年，《升平署月令承应戏》出版。所选承应戏有元旦、立春、上元、燕九、花朝、浴佛、端阳、七夕、中元、中秋、重阳、颁朔、冬至、腊日、祀灶、除夕承应共16种27册。册中词句圈点仍照原式，谱板则以排印不便而从略。

另有张国瑞《太庙考略》。太庙建于明永乐十八年（1420年），为供奉列圣功臣之所，清代仍之，列为大祀。民国改元后归清室，民国十三年（1924年）由清室善后委员会接收，十五年（1926年）曾一度开放，十七年（1928年）改归内政部，二十年（1931年）由故宫博物院接收，二十一年（1982年）八月开放。本书将该处形势沿革据《清宫史》《大清会典》《国朝耆献类征》等书加以说明①。

1936年，据清咸丰年内府刻本校印了清邹漪撰《启祯野乘十六卷》。

因寿安宫距故宫大门较远，而图书馆所藏复本甚多，为便利阅览起见，1935年在太庙设立分馆，阅览室同时可容纳60人阅览。1937年，出版《国立北平故宫博物院太庙图书分馆书目初编》。

1937年，出版黄鹏霄编《故宫清钱谱》，将本馆所存清代各朝钱币计719个，内分京局刻进之祖钱，颁发省局之母钱，及省局铸进之样钱三种，均经整理编目，共编181号，并有进呈钱式样等照片。

《故宫博物院藏砚谱说明》，共6册，每册10件，有晋玉兰堂砚说、宋苏轼东井砚说等，每件著录尺寸、形状、纹饰、御题、钤宝、匣盖等。

1937年，《伦敦中国艺术国际展览会国外藏品照片展览目录》，属非卖品。展览日期是1937年2月25日至3月3日，地点在景山绮望楼。展品种类包括青铜器、玉器、玛瑙等，石刻、铜石等造像，陶瓷明器、瓷器、书画、织绣、西北文物杂类。

1937年，《故宫图说》1—3编（中路、内东路；内西路及外西路；外东路）、《增订故宫图说》《故宫导游》等；编译、出版的英文本 *Guide to the National Palace Museum Peiping, China*。

1937年抗战全面发生，南迁文物又向西疏散，出版遂告停顿。

三、沦陷时期北平故宫博物院的出版

整个抗日战争时期，处于疏散阶段的故宫办事处几乎没有出版活动，1944年在蓉、在筑书画展时，出过展览图录。

笔者推测，日本侵华之前，关于故宫及其故宫珍藏文物，应该有一个基本决策，就是要在国际上树立一个保护、不骚扰的政策。沦陷的北平故宫博物院本院继续运行，继续进行内阁大库档案的整理与编目工作、院藏图书的《图书总目》的编纂，仍有不少出版活动。但沦陷时期北平故宫博物院本部留守，已不是国民政府统治下故宫的一部分，虽然人员还是老

① 参见《太庙考略》书前张国瑞《识语》。

人，但性质迥然不同。不应与向西南疏散的办事处相提并论。北平本院的出版经费，曾向伪财务总署、中联银行借款，出版物售卖后每月还款。1940 年 11 月 11 日，故宫函财务总署“本院由贵署垫款项下刊印之出版物十月份售价现已结算完毕，计收支款一百七十五元三角五分”，故宫填具解款凭单及出版物发售表各一件，连同款项缴送到伪财务总署①。1941 年 4 月 10 日，发行所将该年一二月份印品收入汇总，总务处长张庭济在批示中要求将美款、院款分列②。北平沦陷，怎么可能有美款？这个时期是特殊时期，与民国政府毫无关系。“出版物发行所改回院办出版物发行室”，1943 年 6 月收归院办，有处分物品发交该室出售，发售室自在沦陷的北平。讲北平本院的出版经费，说“抗战时期，经费异常困难”，“本院抗战期间的中流砥柱总务处制定了办事细则”，立场有问题，说法是不对的。

《文献丛编》一直出到 1943 年，共出版了 46 辑。

1937 年，据清咸丰年内府刻本铅印清裕诚、文璧等续纂《总管内务府现行则例二十卷》。

1937 年编印出版的《苏州织造李煦奏折》。为雍正帝即位后缴回的先帝朱批李煦奏折，起康熙三十二年迄六十一年（1693 年—1722 年），旧藏宫中懋勤殿，凡 598 件。李氏以内务府员司，出任织造，所奏之事多有关地方政务，旁及晴雨粮价，社会风俗等，不尽属职权之内事。李煦是《红楼梦》作者曹雪芹祖父曹寅的妻兄，其奏折反映了康熙时期江南地区政治、经济与统治阶级内部斗争，还可作为曹雪芹家世的参考资料。所收各件先由《文献丛编》陆续发表，拟汇印为专刊二册，实际只出版第一册。

1937 年，影印了清咸丰元年内阁学士载龄、内阁中书文启合撰的《批本处现行事宜》。批本处隶属内阁，直庐在乾清宫西庑，初名红本房，乾隆中叶改称批本处。

《清季教案史料》取材于清军机处各国所来照会，其中有关教案者甚多，清季民教相仇及我国外交上种种失策皆可窥见一斑。虽文中多属一面

---

① 故宫博物院．本院解款清单出版物发售表一件送财务总署（1940 年 11 月 11 日）[A] //故宫博物院档案室藏．故宫博物院 • 财务类．北平：故宫博物院，94：32.

② 故宫博物院．发行所呈送本年一二月份美院款印品收入月报总表名一份请鉴核备案由（1941 年 4 月 10 日）[A] //故宫博物院档案室藏．故宫博物院 • 财务类．北平：故宫博物院，260：8-10.

辩论之辞未必皆案情真相，然仍不失为研究教案的最好资料。《筹办夷务始末》及《清季外交史料》所载者，为清廷方面之折谕等件，此项照会亦多所不录，特辑印专集，以供参考。所辑各国案件，照《清季各国照会目录》次第排比。1937 年、1948 年先后编印第 1、2 辑。

1937 年，出版《宋贤书翰》，集《石渠宝笈三编》著录宋人尺牍诗帖 20 种，附本院古物馆编说明、小传、收传印记考。

1938 年，出版《唐褚遂良临兰亭帖》。

1940 年，原藏永寿宫的唐颜真卿书《宋拓中兴颂》珂罗版影印出版，附本院古物馆编说明、小传、收传印记考。

1940 年，出版《宋拓藏真律公帖》。

《京城全图》是我国现存古代城市地图中绝无仅有的杰作。该图由 51 帧拼合而成，总长 14.01 米、宽 13.03 米，系据实地测绘，按 1∶650 的比例以墨绘渲染而成，绘艺精湛，主要建筑物均标注名称，翔实而精确地反映了北京城的整体格局。《京城全图》系大内珍藏秘本，外人无从得见。1935 年清理内务府造办处舆房藏图时被发现。1940 年，日本占领者的兴亚院华北联络部政务局调查所借故宫博物院藏图，以 17 册册页装订，总成一函，命名为《乾隆京城全图》，比例尺约为 1∶2600（与北京城实际尺度相比，下同）。故宫博物院也缩印出版，散页装为一函，命名为《清内务府藏京城全图》，比例尺约为 1∶2400。

1940 年，珂罗版影印《明蓝瑛仿古山水》，附本院古物馆编说明及人物小传。

1941 年，珂罗版影印《赵孟頫集册》，附古物馆编说明、收传印记。

1941 年，珂罗版影印《明卞文瑜摹古山水》，附本院古物馆编说明、人物小传、收传印记。

1941 年，珂罗版影印第二版《米芾诗牍》，附本院古物馆编说明、收传印记考、人物小传。

1941 年 5 月，出版章乃炜编著《清宫述闻》，1925 年紫禁城对外开放，却缺少一赅雅的指南。作者博采宫内秘籍，并搜剔前贤集记及外国使臣记录，择其亲切而可征信者，以官书为纲随文附入。

1941 年出版《国立北平故宫博物院三十年工作报告》。沦陷北平本院出版，居然还用“国立北平故宫博物院”名。

1943年，北平本院《宋拓定武兰亭叙》珂罗版影印第三版。

1943年，日文本《故宫游览指南》(《故宫游览案内》)。

1943年，出版《国立北平故宫博物院书画展览会展品目录》。

1944年，北平本院出版《故宫导游》，祝书元题签书名。书前刊“参观人须知”“各处开放日期及售票时间”。后按开放路线次第，标注内东路及外东路、中路及西路、景山、太庙等路线图，并对各宫殿处所的历史沿革及掌故做择要介绍。选配重要宫殿插图若干幅。

1944年文献馆编《文献专刊——故宫博物院十九周年纪念》，正文分为论述和杂俎两部分：论述有单士魁《清代制诏诰敕题奏表笺说略》、张德泽《军机处所藏清册之分类》、张玉全《俄罗斯馆始末记》、王善端《雍正朱批奏折述略》、王声和与魏世培《清宫内廷戏台考略》、侯甲峰《清同治间重修圆明园史料之搜集》等6篇；杂俎主要介绍零星的新鲜史料和宫中文物，有赵连珍《皇极殿铜壶滴漏》、梁仪衡《各典礼皇后穿戴之一斑》、周启芬《划一腰牌》、杨学文《阉割酷刑》、侯甲峰《太后宫之妈妈女子》《后妃姊妹侄备挑宫女》《慈禧太后祭祖》《隆裕太后册文》等8篇，“所述自有裨于掌故，次亦能揭史料之一鳞一爪，用表珍闻，盖皆研究整理之所得，足供参考者也”。

四、抗战胜利后故宫博物院的出版

1945年出版《国立北平故宫博物院北平本院八年工作报告（二十六年七月至三十四年九月)》，择要概述了在沦陷期间，虽遭受种种压迫与困难，院务并未停顿，各馆处工作仍于可能范围内继续进行。

1945年出版《故宫博物院对于平市历次收集铜铁应付情形始末记》，为本院对1944年至1945年间日军征缴铜铁制品历次办理情况的概述。

1945年，文献馆编《文献专刊——国立北平故宫博物院成立二十周年纪念》出版。收录论文5篇，有张德泽《整理档案问题》、李德启《清季内务府经费问题》、单士魁《清内阁满票签部、通本式样之介绍》、张国桢《大高玄殿》和程文翰《寿皇殿之供奉及供献》。还有介绍清代档案史料的文章3篇：张玉全选译的《关于清三藩事件之满文史料》、张德泽编选的《清末四川铁路案》和赵德洵择录的《清孝钦后陵寝史料》。

1946年，编辑出版《故宫书画在蓉展览目录》。

文献馆曾计划于1947年继续出版刊物三种，拟新出刊物七种。其中的《文献丛编》，“已出至四十六期，先拟复刊，每月出一期”。但到1947年5月30日，文献馆举行关于编辑事项的谈话会，关于《文献丛编》，“决议：不再继续。重要史料，择尤编印单行本，在双十节前至少出版两种”。《文献丛编》为文献馆的招牌刊物，放弃复刊，反映当时故宫的经费短缺，已不能支撑期刊的出版工作。

1947年，珂罗版影印《邓文原章草真迹》。

1947年，珂罗版影印《唐写本王仁昫刊谬补缺切韵》。是书底本原藏御书房，溥仪赏溥杰名义带到宫外，“近经收购，始归院有”，共24幅，装潢为龙鳞装，具有重要的版本学价值。

1947年，出版《唐孙过庭书谱》。

故宫博物院文献馆、北京大学文科研究所、中央研究院历史语言研究所编辑的《清内阁旧藏汉文黄册联合目录》，蔡元培在1936年2月1日就已写就《序》，1937年校印将次竣事，因抗战全面爆发而暂停，1947年终于出版。收录汉文黄册共17000余册，其中，故宫博物院文献馆7000余册，北京大学7000余册，历史语言研究所2000余册。

1947年，图书馆以《詹东图玄览编》世鲜刻本，于是以古物馆藏写本录副，并用中央研究院北平办事处所藏明写本校勘讹谬，出版该书。

古物南迁后，在北平沦陷时期留守故宫的同仁已经编就《故宫方志目续编》，1945年6月8日，因图书馆自修书处提集的宋、元、明版书籍多受潮霉毁损，图书馆向总务处发函，请求雇工修书，并顺带请求印刷《故宫方志目续编》。1948年1月，《故宫方志目续编》出版。

1937年至1948年编印《清季教案史料》第1、2辑。

1948年出版的《文献论丛——沈兼士先生纪念刊》，书前有马衡序和文献馆仝人《纪念馆长沈兼士先生》，收录王之相《中俄陆路通商关系之历史上的变迁》、单士魁《清代黄册与赋役问题》等共13篇。

1948年，影印出版《法书大观》，收录未见于《石渠宝笈》著录的晋至元代作品王献之《东山帖》、欧阳询《卜商读书帖》等12件。

1948年，决定国共胜败的三大战役已经打响（辽沈战役时间是1948年9月12日至11月2日，平津战役的时间是1948年11月29日至

1949 年 1 月 31 日，淮海战役的时间是 1948 年 11 月 6 日至 1949 年 1 月 10 日），政治军事形势发生了翻天覆地的变化，故宫博物院各项工作只能维持而已。在出版方面，只是维持发售旧存的出版物。

五、关于民国时期故宫博物院出版成就的评价

现在研究者有一个通病，对研究对象往往无限拔高。关于民国时期故宫博物院出版事业的成绩，就有“出版成就斐然，主持出版的出版物种类繁多，数量可观”“出版事业硕果累累”等过于夸大的评价。故宫博物院在民国时期的出版活动主要集中在 30 年代抗日战争全面爆发以前，虽然作为一个单位出版成绩相当可观，但着实达不到也不可能达到“成就斐然”的境界，在民国出版史上只能说是比较有特色而已。

（一）从经济角度来考察

1. 出版经费。故宫博物院在民国年间经费基本得到保证，但员工薪酬占了大头，真正能够用于出版的经费，还是相当有限的，因而民国年间故宫要出版的大部头项目，还是不得不仰赖商务印书馆。政府给予故宫的基本支出经费，如故宫博物院 1934 年度经常费支出预算共 30000 元。经费支出分为 6 大类：俸给费 22550 元，办公费 5470 元，购置费 560 元，场圃费 80 元，特费 890 元，办事处经费 450 元①。其中俸给费金额最高，所占比重最大，约占经常费的 75.1%，可见俸给费是故宫博物院开支的重要部分。用于印刷出版的只有 2600 元，含刊物 2000 元、传拓影印 450 元、稿件印刷 150 元。这么一点出版经费对于偌大的故宫来说是杯水车薪，因而故宫要另筹出版经费，向中华教育文化基金会申请经费补助就是一个重要的渠道。

1927 年 6 月 19 日，故宫博物院向中华教育文化基金会提出申请，希望从庚款中每年拨款 50000 元补助院内经费。在申请中，故宫博物院具体介绍了未来的两项工作计划，一为保护中国的宫廷建筑及其最富之宝藏，

① “本院一九三四年度经常费预算分配表”，故宫博物院档案室藏财务档案，编号：jfqggcw100220。

二为流传宫中有关历史文物典章公之于世。对于第一项计划，故宫博物院将所有建筑加以修缮，并且建立多个复合式库房将文物分类储藏。这样浩大的工程，如果没有数百万元是不能做成的，因为工程困难花费巨大，所以这一计划暂缓实行。相对而言，第二项计划比较容易，又对宣传中国文化大有裨益，中外学者都希望这件事能尽快做成，所以故宫博物院目前的工作重点放在整理及编辑这两件事上。比如整理档案，刊行清代掌故丛编，考订各类古物、撰写故宫物品分类目录及续编西清古鉴、点查历代名人书画影印专辑、测绘宫廷建筑、编印中国建筑图说、刊印善本书籍、拓古器铭款、影印古瓷图考等。这些工作计划在三年内完成，其他工作比如整顿陈列室，将文物按类陈列等，与中外学者有莫大的关系，也是故宫博物院亟待完成的工作。然而非常遗憾的是各项工作都因为款项问题而未能完成，所以希望中华教育文化基金会能够在经费上予以支持。在申请书中，故宫博物院附上自己的计划书："一、各种出版物印刷费年约 36000 元，拟请补助 18000 元。二、照相制版费年约 18000 元，拟请补助 9000 元。三、传拓费年约 6000 元，拟请补助 3000 元。四、专门陈列馆改换门窗装修费年约 24000 元，拟请补助 12000 元。五、专门陈列馆添置橱柜费年约 16000 元，拟请补助 8000 元。共计需用 10 万元，拟请补助 50000 元。"① 中华教育文化基金会批准拨款 30000 元，故宫博物院除了垫充经常费 10000 元、陈列室装置费 5500 元外，有近一半用于印刷出版，包括出版物印刷费 6750 元（点查报告 2400、故宫摄影集 500、复辟文证 300、故宫图说 300、各馆书目 250、孤本图书 1000、清宫史续编 500、筹办始末记 500、清代档案编印费 1000），出版物影印费 7250 元（故宫书画集 1000、故宫古金图 1000、故宫陶瓷谱 1000、金薤留珍印谱 1000、故宫古物明信片 500、故宫建筑明信片 500、孤本图书 1250、图像 500、册宝 500），古物传拓费 500 元②。这笔补助经费之所以有 10000 元垫充经常费，是有特殊原因的。故宫博物院每年经常费支出 78000 元，月支出 6500 元均由政府

① "致中华教育文化基金委员会请拨借补助费三分之一以资维持由"，故宫博物院档案室藏财务档案，编号：jfqggcw100013。

② "致中华教育文化基金委员会请拨借补助费三分之一以资维持由"，故宫博物院档案室藏财务档案，编号：jfqggcw100013。

拨款。在当年2月份的申请书中，还没有将补助费用于经常费的计划，只是在2月到7月间，因为一些原因政府拖欠了故宫博物院的经费，故宫不得已将补助费用的1/3用于经常费开销。

在收到中华教育文化基金会的经费补助后，故宫博物院于同年8月29日制定了故宫博物院领受中华教育文化基金会董事会补助费收支办法①。此后，中华教育文化教育基金会每年向故宫博物院提供数额不等的经费补助，故宫博物院均将补助费用支出结算表递交给基金会审核。以下是从档案中找出的故宫博物院补助经费使用情况。

表1　中华教育文化基金董事会补助费支出结算表（1929年6月底）②

科目	最近三月预算数（元）	最近三月实支数（元）	本年度迄本月底止预算数（元）	本年度迄本月底止实支数（元）
垫充经常费	2500	2500	10000	10000
建筑明信片	1400	1388.170	2600	2574
复辟文证	0	0	300	208.5
古物馆陈列费	1500	800	3000	924.16
图书馆陈列费	1700	1648.22	2500	2020.22
文献馆陈列费	1000	200	1000	200
点查报告	500	413.575	1000	656.075
掌故丛编	300	251	600	519.8
善本书影	800	786.4	800	786.4
故宫月刊	1000	300	1000	300
夷务始末样本	100	45	100	45
影印宝谱	500	200	500	200
其他科目	6600	0	6600	0
合计	17900	8482.365	30000	18434.155

① “公布本院领受中教文基委会补助费收支办法由”，故宫博物院档案室藏财务档案，编号：jfqggcw100016。

② “造送一九二八年度收支报告表及支出结算表案由”，故宫博物院档案室藏财务档案，编号：jfqggcw100038。

表 2　中华教育文化基金董事会补助费十七年度收支报告表（1929 年 6 月底）①

收入之部		支出之部	
科目	金额（元）	科目	金额（元）
十六年度（1927 年）结存	3991.555	垫充经常费	10000
十六年度（1927 年）预付金	176.6	建筑明信片	2574
本年度补助费	30000	复辟文证	208.5
银行存款利息	154.71	古物馆陈列费	924.16
建筑明信片售价	1839	图书馆陈列费	2020.22
故宫图说售价	65.4	文献馆陈列费	200
文渊阁碑帖售价	3	文献馆陈列费	656.075
复辟文证售价	9.250	点查报告	519.8
掌故丛编售价	368.430	掌故丛编	786.4
		善本影印	300
		故宫月刊	45
		夷务始末样本	200
		影印宝谱	10000
合计	36625.945	合计	18434.155

表 3　中华教育文化基金董事会补助费支出结算表（1933 年 12 月）②

科目	最近三月实支数（元）	本年度迄本月底止实支数（元）
文献刊物流转费	1068.6	1068.6
古物影印流转费	0	71.5
图书影印流转费	1396.2	1796.2
普通印刷费	1738.4	8363.95
还本院垫款	14729	14729
合计	18932.2	26029.25

① “造送一九二八年度收支报告表及支出结算表案由”，故宫博物院档案室藏财务档案，编号：jfqggcw100038。

② “中华教育文化基金董事会补助费收入结算表”故宫博物院档案室藏财务档案，编号：jfqggcw102060。

中华教育文化基金董事会每年向故宫博物院提供金额不等的补助费用，帮助故宫维持自身发展，以及发展教育文化事业。每年上万元的出版经费补助，对故宫博物院出版事业的发展具有重要的意义。利用故宫博物院资源出版的《四库珍本》231 种，《宛委别藏》40 种，由商务印书馆印刷出版的①，而不是由故宫博物院自己出版，其中一个最关键的因素，就是需要大量资金，而故宫自己不可能解决。

2. 出版售书收入。到 1926 年 9 月底，故宫博物院（包括清室善后委员会）的售书收入共有 3806.802 元，计照片摄影集售价 1339.672 元、故宫图说售价 1274.550 元、复辟文证售价 326.300 元、点查物品报告售价 318.780 元、古物拓片售价 547.500 元②，只占同期总收入的 4.88%。而 1935 年 7 月销售 2309.65 元、8 月 2546.62 元、9 月 1296.27 元、10 月 6563.7 元、11 月 1450.7 元、12 月 1301.33 元、1936 年 1 月 1258.36 元、2 月 1145.77 元、3 月 1230.89 元③，1935 年 7 月到 1936 年 3 月，出版物售价共计 19103.29 元。1935、1936 年可以说是故宫博物院可售出版物品种最多的时候，一个自然年度的销售收入也只有 2 万多元。

1937 年北平沦陷，在沦陷区的北平故宫博物院本院，1941 年 1 月出版物收入 43.02 元，2 月 15.55 元，3 月 134.39 元，4 月 62.22 元，5 月 183.14 元，6 月 436.17 元，共计 874.49 元④。这是特殊时期的情形，销售金额少毫不奇怪。

（二）从出版数量来考察

1. 印数。故宫出版物比较重视版权保护，各种刊物、影片出售前均钤盖版权章“故宫博物院版权之印”。故宫博物院有很强的版权意识，版权页的内容完整，包括“编辑处”“发行所”“印刷所”“代售处”“售价”、

① 故宫博物院. 国立北平故宫博物院工作报告（1932—1934）[R]. 北平：故宫博物院，1934：47.

② “函审计院送本院支出计算书及对照表”，故宫博物院档案室藏财务档案，编号：jfqggcw100001。

③ “本院二十四年度财政收支概况”，故宫博物院档案室藏财务档案，编号：jfqggcw100444。

④ 编号：jfqggcw102209 的档案中记载。

印行日期等，开始曾在上端印有“版权所有”四个字，且钤有“故宫博物院版权之印”的篆体红印章，后来则改为“翻印必究”四个字。版权章钤盖由总务处负责。在出版高峰期，故宫版权章钤盖数量非常大。1935 年度，总务处在工作报告中统计，“本院刊物影片，为防翻印偷印起见，均各盖用章识。计本年共盖用版权章十万零四千二百二十四个”①，平均每月达 8685 个。这个盖章数应该可以代表出版物的印数，虽然数字出自档案，但不能不让人心生怀疑，故宫印了多少品种的图书，每种书能有那么多印数吗？如印了那么多，需要多少印制成本？怎么在档案中没有反映？书印了那么多，却只卖了不到 1/10，余书哪里去了？

沦陷期间的北平故宫本院，版权章钤盖数大大减少，1941 年 1 月，总务处“盖用版权章七百三十五颗”②，只相当于 1935 年月平均数的 8％ 。

2. 销售数。现在论者都依档案资料说，1930 年，故宫共售出计 62413 册，照片，明信片，周刊，拓片，不在此数。1931 年出版物总销册数计 92381 件。利利公司新代承销，售件未计在内。故宫悬挂日历共销 6000 份，案头日历 2000 份。只是笔者对这销售总册数存疑，民国年间书价偏高，故宫出版物即便是小薄册，也很少定价在 1 元以下的，按批发价七折八折收入，这么多数量，会有多少收入啊。虽然现在民国时期故宫博物院的财务档案还没有厘清，但像 1935 年、1936 年应该是可售出版物最多的年份，一年的出版物销售收入也只有 2 万多元。显然与销售数量对不上。

张小李《民国时期故宫博物院出版事业的变迁》中记载，1932 年，“由于本院出版事业蒸蒸日上，出版物发售室的流水金额大，在秘书吴瀛的操办下，为了减轻院款负担，决定‘该室一切应用销耗开支即在营业项下支付，不入院款’，即发售室从刊物销售款中提成作为开支，而不再由院拨经费”。这不是为了减轻院款负担，而是为了奖励多销。提成本来就是故宫收入，数额肯定高于原拨经费。提成是 20％，后修改大额的改为 3％，可知提成数额之大。我们只要看看当时一般销售人员的薪资收入，就可知其数额的巨大了。

---

① 故宫博物院. 国立北平故宫博物院工作报告［R］. 北平：故宫博物院，1935：15.

② 故宫博物院总务处. 一九四一年一月份本院总务处工作报告（1941 年）［R］//故宫博物院档案室藏：故宫博物院·计划总结报表类. 北平：故宫博物院，92：2.

1932 年 5 月 4 日，由秘书、出版处呈送的《改组发售室试行办法》得到院长易培基的批准。其基本方案是：发售室改名发行所，如有必要者暂留借用外，原有人员一律调回本院，服务人员完全改用店伙，每月在售货项下提 20% 作为开支，服务人员薪额按商业机关习惯开支①。1932 年 8 月 26 日，《本院出版物发行所服务规则》公布。

（三）从出版物内容来考察

1. 主要是资料披露，缺乏学术创新。故宫文物收藏的资源优势使得它的出版物，无不以文物或文献资料为主，占全部出版物的 99%以上。档案整理刊布影响最大，出版了《掌故丛编》（后改为《文献丛编》）58 辑，编印《史料旬刊》40 期，汇编了《筹办夷务始末》《清代文字狱档》《清三藩史料》《故宫俄文史料——清康熙间俄国来文原档》等史料，这是当时"整理国故"的重要组成部分，对推动清史研究起了重要作用。但故宫博物院自身的学术力量相对薄弱，研究队伍尚未形成，研究论著不过寥寥数种，论文发表为数也不多。

2. 编纂不足。由于缺乏完整的编纂出版计划，有一定的随意性。主要表现在，一件史事的档案分多次发布，令人有零碎、拼凑的感觉；有些档案搜集未齐，文字时有错漏，各案著录的顺序以发现的先后为次，资料汇编绝大部分没有编制索引，《筹办夷务始末》所有文件均无标题等问题在影印时未作任何加工，甚至连书前目录都没有加。

① 故宫博物院. 通知改组发售室试行办法由（1932 年 5 月 4 日）［A］//故宫博物院档案室藏：故宫博物院・领导指导类. 北平：故宫博物院，37：1-2.

试述郭嵩焘等对英国书业的认知

叶 新

（北京印刷学院新闻出版学院，北京，102600）

摘要： 本文在整理《伦敦与巴黎日记》《随使英俄记》《英轺私记》相关日记记述的基础上，系统阐述了出使英国的郭嵩焘等人对英国书业包括书业展览、图书出版、书店购书、书籍缴送与内容审查等方面的考察结果。

关键词： 郭嵩焘；英国书业；张德彝；刘锡鸿；牛津大学出版社

“走向世界丛书”主编钟叔河先生曾高度评价郭嵩焘（1818—1891），认为他是中国“近代向西方寻找真理的代表人物”，也是“从中国到欧洲系统考察西方文化历史的第一人”，从郭嵩焘对英国书业的认知这么一个小小的侧面就可以充分证明这一点。印刷出版虽然在中国早已有之，雕版印刷也在19世纪以前大行其道，但是在古登堡发明铅活字印刷以来中国却大大落后于西方。虽然郭嵩焘在出国之前对我国出版印刷业并未有太多近距离、有意识的接触，但是从了解国外新知识的角度出发，他也在《伦敦与巴黎日记》中有意无意地记录了自己对英国印刷出版情形的认识。本文的写作主要参考这部日记，同时佐以张德彝的《随使英俄记》和刘锡鸿的《英轺私记》等。

一、在中国考察英国印刷出版

郭嵩焘对英国印刷出版的认知是从中国上海开始的。早在咸丰六年二月初九日（1856年3月15日），郭嵩焘就到访过上海的墨海书馆。他在日记中写道：

> 次至墨海书馆。有麦都事者，西洋传教人也，自号墨海老人。所居前为礼拜祠，后厅置书甚多。东西窗下各设一球，右为天球，左为地球。麦君著书甚勤，其间相与校定者，一为海盐李壬叔，一为苏州王兰卿。李君淹博，习勾股之学。王君语言豪迈，亦方雅士也。为觅《数学启蒙》一书，为伟烈亚力所撰。伟君状貌无他奇，而专工数学。又有艾君，学问尤粹然，麦都事所请管理书籍也。外赠《遐迩贯珍》数部，前格物理一二事，而后录中外各处钞报，即所谓新闻报也。刷书用牛车，范钟为轮，大小八九事。书板置车箱平处，而出入以机推动之。其车前外方小轮，则机之所从发也，以皮条套之。而屋后一柱转于旁设机架。牛拽之以行，则皮条自转，小轮随之以动，以激转大轮。纸片随轮递转，则全板刷印无遗矣。皮条从墙隙中拽出，安车处不见牛也。西人举动，务为巧妙如此。王君挈眷寓此，所居室联云：短衣匹马随李广，纸阁芦帘对孟光。亦有意致。询其所事，则每日出坐书厅一二时。彼所著书，不甚谙习文理，为之疏通句法而已。

墨海书馆是西方传教士在中国设立的印刷出版机构，主要出版《圣经》和其他宗教读物，这对中国而言完全是新生事物。它集编译、创作、编校、印刷、发行于一身，除了主事者麦都思（即文中的“麦都事”，Walter Henry Medhurst，1786—1857）、伟烈亚力（Alexander Wylie，1815—1887）、艾约瑟（即文中的“艾君”，Joseph Edkins，1823—1905）这样的英国传教士外，还有李善兰（即文中的“李壬叔”，1811—1882）、王韬（即文中的“王兰卿”，1828—1897）这样的中国知识分子加盟。时间匆匆，难以窥探编译过程之妙。郭嵩焘在参观了用牛车带动的印刷机的运转之后，大发感慨：“西人举动，务为巧妙如此。”这无疑为他日后在英国参观印刷出版机构埋下了深深的伏笔。

据台湾云岭科技大学苏精教授的考证，1864 年，时任广东巡抚的郭嵩焘曾派他的儿子到理雅各（James Legge）在香港打理的英华书院附设的印刷所考察了三四天，并购买了一批活字，表示将用于印刷巡抚衙门的告示。而巧合的是，王韬也在此任职，是否他在其中起了什么作用也未可知。

13 年后，郭嵩焘来到了麦都思和理雅各的故乡。他于光绪二年十二月八日（1877 年 1 月 21 日）抵达英国伦敦，4 月 30 日充任驻英公使，1879 年

1月31日离开，在英时间仅仅2年，与出版印刷有关的日记不到10条（不包含报刊有关史料），但也涉及英国的书业展览、图书印刷出版、书店购书、书籍缴送与审查等内容。

二、参加卡克斯顿400年纪念大会

光绪三年七月初三（1877年8月11日），郭嵩焘在日记中提到“简多马约赴达克斯登塞尔里布来申会”。“简多马”，其同年十月廿六日（11月30日）的日记称“占拿（即简多马。简者，占拿之转音；多马，其名也）”，未知何人。简多马邀请他参加卡克斯顿纪念大会，“达克斯登”即英国第一个印刷商威廉·卡克斯顿（William Caxton）。“塞尔里布来申会”即“Celebration”，纪念会、庆典之意。为什么会有这么一个纪念大会呢？

这得从英国现代出版业的诞生说起，“达克斯登生于一千七百七十七年始以活字版印刷书籍，历四百年，国人创为此会”。对郭嵩焘的这段话，钟叔河先生做了个注解，标明“William Caxton生于1422年顷，郭记有误”，卡克斯顿生于1422年，卒于1491年。即使他引进印刷术的时间为1777年，到1877年此会的创立也才100年，不是400年。1476年，本为富商的他从德国印刷业中心科隆学成新式印刷术归来，在伦敦威斯敏斯特教堂地区建立了英国第一个印刷厂，第二年出版了英国第一部英文书籍《坎特伯雷故事集》（*The Canterbury Tales*），距离古登堡发明铅活字印书才过去了27年。由此他着重提到了德国古登堡的贡献，说“活字版创自日耳曼人古登伯尔克，英国用其法印书，则自达尔斯登始也”。“古登伯尔克”即我们熟知的古登堡，“达尔斯登”即郭嵩焘对卡克斯顿的又一译名。

这次纪念大会也是一次重要的英国印刷术展览会，集中了英国和印刷出版有关的古董、古玩和设备。因此他在纪念会上看到：“其会汇集印刷书籍种种机器，及以前所用诸法，及各国印书之法；又汇集三数百年书籍及古今所刻刷人物山水诸图书，及以前印书之著名者。”这是一次颇具历史性的纪念会。而对“以前印书之著名者”，他着重提到了博得斯武得（Spottiswoode）印工世家，“斯博得斯武得亦列置古书一柜，约数十种”。但威廉·斯博得斯武得（William Spottiswoode，1825—1883）则成了英国著名的数学家、物理学家，后来更是担任了英国皇家学会会长。

这次纪念会在南肯辛顿博物馆（即维多利亚和阿尔伯特博物馆的前身）进行。参加的除了英国本土人士，还有来自欧洲、美国等地的图书馆馆员、编目专家、作者、音乐家和政府官员，而出使英国的郭嵩焘等人也躬逢盛典。

郭嵩焘的日记并未提到纪念会的地点，而同往观看的副使刘锡鸿则提到是“骚士坚星墩”，随从的张德彝则说是“南堪兴坦”，都是指南肯辛顿(South Kensington)。他们对古登堡的译名分别为“葛吞配儿阁”“顾汀浦”，均指出古登堡发明铅活字印刷的时间是1450年。为了表明英国人不忘本，“今南堪兴坦印书处犹悬其画像，以志所始焉”(张德彝语)。

刘锡鸿还指出了展出书籍的来源：“其内多古图书，自其国主以及世臣、大家所蓄，毕陈于此。古图粗拙，古书则笔力厚重，若虫鸟篆，皆写以羊皮，有值金钱盈万者，有数千者。”英国多古书的原因是“英人最好古，零铜碎瓦，破履敝冠，无不珍之”。

而在作者方面，郭嵩焘提到了同一时期的莎士比亚和培根。前者名“舍色斯毕尔”，“为英国二百年前善谱出者”，与古希腊诗人荷马（“何满得”）齐名，荷马的著作为《伊利亚特》（“谛雅”）和《奥德赛》（“阿锡得”）。会场上还张挂着一份珍贵的纪念品，即莎士比亚签名的卖田契；后者为“毕尔庚”，“英国讲求实学自毕尔庚始”。“实学”即自然科学，如郭嵩焘在日记中就提到了化学、电学、物理等等。

20年前郭嵩焘在墨海书馆所见最惊异的是用牛车带动的印刷机，世易时移，相形之下，当年所见的设备不免简陋。而在这个会场，他发现了用煤气、风力、水力带动的包括印书、叠纸、制造字模、排字在内的各种印刷设备，显得“出奇无穷”。张德彝则着重提到了排印环节，“印用铅字活板，英文二十六字母，每字数百，列于架上。另一小案为二十六消息，每按动一消息，则一字戳自落，有陷中小木片承之，字字相缀，满陷其中，则木片自出，而书板之一行以成。行既盈页，嵌而束焉，遂可付印”。

除此之外，刘锡鸿还提到了印刷机：“印书之机器，与印造新闻纸者无殊。或又以黄蜡石为之，印字于石，刷墨于机，轴铺以纸，石过轴转则字现。有字处墨著之，无字处墨不著，颇足怪也（石甚平，字亦无凹凸）。”他对此表示很惊异。为了显示英国当时印书之快捷，刘锡鸿和张德彝两人还举了英国政治家、前首相威廉·尤尔特·格莱斯顿（William Ewart

Gladstone）的例子，“尝造书数万言，一日而刷印俱毕，遍以赠人”。

在谈到英国印书快捷的原因时，刘锡鸿认为：“英文只二十六字拼凑而成，故能若是速耳。若以中国字类之富，字画之多，虽有机器，岂易全造其字戳而编排之哉！”[①]英文只有 26 个字母，可以自由组合成单词，只需要每个字母做足备份就够了，而中国字数达几万个，常用字也有几千个，每个字的笔画不同且多，没法将同一个字备份那么多，这确实是雕版印刷长期在中国盛行原因之所在。

在这次难得一遇的纪念会上，郭嵩焘等人对英国的印刷出版业有了初次全面的认识，为他们以后在英国的类似行业考察奠定了良好的基础。

三、参观牛津大学出版社

中国人对参观英国图书馆的记述较早，但是对与西方印刷出版机构接触的记录则少之又少。比如曾先后供职于上海墨海书馆（麦都思主持）、香港英华书馆（理雅各主持）的王韬在《漫游随录》中就提到1867 年参观大英博物馆图书馆的情形，“院中藏书最富，所有五大洲舆图、古今历代书籍，不下五十二万部”。但是却不见他参观英国印刷出版机构的任何记录。

1877 年 11 月底，郭嵩焘等人参观了牛津大学，而且得到了时任该校汉学教授的理雅各的接引和招待。在光绪三年十月廿五日（11 月 29 日）的日记中，郭嵩焘提到了牛津大学出版社。笔者认为这是中国人第一次参观西方出版社或者英国出版社。但是看日记中的有关记述，我们并不能很快地明白这一点。他在日记中提到：

> 遂至格拉伦敦卜来斯印书局。格拉伦敦辑查尔斯第一被弑事为一书，消［销］行甚广，厚积资产。临卒尽所有，立意印书局，新旧印书机器凡数院。

这一段实际上是讲牛津大学出版社创立的历史。既然他在牛津大学，又说参观这个“印书局”，也就是出版社之意，当然应该就是牛津大学出版社了，也就是“阿斯福卜来斯印书局”。为什么不做如是表示，理由何在？在此，我们首先得了解“格拉伦敦卜来斯印书局”的由来。

在“格拉伦敦卜来斯印书局”一语中，“卜来斯”即“press”，即带印刷厂的出版社，“印书局”即出版社。难以理解的是“格拉伦敦”。实际上，它的英文是“Clarendon”（汉译为“克拉伦登”）。克拉伦登出版社，牛津还有这么个出版社吗？有的，其实它就是指牛津大学出版社了。“格拉伦敦辑查尔斯第一被弑事为一书”，克拉伦登撰写的这本书是有关英国国王查尔斯一世被弑这件事情。查阅英国历史和牛津大学出版社社史，我们可以发现：克拉伦登是指英国17世纪著名政治家、历史学家爱德华·海德-克拉伦登伯爵第一（Edward Hyde，1st Earl of Clarendon，1609—1674)，系查理一世时期和查理二世时期的大臣。1661年，他被封为克拉伦登伯爵。在法国流亡期间，他最终完成了早在1846年就开始写作的《英国叛乱和内战史》(*The History of the Rebellion and Civil Wars in England*)，一般称为《英国叛乱史》（*The History of the Rebellion*)，即上文提到的“查尔斯第一被弑事”。“查尔斯第一”即英国国王查理一世，他被克伦威尔砍头。

克拉伦登伯爵第一生前并未看到该书的出版。他的后代将该书的版权赠送给牛津大学出版社，后者在1731年出版了六卷本的《英国叛乱和内战史》，获利甚多，为出版社赢得了宝贵的资金保障。而该出版社也搬进了新建的克拉伦登大厦，形成前店后厂、印刷设备“凡数院”的格局。当20世纪初期牛津大学出版社通过它的伦敦办公室出版图书时，克拉伦登出版社开始有了新的意义。为区别起见，在伦敦出版的图书用“牛津大学出版社”的名义，在牛津出版的图书用“克拉伦登出版社”的名义，直到70年代牛津大学出版社停止它在伦敦的出版业务为止。现在，牛津大学出版社还保留着克拉伦登出版社这个社名，用以出版文理类学术图书和部分学术性工具书。

牛津大学出版社的社长名曰“比格尔得何尔”，是一名精通数学的学者。作为牛津大学学术立校的有机组成部分，该出版社的社长由该大学的第一副校长兼任。

郭嵩焘等人重点考察的是牛津大学出版社所属的印刷厂，见如下记述：

> 西洋印书皆用检字法，集各国文字印刷所有书籍，凡为剌丁，为希腊，为印度，为波斯，为日本，为阿剌伯，凡文字与欧罗巴所传字母异者皆备，中国检字法亦具焉。其书板分铜、铅二种，并用检字

法，用厚纸浸水其上，熔铅灌之，而板立成。然铅板不受压，故不能经久。因用薄铜片压成版，浸强水中，引电气练［炼］之，傅以铅，厚薄惟所施，则成铜板。

上文提到该印刷厂能用拉丁文、希腊文、印度文、波斯文、日文、阿拉伯文以及中文检字排版。用于排印的书板有铜板和铅版两种，而且铜板较铅版为佳。

该印刷厂分为东厂和西厂。西厂专门印刷《圣经》，即“福音书”，见下文：

> 左厂专印福音书。积纸数屋，先灌水浸之，压使干而微带潮湿，乃受印。连机器二三十座。印既成，分别整齐之，第其章数，又送入一院，次第合并之。妇女及童雏等所役亦数百人。

上文提到了《圣经》印刷的备纸、印刷、装订合成等一系列过程，并标明最后一个环节是由几百个女工和童工完成的。至于《圣经》的印刷规模，毕格尔得何尔说：“每年所印福音书，纸宽六尺可铺英里三千，若宽八寸可绕地球一周。”牛津大学出版社印刷厂印刷的《圣经》从印张总量来看，如果是八寸宽的纸张，长可绕地球一周，而且发行全世界，可见其规模之大。

在前面提到的卡克斯顿纪念会上，格兰斯敦也展示了该印刷厂印刷的《圣经》，上面标了一段话，用郭嵩焘的话说，就是“昨夜尚是整张纸，裁成数百叶，刷印装潢成一巨册，只用十二点钟工夫，今早已成书矣”。只花半天的时间就印成了一本厚达几百页的书，这样的印刷速度让郭嵩焘为之惊异不已。

四、对图书流通的认知

郭嵩焘在光绪三年九月初七日（1877 年 10 月 13 日）的日记中提到：“有布拉卜立斯者，云格林克洛斯旁有讷朴书馆，谈藏学者甚多。”“格林克洛斯”即“Charing Cross”的音译，今译“查令十字街”。“藏学”即矿学。“布拉卜立斯”不知何人，郭嵩焘坐车偶遇此人，说他是“伦敦积学士也”，也就是伦敦城里一个颇有学问的人。后者告诉郭嵩焘说，查令十字街有家叫“讷朴”的书店，里面有许多矿学书籍。查令十字街以书店众多而闻名于世，是英国人爱去的觅书之地。

郭嵩焘也就上了心。他在光绪三年九月廿四日（1877 年 10 月 30 日）的日记中提到："托稷臣就格林壳罗斯书馆购觅罗阿得、茀来明金根两种《电学》，拍尔塞《藏学》。""稷臣"即罗丰禄（1850—1903），晚清著名外交官。当时他在伦敦国王学院（London King's College）攻读化学，并充任驻英使馆的翻译。"格林壳罗斯"从译音考证，也即查令十字街。"格林壳罗斯书馆"不知是指查令十字街书店，还是指查令十字街上的某个书店，以后者更为可能，也许就是上文提到的"讷朴书馆"。"罗阿得"即亨利·明钦·诺德（Henry Minchin Noad，1815—1877），"茀来明金根"即弗莱明·詹金（Fleming Jenkin，1833—1885）。为什么郭嵩焘要买这两种《电学》书呢？可参见他同年九月十二日（10 月 18 日）的日记："格里之子尤精于电学，询以电学书，云罗阿得、茀来明金根二种最佳。罗阿得专言其理，茀来明金根兼及用法。""格里之子"是一个郭嵩焘之前访问过的电气厂主的儿子，精通电学。郭嵩焘就此向他问询，后者向他推荐了诺德和詹金的两本电学专著。值得一提的是，诺德以《电学教科书》（*The Students' Text-Book of Electricity, with four hundred illustrations*）最为有名，由傅兰雅和徐建寅翻译，1879 年在江南机器制造总局翻译馆以《电学》为名出版，共 10 卷 256 节，其中有 402 幅插图。詹金以《电磁学》（*Electricity and Magnetism*）知名，或许就是傅兰雅翻译的 1887 年出版的《电学图说》。而说不定当初郭嵩焘要罗丰禄买的就是这两本书。但是日记中提到的"拍尔塞"暂不知为何人，留待以后考证。据笔者所见，这是中国人在查令十字街访书的最早记录。如果罗丰禄得以成行，他就是最早在查令十字街访书的中国人。

五、了解图书缴送及内容审查制度

郭嵩焘在日记中还提到了英国各出版社向大英图书馆、牛津大学图书馆和剑桥大学图书馆缴纳书籍样本之事。光绪三年十月廿四日（1877 年 11 月 28 日），他参观了牛津大学巴德利图书馆，日记中说"又游大学堂一，名曰波里安，藏书五十余万"，并提到有"圆屋一区"，"藏书亦数十数橱"。据该图书馆馆长葛克斯说："此所藏皆近人著述。凡书成必首纳献一部（伦敦妙西因亦然），故此数十橱无用价购者。”这个“圆屋”收藏的是出版不久的书籍，出版社只要出版了新书，就必须首先无偿缴纳样书给巴德利图书馆，当然还有大英博物院图书馆。

而张德彝在光绪三年十二月十九日（1878 年 1 月 21 日）的日记中提到了样本缴送的目的：

> 记英例：凡人造成一书，必先呈伦敦博物院及敖克斯佛与堪卜立址二大学院各一本，以为存稿。经官查验，无违碍词句及引诱误人之处，始许刊售。凡书未经官验者，不得在本国出售。然其书苟有伤风败俗之处，虽在外国，被官查出，本国亦必监禁其人而惩治之。如是，则坏人心术之书安能遍行于市肆！

我们从中可以看出，图书样本是英国法律规定的。其缴送不仅是为了典籍的保存和阅览，更是为了内容审查。按张德彝所说，英国出版社在每出版发行一本书籍之前，就要向大英博物馆、牛津大学（即文中的“敖克斯佛”）、剑桥大学（即文中的“堪卜立址”）的图书馆各呈送一册样本，作为存档。经有关部门审查，如果书中没有“违碍词句及引诱误人之处”，就可以正式付诸印行。如果出版社出版的书籍没有经过或者通过审查，就不能在英国本国出售。而且英国图书审查制度更为过分的是，如果书中有伤风败俗的内容，即使在外国被发现，英国也会将作者投入监狱，予以惩罚。这样，“坏人心术之书”就不能在市面上出现了。由此可见，从中国官员的角度出发，张德彝是很欣赏这样的图书审查制度的。

结　　语

由于在郭嵩焘、刘锡鸿、张德彝的有关日记中，只有张德彝的《航海述奇》《四述奇》和刘锡鸿的《英轺私记》在当时得以小范围的出版，而郭嵩焘的日记以稿本方式存在了很长时期，因此他们关于英国书业的考察结果并不会广为流传。无论是在观念还是在行为上，他们都不能影响和改变中国出版业向近代化的转型。如果说，中国近代出版业能够得以开始，无疑是作为先行者的外国传教士和后来的洋务派创办印刷出版机构影响的结果。郭嵩焘曾将他从中国到英国的行程日记作为《使西纪程》在国内出版，但却遭受了该书被毁版、本人遭弹劾的不幸结局，更遑论之后出使英国和法国日记的问世了。只有过了 100 年后，钟叔河先生将这几本书纳入“走向世界丛书”的出版，才使得这一切得以实现，而且在很大程度上促进了国人在对外开放观念上的传播及付诸行动。从书籍传播的社会意义上讲，这一点怎么说都不为过。

参考文献：

[1] 郭嵩焘. 伦敦与巴黎日记 [M]. 长沙：岳麓书社，2008.
[2] 张德彝. 随使英俄记 [M]. 长沙：岳麓书社，2008.
[3] 刘锡鸿. 英轺私记 [M]. 长沙：岳麓书社，2008.
[4] 郭嵩焘. 郭嵩焘全集（8）[M]. 长沙：岳麓书社，2012.
[5] 张德彝. 航海述奇 [M]. 长沙：岳麓书社，2008.
[6] 苏精. 中西印刷术交会中的误会 [N]. 文汇报，2017-04-21.
[7] 王韬. 漫游随录 [M]. 北京：社会科学文献出版社，2007.

“双一流”建设背景下《外国语言与文化》的发展路径刍议

黄　林

（湖南师范大学出版社，湖南长沙，410081）

摘要：《外国语言与文化》中英文版的创刊，将为主办单位外国语言与文化学科的发展提供成果发布、新兴学科培育和学科人才培养方面的帮助。但刊物能否起到促进学科建设的重大作用，最终将取决于刊物本身的质量和影响。对于两份新创办的高校学术期刊而言，要想快速成长为大刊名刊，需要从以下三个方面寻求突破：首先，要有服务学科发展的办刊理念，服务学科，依靠学科；其次，需充分利用国际、国内出版资源，走国际化办刊之路；其三，要密切关注出版技术的进步及出版行业的发展趋势，走出版融合发展之路。

关键词：“双一流”建设；学术期刊；发展路径；选择

学术期刊与学科乃至学校的发展，是共生共荣的关系。通常来说，是刊以校名，如中国社科院所办的若干学术期刊就是如此；但反过来也是说得通的，例如“《国学季刊》之于北京大学，《清华学报》之于清华大学，《燕京学报》之于燕京大学，推而广之，《文史哲》之于山东大学，《史学月刊》之于河南大学”。由此可见，学术期刊对于一所高校的重要性。而对于学科建设而言，学术期刊不仅是研究成果发布展示的平台，还是新兴学科和学科人才的孵化器，促进作用明显。无怪乎各高校对于期刊资源是趋之若鹜，志在必得了。

《外国语言与文化》的创刊，正值我国新一轮高等教育改革全面铺开，国家“双一流”建设进行得如火如荼之际。刊物从一开始，就与湖南师范大学的一流学科建设紧密联系在一起。当然，对于新创刊的《外国语言与文化》中英文版来说，现在谈论其对于学科建设具有的意义还为时尚早，需要经受时间的检验。但是有一点是可以肯定的，就是刊物作用与意义的大小，最终将取决于其自身发展的质量及其在学术界的影响。因此，认真思考刊物发展的可能路径和方向，明晰发展思路，并采取相应举措予以落实，最终达成预期目标，就显得尤为重要。那么，如何来办好这两份刊物呢？笔者认为，不妨从以下三个维度进行考量。

一、服务学科发展的维度

高校所属各学科，是最基本也是最重要的科研单元，是出思想，出成果的地方。广大科研工作者旺盛的创造力和学术成果发表欲望，不仅催生了各种各样的学术刊物，也为其进一步的发展提供了源源不断的内容资源。离开了学科，高校学术期刊就成了无源之水，无本之木。

《外国语言与文化》杂志当然也不能例外。它应当服务于我校的“语言与文化”学科群，并在这种服务中求得自身的生存和发展。

（一）补齐学科短板，服务已有学科

“语言与文化”学科群以外国语言文学为主建学科，囊括了文学、史学、哲学及教育学等相关学科，范围涵盖了1938年建校之初7个学系中的5个，即国文、英语、史地、公民训育、教育。该学科群的历史底蕴深厚，比较优势明显。选定该学科群作为拟建学科，既体现了学校扶优扶强的学科建设理念，也寄托了学校推动学科融合发展的热切期望。

以主建学科外国语言与文学为例。该学科历史悠久，基础扎实，综合实力位居全国前列，在教育部首轮一级学科评估中位列全国同类学科前列，发展势头强劲。该学科现有教职员工181人，其中教学科研人员155人。2014年以来，仅英语语言文学二级学科就承担国家社科基金重大招标项目1项（“20世纪美国文学思想研究”），获批国家社科基金重点项目1项（“海洋强国背景下的欧美文学及国家形象研究”）；对新晋诺贝尔文学奖得主石黑一雄的研究，也走在同行前列。学科带头人蒋洪新教授，现任湖南师范大学校长，兼国务院学科评议组成员、中国外国文学学会副会长、全国英国文学学会会长，新近又当选教育部高等学校英语专业教学指

导委员会主任委员。该学科还成立了“法语区研究中心”“湖南省俄罗斯文化研究与交流中心”“美国研究中心”“英国—爱尔兰文学研究中心”“东亚文化研究院”“长沙世宗学堂”等多个综合性研究机构，长期为湖南省政府、中南出版传媒集团、隆平高科、三一重工等政企单位提供语言支持和国情咨询等服务，在推进学术研究智库化方面积累了丰富的经验；还同美国、俄罗斯、英国、爱尔兰、日本、韩国等国高校建立了交流合作关系；等等。

《外国语言与文化》中文版创刊号的栏目设置，体现了主建学科的学科优势，如“《国标》及外语教学改革”栏目，对应的即是新版《高等学校英语专业教学大纲》颁布后引发的教学改革运动。该学科带头人不仅是新版教学大纲的起草人，而且还成立了教育测评研究院，率先着手构建教改效果科学评价体系。“中外文学文化关系”“文学与评论”栏目，也主要是以学科中的英美文学研究积淀为支撑的。

（二）培植新兴学科，引领学科发展

服务现有优长学科，是《外国语言与文化》求生存、谋发展的题中应有之义。但还应看到，高校学术期刊并不是一流大学、一流学科的附属品，而是有其发展的独立性和主动性的。该刊应当充分发挥这种特性，主动出击，补齐学科短板，培植新兴学科，引领学科发展。

在补齐学科短板方面。目前，我国外国语言文学学科领域普遍存在结构失衡的问题：一是高度关注外语大语种的教学与研究；二是对欧美发达国家和地区的语言文化研究相对比较充分，对欠发达国家和地区的语言文化研究相对较少，对某些小语种和某些区域文化的研究甚至还是空白；三是注重外国语言的研究，忽视对外国文化的综合研究。该学科存在的上述问题，一定程度上说，也是《外国语言与文化》未来发展的方向和机会，要给予从事小语种及欠发达国家和地区语言文化研究的学者，以更多的论文发表和学术交流的机会。

在培植新兴学科方面。现代学科发展的重要趋势之一，就是学科的融合导致的边缘学科或交叉学科的出现。《外国语言与文化》应该因应这种变化，给予此类研究成果更多的关注，甚至不惜调整版面和栏目。这种有意识的调整，无疑是学术成果发表的指南针和方向标，有利于研究者对自

己的研究方向做出相应改变，从而催生新兴学科。即便从学术期刊提高转摘率的角度考虑，边缘学科研究成果也相比传统学科研究文章更受青睐。《外国语言与文化》就涉及语言与文化两个知识领域，与外国语言文学类期刊相比，它侧重文化；与文化类期刊相较，它的优势在外国语言与文化的交叉融合。这种差异化的比较优势如果最终得以实现，不仅会推进“语言与文化”学科群的深度融合，而且会给学科带来全新面貌，该刊之特色也就彰显无余了。

发掘利用地方特色文化经济资源，开辟特色栏目，也是催生新兴学科，引领学科发展的有效手段。长期以来，高校学术期刊，特别是高校学报可谓千人一面，同质化现象十分严重。无论栏目设置，还是稿件质量，大体类似，水平相当。以栏目的设置为例，这些学报无论影响大小，都有哲学、法学、文学、史学、教育学、经济学、管理学等。相互之间虽略有差异，但总体上大同小异。由于罔顾各自所在学校及地域文化优势，设置的栏目过于宽泛，学报的有效版面分散，专业关注不够集中，优势专业凸显不出来。有学报甚至设置了近 20 个栏目。事实上，各个学校，各个地方，虽然程度不一，总还是有一些独特的资源可以挖掘。有不少学报在这方面费了心思，效果良好，不仅开辟了特色栏目，也培育出了新兴学科。例如：《湘潭大学社科学报》的“毛泽东思想研究”栏目，对该校“毛泽东思想研究中心”“中国共产党革命精神与文化资源研究中心”两个教育部人文社科研究基地的创建，以及对中共党史学科的建设起了重要的推动作用；《云梦学刊》的“当代学术史研究”栏目亦是如此。这一点，也是《外国语言与文化》办刊过程中应当借鉴的成功经验。

（三）发现优秀作者，培养学科人才

高校学科建设的核心在人才。只有源源不断地罗致不同教育背景的学术人才，组成人才梯队，学科建设才有可能获得可持续发展。学术期刊具有的评价功能，不仅能将各学科科研工作者的研究成果公之于世，极大提升其从事科学研究的积极性和学术影响力，而且，期刊编辑提供的学术信息，以及具体的修改指导意见，又能提高他们的研究能力和写作水平，加速学术人才的成长。就此而言，“高校学术期刊是学术人才成长的孵化器”。也有人把编辑比作“伯乐”，所谓“千里马常有而伯乐不常有”，正可以说明期刊及其编辑在发掘培养各类学科人才中的重要性。

对于许多初次从事著述的人来说，期刊编辑的评价及选择有可能改变其一生。“叶圣陶‘发现’巴金、丁玲，巴金‘发现’曹禺，《科学》杂志编辑部‘发现’华罗庚，剑桥大学出版社社长柏巴列治‘发现’李约瑟等故事都是最好的例子。”如果没有这些发现者，上述人才的人生可能会要重写。巴金后来在回忆此事时说：“倘使叶圣陶不曾发表我的作品，我可能不会走向文学的道路，做不了作家；也很有可能我早已在贫困中死亡。作为编辑，他发表了不少新作者的处女作，鼓励新人怀着勇气和信心进入文坛。”丁玲在几十年后也对叶圣陶说：“要不是您发表我的小说，我也许就不走这条路。”

高校学术期刊孵化出来的这些优秀学科人才，反过来又成为这些期刊不可或缺的优质作者资源。一流作者对于期刊发展的重要性是不言而喻的。一个梁衡带给《新湘评论》的影响，足以令人刮目相看；如果有十位左右这样的作者，该刊又将会是怎样的一番景象？《外国语言与文化》也应当在服务学科发展的过程中，逐步培养起稳定的优秀作者队伍，为刊物的持续发展提供源源不断的动力。

二、国际化的维度

党的十八大提出，“文化软实力和竞争力是国家富强、民族振兴的重要标志”。改革开放以来，尤其是习近平总书记提出的“一带一路”战略构想实施以来，我国与世界各国的合作交流日益广泛、深入，我国作为世界大国的地位日益凸显。然而，我国对外国语言文化的学术研究仍然显得薄弱，对大语种的研究仍然不够，而对某些小语种和某些区域文化的研究几乎还是空白，这种局面与我国日益扩大的国际影响力和对外开放的战略需要很不相称。

为了更好地促进我国与世界各国的交流与合作，提高国家文化软实力，不断增强中华文化的国际影响力，创办一个综合研究外国语言与文化的学术期刊，持久推进国别与区域的外国语言文化研究，尤其是推进“一带一路”沿线国家和地区的语言文化研究，对于促进国家文化发展战略和深化对外开放发展战略具有十分重要的意义。

《外国语言与文化》中英文版的创刊，定位于服务国家的文化发展战略和“一带一路”对外开放发展战略，提升我国外语教育的国际化水平及国际学术话语权。欲达此目的，必须走国际化的办刊路径。

所谓国际化的办刊路径，至少应该包含这样两层含义：作者（稿件）和影响力的国际化。

一份国际性的学术期刊，应该有网罗该研究领域全球顶尖作者的胸怀和能力。《外国语言与文化》的22位编委，都是国内外一流的外国语言文学研究专家。其中马歇尔·布朗（Marshall Brown）、布鲁斯·罗宾斯（Bruce Robbins）、克劳德·劳森（Claude Rawson）分别来自美国华盛顿大学、哥伦比亚大学和耶鲁大学，安·海尔曼（Ann Heilmann）来自英国卡迪夫大学，劳瑞·瑞米（Lauri Ramey）则是引进自美国加州大学的全职外籍专家。他们承担着为该刊撰写、推荐及审读稿件的重任。从目前《外国语言与文化》英文版创刊号的组稿情况看，15篇稿件中，有11篇来自国外。这中间，有相当大一部分稿件，是经由各位编委的推介与引荐获得的。过渡时期，充分依靠编委及主编的人脉资源获取国内外作者的优秀稿件，也是不错的选择。需要指出的是，作者的国际化水平，不能简单地理解为一期刊物中国外作者所占比例的多少，还是应该强调其代表的学术水准。

期刊要做出世界性的影响力，在西方强势话语体系背景下，是更为困难的一件事。

这实质上是关涉中国出版“走出去”的问题。出版“走出去”，要以强大的国家综合实力，特别是先进科技文化为基础。一个国家的科技文化水平，肯定会影响到出版物的生产与传播。这一点，毋庸讳言。但是，两者之间并非简单的决定与被决定的关系，有些经济、科技发展落后的国家，它也能生产出很好的精神文化产品，畅销全世界。如印度宝莱坞的电影就是其中代表。更何况，我们还有博大精深的优秀传统文化，以及在社会主义建设和改革过程中形成的科学发展理念与成功发展模式等。问题的症结之一，就在于我们缺乏高超的本土化手段与策略。以影视作品的输出为例，西方电影人的高明之处，就是善于针对特定市场掺入输出对象国的文化元素，以博取该国观众的好感。美国人拍摄《花木兰》，不是他们对这一女英雄如何感兴趣，而是他们深知这个历史人物在中国观众心中受欢迎的程度。老实说，我们缺乏内容的演绎能力，不会讲故事，往往忽视了输出对象国受众的内心感受而不自知，效果并不理想。部分孔子学院在所在国遭遇的尴尬，恐怕就与此有关。

《外国语言与文化》的办刊思路是明晰而坚定的，就是要办一份高水平的有国际影响力的学术刊物，服务于国家的“一带一路”发展战略，推动中国文化“走出去”。这既是国家赋予它的光荣使命，也是做大做强自身的重要途径。为此，该刊计划在条件成熟时，选择在东南亚和中亚两个方向上寻找合作伙伴，联合办刊。虽然该计划的具体内容尚不得而知，可一旦付诸实施，必将给刊物带来新的发展机遇。

三、融合发展的维度

从发展的眼光看，《外国语言与文化》需要关注出版技术的进步，走融合发展之路，为学科研究者提供个性化和增值服务，留住宝贵的作者资源。

出版融合发展，提了好些年了，但现在谁也无法提供一个确切的定义。但是无论怎样融合，有一点是不变的，这就是消费者需要的内容。变化的只是内容的载体形式、推送方式。有人提出，应从三个维度来思考传统出版的融合发展问题。

首先，是与科技的融合。这是最基本、最基础的融合。新技术对传统出版业的冲击已是不争的事实。陈昕认为，建立在现代数字技术、信息技术、网络技术上的数字出版，是自五百年前古登堡时代现代印刷术诞生以来出版领域最重要的技术革命，它给整个人类社会尤其是科学领域带来的变化，现在我们很难完全预料。但是，对于技术进步重要性的认识，很多传统出版人还是理解不足，重视不够。其实，形势已经够严峻了。2017 年 11 月 14 日，数字出版在线发表了一篇题为《这些年，我们出版行业都输掉了什么?》的文章。它认为，网络文学市场的出现，夺去了传统出版业一大批忠实的付费读者；而知识付费类产品的出现，让我们正在失去作者；与内容平台如知乎、简书等相比，未来我们还会失去传统出版人引以为傲的版权资源。这并非危言耸听，现在，国营出版单位向民营出版企业购买版权也是屡见不鲜的事了。

其次，是产业内各环节要素的融合。例如，在出版、印刷、发行环节，传统分工被打破，书报刊出版从分离到融合，电子音像出版单位对纸质出版资质的争取，具有全出版资质的期刊集团的出现等；出版、印刷、发行主体也发生了变化，自出版、按需出版、按需印刷、微信公众号的出现，已完全颠覆了传统出版主体的概念。

最后，是与产业外其他内容产业和国民经济其他产业部门的融合。

文学期刊作品经过改编搬上电影、电视荧幕，网络文学作品改由传统介质连载，或结集出版成图书等，都是与其他内容产业融合的具体表现。在出版产业与国民经济其他产业部门的融合中，出版与教育的融合最为引人注目，成效也最为显著。例如，湖南湘教出版传媒股份有限公司旗下就有 10 家企业，涉及纯粹教育的就有“在线教育有限公司”“校园文化建设有限公司”“教学仪器设备有限公司”“职业教育分公司”；湖南教育报刊集团也拟组建教育分公司，创办从幼儿园到高中及职业教育的完整国民教育体系等。

产业外的融合，某种程度上说，就是传统出版产业的延伸及增值的过程。这种融合，是传统出版面对新技术、新出版业态挑战做出的必然反应。因为，无论是网络文学、知识付费类产品，还是内容平台，它们的一个主要共同点就是将作者的价值进一步放大。换句话说就是，作者将作品放在新媒体上，比交给传统出版机构出版更赚钱。因此，好的优秀的作者将会弃传统出版平台而去，转向与这些知识付费平台合作。

可喜的是，有些传统学术期刊已不再满足于仅仅帮助作者发表文章，而且越来越关注作者作品的增值问题，也就是进一步放大作者及其作品的价值。例如《中国有色金属学报》（英文版）从 2006 年起，与爱思维尔公司合作出版网络版，在其电子平台上发布网络版全文，2013 年该刊全文下载量达到 28 万篇。《中南大学学报》（英文版）从 2007 年起，与斯普林格公司合作出版网络版，在其电子平台上发布网络版全文，2013 年该刊全文下载量达到 15 万篇。通过国际合作，借助出版新技术，有效提高了两种刊物的国际影响力，并产生了一定的经济效益。

利用新技术提供扩大作品影响、增加经济收益的增值服务，是传统期刊应对挑战更好服务学科建设的题中应有之义，而提供各种个性化服务，则是传统期刊对自身发展的更高要求，即在提供成果发表机会的同时，还通过创建数据库等方式为知识生产者提供信息数据服务，以提高其研究创作的能力和效率。

如中南大学出版社的“中国有色金属知识库”，内容涵盖多年来出版的有色金属类图书、《中国有色金属学报》（中英文版）、《中南大学学报》（自然科学版、英文版）、《有色金属科学与工程》等期刊创刊至今的全文内容，以及有色金属行业 80 余种重要期刊计 15 万篇文献摘要信息。该数据库检索功能强大，不仅可为用户提供标题、作者、关键词、全文等项目检索，还具备对知识点、图片、表格、公式等内容的检索功能。2014 年，该数据库获得“中国出版政府奖·网络出版物奖”正式奖。其数字出版中心开发建设的“有色金属在线”，是专为行业企业及从业人员提供科技服务的专业网站，为行业用户提供科技知识检索、在线电子书刊阅读购买、行业交流、行业资讯、科技解决方案等服务。

《外国语言与文化》应当站在更高的起点上，设计切实可行的融合发展之路。只有这样，才能跟上出版发展的步伐，争得一席之地。

（2016 年 12 月 23 日，国家新闻出版广电总局正式批复，同意创办《外国语言与文化》和《外国语言与文化（英文）》2 种期刊。期刊主管单位为湖南省教育厅，主办单位为湖南师范大学，出版单位为湖南师范大学出版社有限公司。办刊宗旨为坚持正确的办刊方向和价值取向，刊载国内外有关外国语言和文化研究成果，促进国内外学术交流，服务我国文化发展和“一带一路”国家战略实施。）

参考文献：

[1] 范军.“双一流”建设更需要一流的大学出版［J］. 出版科学，2017（6）：1.

[2] 耿卓，胡浩志，易会文. 高校学术期刊与学科建设互动关系的个案研究［J］. 湖北民族学院学报：哲学社会科学版，2014（4）：165-168.

[3] 雷群明，邹韬奋，陈原，等. 编辑修养十日谈［M］. 上海：上海科技教育出版社，2002：28.

[4] 巴金. 致《十月》［J］. 十月，1981（1）：4-6.

[5] 徐登明. 编辑出版家叶圣陶［M］. 北京：中国书籍出版社，1994：32.

[6] 冯宏声. 融合是出版业走向未来的关键词［J］. 出版参考，2015（6）：7-9.

[7] 陈昕. 说说我的出版观［N］. 中华读书报，2017-11-14.

《文讯》办刊实践及其现代意义

李明勇

（华中师范大学文学院，湖北武汉，430079）

摘要：《文讯》月刊是20世纪40年代创办于贵阳的一本综合性刊物，在时局动荡、战乱频仍的年代里，在历任主编敢于创新的办刊理念指导下，通过改变刊物栏目设置、注重读者需求以及网罗众多当时文化界众多名人为其撰稿的实践，《文讯》成为当时国内一流的综合性刊物之一，它的办刊实践为当今的刊物出版提供了宝贵经验。

关键词：《文讯》；办刊实践；现代意义

贵阳文通书局由华之鸿创办于1909年，以“文以载道，通达心灵”之意而得其名，经过40余年的发展历程，最终成为与商务、中华、世界、正中、大东、开明等书局并驾齐驱的全国著名七大书局之一。它创办的《文讯》月刊更是影响甚大，成为国内“第一流的综合性刊物”。《文讯》月刊所获得的成功，不得不引起我们的深思：是什么因素促成了《文讯》成为全国一流的综合性刊物？它的办刊实践对当今具有哪些方面的启发意义？为此，本文试图以《文讯》的办刊实践着手，分析其成功因素，以期对当下的学术出版提供一定的经验借鉴。

一、敢于创新的办刊理念

《文讯》月刊是文通书局的喉舌刊物，1941年由谢六逸创刊。谢六逸（1898—1945），字麓逸，号无堂，后改名六逸（贵州方言中，“麓”与“六”同音），贵阳人，中学毕业后，考取日本公费留学，在日本早稻田大学攻读文科，1922年毕业回国后，在商务印书馆当编辑。他参加了当时郑振铎、茅盾等组织的文学研究会，并主编《文学周刊》，也主编过《时报》副刊《小春秋》、《立报》副刊《言林》、生活书店的《国民周刊》等刊物；先后担任上海神州女学教务长、暨南大学教授，在担任复旦大学教授期间，创办了新闻学系，是当时著名新闻学家，所著《新闻学概论》影响较大。1937 年，日本侵华战争进一步加剧，攻占了上海，谢先生便携家回黔。1941 年，他受聘于华之鸿，担任文通书局编辑所副所长（所长为马宗荣），并主编《文讯》月刊。

1941 年 10 月 10 日出版发行了第一卷第一期创刊号，谢六逸撰有《〈文讯〉创刊词》。其中对创办该刊的原因及其宗旨进行了说明，强调"出版事业的兴衰足以代表一国文化的升降"，而当时贵阳成为抗日大后方之重镇，本着不屈不挠的精神，在抗敌后方有必要建立一个能使人们在精神上彼此相互沟通的机关，无论在战时战后都能使文化这种精神食粮接济不断。"如果缺少在精神上彼此沟通的出版物，其精神必涣散，其团结必松懈"，为此，便成立了《文通书局通讯》，简称《文讯》。随着抗日战争影响的不断加剧，1942 年 1 月贵阳也遭受日本飞机的轰炸，日本帝国主义侵略军打到了贵州独山，使贵阳人心惶惶，不少企业单位和文人纷纷迁至乡下，《文讯》月刊也深受其影响，稿源短缺，致使不能按期发行。谢六逸为了坚持刊物的不间断，采取两期或三期合刊策略，使《文讯》刊物得以延续。1945 年 8 月 8 日，贫、病、劳交加的谢六逸在贵阳师范学院去世，《文讯》不得不停刊。

抗日战争胜利后，文通书局对《文讯》月刊进行复刊，由顾颉刚、白寿彝负责，并于 1946 年 1 月 15 日出版第六卷第一期（新一号）。随着抗日战争的胜利，中国社会形势也发生了改变，中国内战已趋于白热化。在这样的一种社会形势之下，顾颉刚、白寿彝为了凸显文艺在文化发展和战争中的重要作用，对复刊的《文讯》编排进行了调整："从本期起我们在编排上试作变更，把文艺列在前面，反一反向来综合性刊物的成例。"这与现代西方传播学理论中所提出的"议程设置"具有异曲同工之妙。为了适应大众文化的需求，除了在编排上有所变化，在文章的表达方式上也作出相应要求，尽量将其通俗化。

1947 年，《文讯》月刊从重庆迁至上海，由臧克家任主编。这时期的编辑方针，主要还是继承创刊时的做法，以刊载学术论著、文艺作品、名著提要、文化动态以及其他与出版事业相关文章为主，同时也践行重庆时期所强调的学术论著的大众化。不过臧克家对《文讯》月刊的内容也作了一些调整，增加了文艺专号的期数，“我刚接办时，普通号出两期，然后才出一次文艺专号，自第九卷起改为间期而出了”，并且还刊发了两期特刊《谢六逸先生逝世悼念特辑》和《朱自清先生追念特辑》。臧克家还特别强调文化的批判性质，“本刊的名称既是‘文化通讯’的意思，文化动态的报道和批判无宁是本刊主要的任务”，“希望报道和批判的精神渗透了本刊中之各个门类”，无论是在学术论著、文艺作品，还是在名著提要，本身就是一种报道和批判，不仅要报道学术的最新动态，而且还要提出一种新的看法。由于国民党在战场上的连连失败，在上海等地发动了更为恐怖的白色恐怖，臧克家也被特务列入黑名单之中，于 1948 年 12 月，被迫转移至香港。在上海臧克家主编的这一年半的时间里，《文讯》共出版“普通综合号 11 期，每期印数 1000 册，每册约 10 万字，共计 11000 册左右，110 多万字。文艺专号 6 期，每期 4000 多册，每册 12 万字，共计 24000 册左右，72 万多字”。在炮火连天、经济萧条的年代里能取得如此大的发行量实属不易，也能窥见出《文讯》刊物在当时非常畅销，深受人们的喜爱。然而，在国民党严厉的白色恐怖之下，加之此时文通书局经济拮据，稿源难求，《文讯》于 1948 年 12 月出版了臧克家所编的第五期后便不得不停刊。《文讯》从 1941 年 10 月创刊至 1948 年 12 月停刊，共出版 9 卷 58 期，其中文物专号 1 期，文学专号 6 期，纪念专号2 期，在抗日战争和解放战争中产生过重要影响。

《文讯》从创刊到重庆的复刊，再到搬至上海，这三个阶段的出版方针都有所转变，这些转变不只是社会形势使然，更是历任主编思想的结晶。能及时根据社会形势的变化对刊物的编辑排版、出版内容作出调整，既体现了《文讯》主编们的时代敏锐感，同时也渗透了他们那种在外敌入侵时的不屈不挠，解放战争时期坚持真理的高贵的文人品质。

二、稿源是刊物成功的关键

一个刊物的成功与否，稿源是关键因素，尤其是一些具有影响力的作品，能提高刊物的知名度。《文讯》之所以能获得成功，其关键因素在于拥有大量的专家、教授、学者、文学家源源不断地提供稿件。

1937 年“七七”事变后，中日战争全面爆发，由于国民党采取不抵抗政策，中国东北、华北、华中等地相继沦陷，国民政府也从南京迁往重庆，西南地区成为抗日战争的大后方。由于贵阳是连接云南与四川的交通要地，地理位置非常重要，从而众多沿江、沿海一带的工商企业、文化团体、高等院校迁至贵阳。随之而来的是大批国内著名专家、教授、学者以及一些政界名流齐聚贵阳，致使处于西南一隅的贵阳人才荟萃。如著名地理学家、气象学家、浙江大学校长竺可桢，桥梁专家、交通大学唐山学院院长茅以升，内科专家、湘雅医学院院长张孝骞，地质学家李四光等等。据《贵阳文通书局》统计，当时贵州汇集了专家、学者、正副教授近 300 人，文化名人也不下 200 人，给文通书局带来了千载难逢的机遇。华问渠便通过各种关系，了解、网罗人才，成立文通书局编辑所，由黔籍文人大夏大学著名教育家、教育部主任秘书、社会教育司司长马宗荣教授任所长；谢六逸任副所长。文通书局编辑所成立之后，为了网罗更多的人才，便成立编审委员会，共有 112 人（含常委会马宗荣、谢六逸、张永立、蒲鸿基 4 人），其中有著名哲学家冯友兰、天文学家竺可桢、桥梁专家茅以升、内科专家张孝骞、历史学家肖一山、社会学家吴泽霖、语言学家张世禄、数学家苏步青、外国文学翻译家曹未风等等。他们来自全国各地，使文通书局编审委员会成为集全国各门学科名家于一体，融全国英才与名流为一家的人才大融合。

这庞大而豪华的编审阵容，是《文讯》稿件的主要来源，并且稿件质量很高。在《文讯》创刊号中，除了谢六逸的《发刊词》和马宗荣的《本局设编辑部的动机及动向》外，共刊载了 3 篇文章，即姚薇元的《回纥人华北考》、谢六逸的《新闻标题研究》以及懋天的《猫与地球》。其中谢六逸、姚薇元皆是编审委员会成员。在谢六逸主编期间，自己本人不仅在《文讯》上发表多篇文章，而且编审委员会成员马宗荣、张永立、张世禄、吴泽霖、罗登文、李书田、钱亚新等人皆在该刊物上发表多篇文章。尤其是马宗荣所著的《国民参政会中的教育文化问题》《普及社会教育应注意的三大问题》、张永立所著的《新宇宙观》、张世禄所著的《论语言之演变与训诂》《文学与语言》以及姚薇元所著的《四史解题》都是高质量的文章。即便文通书局编辑所搬至重庆、昆明时期，据当时文通书局编辑回忆，对原聘之编审委员，除已故及失联之人外，还与大多数保持着联系，如王伯群、冯友兰、吴贻芳、茅以升等等。例如在顾颉刚、白寿彝主编《文讯》第二期即“新二号”还刊载了蹇先艾的散文《悼王鲁彦》。在顾颉刚、白寿彝主编《文讯》期间，虽然在重庆时期受到短期的稿源短缺，但在顾、白两人的努力下，收到了很多大家的稿件，如在1946年2月15日出版的“新二号”中，便刊载有茅盾、蹇先艾、张震旦、丰子恺等大家的作品。

解放战争时期，由于顾颉刚、白寿彝工作繁忙，既要完成文通书局图书的编审工作，又在各大学兼课以及参与各种社会活动，因而无暇分身，于是白寿彝便找到他的老朋友臧克家来担任《文讯》主编。抗日战争胜利后的上海，再度成为中国新文化的中心，汇集了众多知识分子。因此，在臧克家主编《文讯》期间，他利用地缘和人缘优势进行大量组稿，刊载了郭沫若、茅盾、叶圣陶、朱自清、李健吾、洪深、王统照、巴金等等众多著名文人的作品，社会影响日益加大，成为当时左翼作家重要的文艺阵地。然而随着臧克家被国民党特务追捕而逃往香港后，1948年12月5日，《文讯》出版了臧克家所编的第五期后便停刊。

虽然《文讯》月刊所存在不足8年时间，但它成为当时国内一流的综合性刊物，这无疑与其刊载的文章大多是当时国内文学界大家的作品不无关系。“稿件来源，投来的少而组来的多”，“我不但在上海组稿，还把手伸向千里外的昆明、重庆、北平，以及南京、杭州等处”。尽管抗日战争过后上海是作家如林，但臧克家仍然将组稿的对象延伸至全国，由此不难看出，晚期《文讯》稿件来源不仅广泛，而且质量很高。

三、注重消费者需求

谢六逸在创办《文讯》刊物之始，便将读者纳入创刊的宗旨之中。该刊物的目的在集思广益，刊载学术论著、文艺作品、名著提要、文化动态以及其他与出版事业相关的文字，“同时借以披露本局的出版消息，成为出版者、著作人、读者三方面在精神上彼此互相沟通的机关”。从其《发刊词》中所指出的《文讯》创刊的目的来看，它不只是出版者与著作者之间的业务合作，更是著作者、出版者、读者这三者之间的精神纽带，通过对战时的报道和相关文学作品的激励，将更多的人团结在一起，为中国的文化发展和抗战事业作出应有的贡献。因此，《文讯》办有《文通音讯》《作者介绍》《出版图书》等栏目，将当时文通书局所出版的书籍介绍给读者，介绍专家学者的生平简介、发表文章的内容，使读者能及时了解到当时的一些文化动态，也开辟诸如《编辑后记》《读者栏目》等一些栏目与读者进行沟通，回答读者提出的有关学术研究、生活修养等疑难问题。

到了顾颉刚、白寿彝主编时期，《文讯》对读者需求更加重视，相对于谢六逸主编时期来讲，这时期已经把读者的接受能力与刊物出版结合在了一起考虑。由于当时中国民众文化水平不高，对于一些较为艰深的著作，大多数人还无法理解，不适于一般人阅读。基于这样的事实，顾颉刚、白寿彝在《文讯》的复刊时便强调，“各种专门的知识，各种学科的结论，我们也都想捡取，可是我们希望一件件把它通俗化，因为通俗化对于一般的读者是无上的需要”，“我们很愿意努力达成这个‘嚼饭哺人’的任务，极盼望各项专家的通力合作”。刊物的目的便是将著作者的观点、理念进行传播，使其让更多的人知晓、接受这些观点和理念。《文讯》根据当时中国大众的接受能力，提倡通俗化、大众化，通过通俗易懂的语言传达艰深的东西，使更多的人能理解其著作的思想观念。从这一时期所刊载的作品来看，确实践行着通俗化、大众化的理念，最为明显的就是文艺作品所占的篇幅明显加大。例如在“新一号”和“新二号”这两期刊物中，文艺作品都占了绝大部分。“新一号”除了《复刊词》外，共刊载11篇作品，其中文艺作品有散文2篇：方敬的《浪子的沉思》、之一的《沙河县舱内散记》；诗1首：李永生的《弹起你的琴弦》；小说2篇：蓝冰的《被遗忘的桥》、丰林的《幸福的夫妻》；日记1篇：顾颉刚的《西北考察日记》。文艺作品共6篇，占了半数还多。“新二号”载12篇作品，其中文艺作品就占了8篇，所占比例更多，尤其是［苏］李昂洛夫著、华容译的戏剧《无名英雄》更是连载到“新六期”才载完。

其次是文学语言的通俗化、大众化。为了适应大众的文化需求，这时期所刊载的作品所使用的语言已经趋于大众化语言，不仅在文艺作品中如此，即便在论述性文章中也使用了那种明白晓畅的大众化语言。如在“新二号”刊载的第一篇文章是茅盾所著的《近年来介绍的外国文学》，该文在语言表达上极为大众化。如“大略的算一算，近年来翻译的苏联作品在三十种左右（短篇小说的合集每篇为一种），总字数六百万上下”，从此可以看出在语言表达方面的大众化风格。

在臧克家主编时期，《文讯》仍然继承着这种大众化的风格和以文艺为主的路线，尽力去满足广大民众的文化需求。在那炮火连天、经济险象日益加剧的日子里，政治腐败，经济萧条，物价飞涨，“写作发表的自由时时在受着威胁，可能的读者群时时为更为迫切的需要夺去了购买书刊的能力”，也正是在这样的时代里，《文讯》刊物显得更加庄严也更为需要，“它迫切地需要作家们的协助和读者们的指教及监督”。在这样的环境之下，普通号每期印 1000 本，而文艺专号却是 4000 本。由此不难看出，晚期《文讯》不仅扩大了文艺专号的发行，而且文艺专号更受到人们的喜爱。

四、关注社会现实问题

《文讯》月刊作为一本综合性月刊，它所刊载的文章内容极其丰富，自然科学、社会科学、文学、哲学、艺术等方面的作品皆有刊载。然而，我们只要将《文讯》所刊载的文章和作品进行仔细研究，却不难发现具有一个明显的特点，那就是所刊载之内容与时代之主题密切相关。《文讯》创刊之时，正值中国抗日战争进入到关键时期，争取抗战胜利已成为当时社会的首要任务，而谢六逸也是将此作为创刊的出发点。《文讯》月刊为了适应战时的需要，除了刊载众多科研论文之外，还刊载了一些与抗战相关的短评、战地通信、论述性文章以及文艺作品。例如刊载的短评有宏徒的《敌情估计》、纯任的《太平洋战争与中国》；刊载的战地通信有谭天民的《浙赣线上》等；刊载的与抗战相关的游记有曹源松的《西行散记》、篓子匡的《陪都行》、陈安仁的《赴渝旅次观感记》等；刊载的论述性文章有诺弗原的《欧洲沦陷区的反德暗流》、国际宣传处译塞凡斯基著的《海军的没落》、张伯箴的《论希特勒春季攻势的走向》等；还刊载了一些翻译改编的抗日戏剧《女店主》《冉娜》等。“本局编辑所出版之《文讯》，自创刊以来，屡获各界人士的爱护，兹自三十二年一月份四卷一期起，篇幅加大，内容更见充实，执笔者均系国内文化界知名人士，欢迎读者订阅。”当时《文讯》的定价为每期 8 元，每卷 6 期，包邮 48 元，对于当时的物价来说也不算便宜，但却受到人们的青睐，订阅人增多，并加大版面，从创刊号的32开24面，到第三卷的24开64面，到第四卷第一期版式再次放大，面数也增加到68面。这时期《文讯》的畅销，与其刊载的内容极其相关，它们更多地关注现实问题，将最为前沿的抗战形势以及对形势之分析带至读者面前，能满足读者的期待心理。

抗日战争结束之后，国民党撕毁了国共两党之间的停战协议和政治协商决定，发动了内战。至此，中国再度陷入战乱之中，民不聊生。此时，《文讯》月刊已由顾颉刚、白寿彝主编，但这时期所刊载的内容却有很大的改变，论述性的文章偏少，而文艺作品相对较多，散文、诗歌、小说、戏剧等作品相继出版。这时期的《文讯》看似远离了社会现实，但实质上艺术家们更多的是通过隐喻的方式表达了对社会现实的诅咒和政治腐败的不满。刊载在“新二号”茅盾的《近年来介绍的外国文学》中指出当时的时代特征：“曙光虽已在望，但黑暗势力尚很猖獗；人民大众已经觉醒，开始走上历史的舞台，但数千年的传统的负荷尚绊住他们的脚步；知识分子眼中是雪亮的，心头却有说不出的苦闷。”抗日战争刚胜利不久，但国内国共两党之间却兵戎相见，但人们已经有清楚的认识，开始走上历史的舞台，这无疑是在批判当时社会的黑暗以及表达人民当家做主的愿望，尽管知识分子具有自觉性，然在当时黑暗势力之下他们却有话不敢说。

至臧克家主编的时期，解放战争白热化，不少工厂停工，工人失业，物价飞涨，民不聊生。臧克家本人在当时也是失业之人，白寿彝找到他担任《文讯》主编时，他百感交集，既感动又担心，感动的是获得了一份能解决饥饿的工作，担心的是怕办不好这个刊物。当时上海的文艺刊物还不是很多，较为著名的有郑振铎、李健吾主编的《文艺复兴》，范泉主编的《文艺春秋》，凤子主编的《人世间》以及洪深、赵清阁主编的《文潮》。“在革命斗争剧烈的时候，多一份刊物，多一个文艺阵地”，于是臧克家竭力主办《文讯》，主编、编辑、校对、拉稿、送稿费等集于一己之力，并增加了文艺专号的刊载，“希望它是时代主潮的表征，希望它是文艺新声的传达者”。在此，已经很明显地强调了文艺作品是时代主题的表征。对黑暗现实的批判、国民腐败政府的否定以及知识分子的自我反省成为这时期的时代主题，因此，晚期的《文讯》月刊所刊载的作品具有鲜明的时代烙印，那种揭露和批判的主调以及隐喻嘲讽的文风成为大多数作品的基调。在已发表的160余篇作品中，都具有强烈的批判现实的精神，突出了时代特点。正如张中奎所言，“在1940年代末的文学转向过程中，《文讯》月刊与《文艺春秋》《文艺复兴》等文学刊物遥相呼应，在上海形成了一个具有相当规模的‘批评空间’”。

五、结语

《文讯》月刊作为20世纪40年代的一种综合性刊物，在战乱频仍的年代里，自从在贵阳谢六逸创办之日起至1948年12月停刊止，曾经历过1年之久的停刊（1944年7月出版了《风物志专号》后停刊，到1946年1月复刊），也经历了三次主编的更替。即便如此，《文讯》月刊却通过历任主编大胆的创新思维、不屈不挠的精神和广大文化界著名文人的大力支持，从而成为全国一流的综合性刊物。在《文讯》办刊实践中，刊物栏目设置、重视读者的需求以及强烈的时代特色都为当今的学术刊物出版提供了宝贵的经验，具有较大的现实意义。

参考文献：

[1] 张志毅．我与文通书局［J］．贵州出版史料，1991（5）：10.
[2] 谢六逸．《文讯》月刊创刊号［J］．文讯，1941，1（1）.
[3] 顾颉刚，白寿彝．《文讯》月刊复刊词［J］．文讯，1946，6（1）.
[4] 臧克家．写在卷首［J］．文讯，1947，7（1）.
[5] 何长凤．贵阳文通书局［M］．贵阳：贵州教育出版社，2003：140，69.
[6] 臧克家．一人双手编《文讯》［J］．读书，1983（12）.
[7] 茅盾．茅盾全集：第24卷［M］．北京：人民文学出版社，1996：114，120.
[8] 马宗荣．文通书局及其编辑所［M］．文通书局铅印本，1942：9.
[9] 张中奎．最后的“批评空间”：社会转型期的《文讯》月刊［J］．文艺理论与批评，2007（1）：62-69.

“网络电影批评”：一种构型中的批评范式

彭　涛

（华中师范大学新闻传播学院，湖北武汉，430079）

摘要：电影产业批评和网络影评的崛起给电影批评带来了诸多变化。随着网络社会的崛起，一种表现为“泛批评”状态和“跨文本”形态的网络批评范式逐渐萌动、构型，这种范式转换被认为是一种“媒介化转向”。本文着重讨论了网络影评的评价标准和类型划分两方面体现出的范式特征，并对网络环境下电影评论发展“知识化生存”的转变方向进行了思考。

关键词：电影批评；范式转换；知识化生存

作为电影艺术体系的重要组成部分，21世纪以来，电影批评（包括以电视剧为对象的电视批评，本文有时同时使用电影批评或影视批评两个概念）发生的诸多变化引发了学者和业界的众多关注，人们从不同的角度对这一变化展开了研究。个人认为，当前在讨论电影批评的时候尤其要关注两个显著的变化：一是电影产业评论的崛起，二是以网络电影评论为代表的网络批评的崛起。

先谈电影产业批评。在我国，因电影的产业功能曾被计划体制阉割，导致产业评论长期阙如。经过20世纪90年代后期的酝酿，新世纪电影产业评论终于崛起，成为电影批评中引人注目的现象。这体现在：第一，出现了一批标志性成果。如沈芸的《中国电影产业史》（中国电影出版社，2005年）借助丰富的史料，梳理了自中国电影草创时期到新世纪初百余年的电影产业史。再如，饶曙光的《中国电影市场发展史》（中国电影出版社，2009年）、于丽编著的《中国电影专业史研究：电影制片、发行、放映卷》(中国电影出版社，2006 年)，或从宏观，或选取一个或几个维度，深入研究中国电影产业问题。另有一些产业研究的视角，切入点细小，但很深入，且能说明一些重要问题，比如《雷玛斯与上海电影产业之创立》①一文，就研究了雷马斯放映院与上海电影产业之间的关系。第二，一批一线的学者专家都非常关注产业发展，像尹鸿、饶曙光、周星、贾磊磊、陈旭光等，都有关于电影产业的研究成果问世。第三，电影产业研究成为近些年来国家社科艺术学项目资助的倾斜对象。据相关人士统计，自 2009 年至今，国家社科艺术学项目资助的电影产业类研究达 20 多项，研究涉及当前电影产业的方方面面。

不过，本文认为，对中国电影批评影响更深远、更具有文化意义的，则是网络影评的崛起。它本质上是电影批评的“媒介化转向”，是批评的意识形态、方法论和手段的整体转向，体现出了一种范式转型特点，亦即库恩所言的范式再造。虽然这种范式还在形塑之中，但它的社会影响日益重要。

新世纪以来，伴随着网络社会②的崛起，一种新的批评范式开始在母胎之中萌动，这种正处于构型之中的批评范式，我称其为网络批评范式。网络影视批评范式，并不仅仅局限于影评的范畴。在当前的传播生态环境中，它首先表现为一种“泛批评”状态，以戏谑、颠覆、解构为主要特征，广泛存在于一切网络文本的创造与再造中。其次表现为“跨文本”形态，超越了传统单纯的书面语言表达，使用视听综合表达形态。这种范式的出现，是传播技术发展、社会转型、文化转向的结果。

网络影视批评的范式转换，本质上是一种“媒介化转向”。它包括两个方面：从发生机制来看，网络影视批评以网络（技术和工具层面）为载体，借助多种新型传播工具和渠道，如手机、微博、App 等。有别于以报纸书刊等出版物为传播载体的传统批评，它表现出便捷性、匿名性、及时性、互动性等特点。从文化机制来看，网络批评以网络（文化和社会层面）为场域，在网络的语境中，无中心、无结构不仅是一种关系的勾连状态，更是一种文化生态，它决定了网络批评天然的另类气质，如网状传

① 薛峰. 雷玛斯与上海电影产业之创立 [J]. 电影艺术，2011 (2)：140-145.

② 曼纽尔·卡斯特在“信息社会三部曲”中提出的概念，他认为网络社会是一种“围绕数字传播网络（但并非由其决定）建构的社会结构”。

播、把关的弱化、意义的解构。许多学者认为网络影评消解了传统影评的精英气质，表现为群氓式的非理性狂欢，本质上是一种话语的对抗，缺乏理性的判断。这种看法有一定的道理，也是对部分网络影评低俗化、庸俗化倾向的精准概括。但是，匆忙将网络影评归纳至话语对抗的视域中，或者只片面研究网络影评在传播机制上的特异性，则是忽视了它赖以发生的文化、社会正处于深刻的变动之中，忽视了它代表的是批评本身的范式转型。

“新理论意味着支配常规科学原来实践的许多规则要发生改变。因此新理论必不可免地要对他们已经成功地完成了的许多科学工作加以重新审视。”① 按照知识社会学的观点，一个学科总是处于范式创立—危机—革命—新范式建构的辩证运动之中，当旧有的范式不再能够推动科学发展的时候，它会和新的环境产生激烈的冲突。20 世纪 90 年代，互联网影评出现，主要以小众影片为评论对象，以 BBS 等网络论坛、社区为载体，以高学历人群为评论主体，由于传播技术的限制，它尚不足以对传统影评造成影响；2002 年前后，网络影评横空出世，其时，跨文本影评范本《一个馒头引发的血案》（胡戈评《无极》）问世，成为引人关注的恶搞文化现象的代表。学界对网友自发的文本再创造给予了关注，但整体评价不高。“网络影评的暴力话语制造了二元对立的结构，其立足于草根与民间，自称老百姓，那结构的对面就是官方与精英，参与者获得一种反权威、反资本的想象的姿态，因此，对网络影评的评价，必须看到网络大众的这种对抗姿态……持基本肯定的历史态度，对此种正义性有同情理解。”② 此后，网络传播技术的飞跃，推动了基于微博、微信、手机等新媒体的影评的进一步发展。学界对网络影评的态度也呈现出暧昧：一方面，许多学者依然将其归纳为观后感式的大众影评，认为其缺乏学术价值，学术期刊上也几乎难觅网络影评的踪影；另一方面，又有许多学者依托“虹膜”“影视独舌”“大旗虎皮”等微信公众号，面向大众发表普及式的类学院派影评，注重

① 托马斯·库恩. 科学革命的结构 [M]. 金吾伦，等译. 北京：北京大学出版社，2003：6.

② 唐宏峰. 网络时代的影评：话语暴力、独立精神与公共空间 [J]. 当代电影，2011 (2)：15-21.

趣味性和学术性的结合。另外，不容忽视的是，网络影评对电影市场具有重要的影响，猫眼电影、豆瓣电影的评分机制，是不少观众观影的重要参考指标，并引起了国家级传统媒体的关切，引发了业界、学界的讨论，甚至引爆一些重量级的争议话题。当前公众对影评的热情以及影评的社会影响，超越了任何一个历史时期，然而，这种“影响力”却并非因传统批评范式而起，甚至在某种意义上，它所表现出的与传统范式的“格格不入”，才是它最值得关注的地方。

网络影评的特征，已经得到了许多学者的深入研究①，在这里我想从两个方面着重展开论述：一是网络影评的评价标准；二是网络影评的类型划分。

有学者对网络影评的打分机制进行了研究②，认为打分机制的存在，消解了传统影评的权威性和学术性，更加凸显观众个人的情感宣泄。贾磊磊也持有同样的观点，他认为网络影评总体上呈现为一种道德失序的状态，许多影评以“喜欢”“讨厌”作为衡量一部电影的唯一标准，但同时他也看到只有将这种现象还原到网络中才能理解，“在互联网上对一部电影的表述有时仅仅是一种个人的感慨，或是一种感性的宣泄，这些本身无关宏旨。但是一旦这种表述脱离了他原生的语境，它的意义也就必然随之改变”③。网络影评是否只以观众的个人喜好为标准，或者说，这种喜好真的只是个体的情感表达？我认为不是，舍勒在考察怨恨的心理机制时，认为怨恨源于资本主义社会贫富差异造就的失序，也就是说任何一种心理都有其社会根源，那么在网络中，个人喜好缘何会成为一种“普遍标准”？我们可以看到，绝大多数的网络影评都呈现出强烈的爱憎鲜明的态度，并且越来越有发展为“标题党”的趋势，这与传统影评强调的价值中立是相对的。以微信公众号“毒舌电影”为例，2017 年 5 月 5 日至 5 月 11 日，

①② 相关研究见李建强. 网络影评的兴起与发展——一个值得关注和期待的电影批评现象 [J]. 上海交通大学学报（哲学社会科学版），2011（2）；杨晨. 现代性视域中的中国网络影评：感性消费与话语暴力 [J]. 电影艺术，2013（1）；柴玥. 网络影评新形态——微博影评的特性 [J]. 当代电影，2011（10）.

③ 贾磊磊. 媒体时代电影批评的道德失序与话语重构 [J]. 艺术百家，2006（2）：344-348.

其推送头条为“请别用三观绑架五月首部9分片”“这种‘靠脸吃饭’我们不能再上当”“我讨厌出轨，所以更要安利这部‘第三者电影’”“超感猎杀！能不能不要这样带劲啊”“端午节就要到了，就拿这种‘脑残剧’祭奠屈原?”“播了27年的‘脑洞剧’，新一季还是那么变态”“国人必看！这部新剧绝对配得上”，分别针对《摔跤吧！爸爸》《梦想帝国》《独自在海边的夜晚》《超感猎杀》《思美人》《世界奇妙物语》《白鹿原》等七部电影、电视剧展开了评论。这种评价方式丝毫不掩饰个人（实际为团队）的喜好，并且竭力营造出一种对话的语境，它改变了传统影评居高临下的学院派话语方式（它是网络文化拒斥的权威的象征），用情感作为核心，以虚拟的面对面关系为着力点，创造了影评作者和读者的唠嗑式互动，它契合了网络文化的核心精神“平等”“自由”“个人”。其次，我们还要注意到，这种以情感作为评价标准的趋势还蕴含着另一个值得关注的维度，如果说传统影评的价值中立使其具有了时间偏向①，那么网络影评的情感指向则表现出强烈的空间偏向。它以实现最大范围的传播为目的，这种情感呈现出碎片化、不稳定的特点。例如，前年《人民的名义》火爆荧屏，针对剧中人物祁同伟的网络影评，便不断地在同情、警惕、惋惜等对立的情绪中位移。网络影评的情感化特征，指向的是最大范围的受众，是受众日益向用户过渡、日益拥有巨大的话语权、消费权的网络生态的写照。再次，需要辩证看待网络影评的非理性。某些过分的情感宣泄和超出了学术和批评范畴的“骂评”，确实需要匡正。但批评需要棱角，需要旗帜鲜明和痛快淋漓。事实上，网络影评对某些影片的尖刻和不留情面，起到了把烂片逐出市场的作用。这种作用，是电影管理层和审查者力所不逮的。比如，《逐梦演艺圈》《阿修罗》等影片，就是在网友面前原形毕露的。即使是知名导演的作品，如最近姜文的新片《邪不压正》，网络影评的观点一样毫不留情。但网络影评并非只会尖酸刻薄地批评，而不会建构。去年上映的纪录片《二十二》，今年的《我不是药神》等影片，都是网络影评力挺之后，院线的排片率才上升的。

---

① 加拿大传播学者英尼斯将人类历史上的一切媒介划分为“时间偏向”和“空间偏向”，前者利于保存，却不便于传输，例如石头、甲骨等；后者可以跨越空间的障碍，利于传播，例如纸、电报、电话等，但不易保存。

网络文化本质上是一种后喻文化①，许多学者认为网络影评最令人诟病的是它的分类标准。它常以“史上”“最”“虐心”“烧脑”“治愈”“禁欲”等词汇为标准，对电影进行划分。以“史上”为例，按照传统划分，一部电影必须在电影史的体系中才能予以评论，然而，该名词指向的历史并不以电影史为坐标。首先，“史上”并非网络电影批评的专有名词，它广泛存在于新闻、文学、音乐等网络文本的划分中；其次，“史上”蕴含的比较维度，混杂了一切电影类型，也就是说，任何一部电影都可以被冠以“史上”的名义；再次，它同样是一种强烈的“情感导向”，“史上”暗含着“最”的意味，暗自应对了观众对“与众不同”的追求。“禁欲”一词，本意是对性欲望的克制，在某些宗教中，禁欲被认为是接近神明的手段，然而，在网络中“禁欲”一词成为对男性的审美标准。“禁欲系”主要指外貌俊美、品位高、着装优雅、个性深沉、冷漠的男性，以白子画（《花千骨》男主角）、夜华（《三生三世十里桃花》男主角）、都敏俊（《来自星星的你》男主角）等人物形象为代表。这种“禁欲”并非完全无涉于性意味，实际上，它契合了近年来兴起的“男色消费”，本质上与传统言情片无异。同样地，如果将“治愈系”作为豆瓣电影的检索标准，《入殓师》《普罗旺斯的夏天》《美丽人生》《等一个人咖啡》《音乐之声》等按照传统类型划分，分别归属为文艺片、爱情片、歌舞片等类型的电影，都被归纳进“治愈系”的范畴。这种分类方式缺乏类型片的基本特征：人物形象、主题、叙事等都无法归纳进入某一个特定的类别，更无法从中总结出母题，因而备受学者诟病。但是，我们要在网络影视批评的范式下来理解这个现象。它不是仅仅针对电影的划分标准，更多将电影归纳进功能主义的范畴，亦即一部电影“好看”“感人”，或者在某个情感维度能激发共鸣，那么它就具备了引发批评的特质。因而在这个意义层面，网络影评实际是一种新的逻辑体系、新的美学正在构型的表现。

“凡是共有这两个特征的成就，我此后便称之为‘范式’……我选择这个术语，意欲提示出某些实际科学实践的公认范例——它们包括定律、

① 玛格丽特·米德在《文化与承诺》中提出的观点，即长辈必须要通过向后辈学习才能掌握的文化，网络文化就是典型代表。

理论、应用和仪器在一起——为特定的连贯的科学研究的传统提供模型。”① 如果将网络影评的兴起置于范式转型的视域之下，那么它所表现出来的许多特点也就不难理解了。过去，电影评论主体以影视工作者、学者为主（间或以问卷调查的方式吸引大众参与影评活动），评论对象多集中于电影文本，评论方式多为理论的应用（也有观后感式的影评发表在报纸等媒体上，但不是主流）。然而，在当前的传播环境中，电影评论的产业化、多元化使得影评不再是少数人的特权，表现出“人人皆可写影评”的趋势。影评的生产周期大为缩短、传播频率日益增大、接受对象日益细化。网络影评的言说方式的变化，是一种新的影评体系、影评逻辑乃至影评理论“正在构型”的表现。网络是以无中心、无结构为其特征的，按照媒介环境学派的观点，任何一种媒介都不可避免地改变人类的生活和思维方式，诞生于网络中的互联网影评正好就是这种生态的表现。因而，对网络批评范式下的电影批评，不能只是当做一个现象去描述，甚至先入为主地将其归纳至“低俗”“无聊”的范畴，而是应该将其置于宏观的媒介生态环境中去考量。当前，它是新的，但它必然是今后影评的主流。

如此，接下来我们必须思考的是：今后电影（电视）批评该往何处去？我认为，将来的电影批评会表现出“知识化生存”。一是电影批评范式转型中的“知识化生存”。以学院派为代表的传统影评，在当下电影评论（尤其是批评）中，评论者的知识结构将发挥重要作用，因而既要依赖电影本体范式，如光影运动、画面构图、镜头、机位、故事技法、人物塑造以及编、导、摄、演等知识；又要继续吸取电影文化批评范式精华，借鉴女性主义、精神分析、结构主义、新历史主义、后现代主义、后殖民主义等理论传统，展开电影评论。

二是学术范式转型中的“知识化生存”。正如上文谈到的，以互联网影评和自媒体影评为代表的新型影评，不仅是一种新的话语体系，更是一种新的逻辑体系、理论体系。中国的学术范式是在西方的学术范式影响下建立起来的，囿于历史原因，绝大多数人文学科都经历了学习、借鉴、批判西方理论，以及不断探索“本土化”的历程，我国的人文学科缺乏真正的、独立的、自主的学术范式，这就对当前学术范式的现代化、本土化转

① 托马斯·库恩．科学革命的结构［M］．金吾伦，等译．北京：北京大学出版社，2003：3.

型提出了要求。电影批评的转型也可以视作学术范式转型的一个体现。例如，在网络影评中出现的“治愈系”“禁欲系”等类型，在传统影评的类型标准中，是找不到对应的词汇和话语体系去描述的，它完全是一种独立自主的创造。因此，可以认为，网络影评的这种转向，是一种根植于我国媒介环境、社会环境乃至文化环境的独特的“知识化生存”。

参考文献：

[1] 陈晓云. 电影批评的泛文化现象 [J]. 当代电影，2011 (2)：11-15.
[2] 饶曙光，尹鸿，杨远婴，等. 当下电影批评的格局与再建构 [J]. 当代电影，2015 (1)：4-11.
[3] 薛峰. 当代中国的“三种电影”与电影批评方法论 [J]. 上海大学学报（社会科学版），2012，29 (5)：45-56.
[4] 熊立. 新世纪中国电影批评的症候分析 [J]. 2010 (24)：7-9.
[5] 李道新. 网络影评的话语暴力及其权力运作的生产机制 [J]. 浙江传媒学院学报，2010 (4)：72-75.
[6] 托马斯·库恩. 科学革命的结构 [M]. 金吾伦，等译. 北京：北京大学出版社，2003.

利用翻译活动助力中华文化国际传播

万滢安

（华中师范大学文学院，湖北武汉，430079）

摘要：近年来，中华文化国际传播进程不断加速，我们只有理性分析目前中华文化国际传播的现状及其传播效果，才能进一步探讨如何深化并有效推进中华文化的国际传播进程。翻译活动历来与文化的交流活动交织并进，文化的传播离不开翻译活动，翻译活动拓宽了文化的传播疆域，实现了不同文化间的交流。翻译是对原文化进行的再阐释，是文化记忆的一种方式，丰富了文化的内涵。因此，我们应该正视翻译活动在中华文化国际传播进程中的积极意义与作用，并且善用翻译去辅助中华文化的国际传播。

关键词：文化传播；翻译活动；文化交流

《人民日报》2014 年 1 月 1 日刊登了习近平总书记在 2013 年 12 月中共中央政治局第十二次集体学习时的讲话内容："要加强国际传播能力建设，精心构建国际话语体系，发挥好新媒体的作用，增强国际话语的创造力、感召力、公信力，讲好中国故事，传播好中国声音，阐释好中国特色。"① 这为中华文化国际传播能力建设指明了方向。但在当前，世界文化软实力竞争愈益凸显，文化交流、交融、交锋日益频繁，如何在世界上确立中国的文化形象，如何让世界了解、理解当代中国核心价值理念，是一个重大的现实课题。

中国在国际舞台上确立话语权的前提和基础便是建设适合中国自己的

---

① 建设社会主义文化强国　着力提高国家文化软实力［N］. 人民日报，2014-01-01（1）.

话语体系，讲好中国故事，打造融通中外的话语体系，建造“源于中国而属于世界”的巴别塔。除了对传播理念、思维范式、理论勇气有了更新、更高的要求，在操作层面，语言所起到的重要而积极意义也不容忽视。列宁曾说过：“语言是人类最重要的交际工具。”人类自有语言以来，操不同语言的人们要交际、交流思想，必须通过翻译这一中介手段。翻译活动是不同民族、语种间进行文化交流的必要中介手段和转换形式，有助于沟通思想情感、传播文化知识、促进社会文明，利用好翻译活动必然有效促进中华文化国际传播能力的建设与发展。

一、当前中国文化国际传播现状

经过改革开放的阵痛和全面发展的跨越，中国经济实力与政治影响力日益提升，中华文化在全球范围内的辐射力不断增强，在国际舞台上扮演着日渐重要的角色。中国政府为实现中华文化走出去的目标采取了一系列重要措施，比如策划中国图书国际推广工程、组织对外翻译文化精品、建设海外传播网络、加快文化传播海外基础工程建设，在多国推广建立孔子学院，在纽约时代广场播放国家形象片、文化片，扩大留学、人文交流等。虽然取得了一定的有目共睹的成绩，但是在中外交流进一步升温的背景之下，中华文化国际传播的进程不断加速之时，中华文化在世界舞台上却尚未取得相应的地位和影响，中华文化的核心价值理念也没有被准确和有效地传播到世界，效果离预期目标还有很大一段距离。

2001 年中国加入世界贸易组织，中国出版业在逐渐扩大对外开放领域的同时，也将目光投向世界出版市场。2003 年，原新闻出版总署提出实施我国新闻出版“走出去”战略；2006 年底，原新闻出版总署印发《新闻出版业“十一五”发展规划》，进一步明确提出积极实施中国出版业“走出去”战略。除了政策推动外，原新闻出版总署还于 2009 年设立了“经典中国国际出版工程”项目，鼓励和支持适合国外市场需求的外向型优秀图书选题的出版，并于 2013 年将每年的资助金额由 1500 万提高至 3500 万①。自 2003 年新闻出版“走出去”战略实施以来，通过政府项目将一大批优

① 张国祚. 中国文化软实力研究要论选（第一卷）[M]. 北京：社会科学文献出版社，2011：402.

秀中国图书推广到了全球 100 多个国家，覆盖 56 个语种，出版业走向国际图书市场的步伐不断加快。2003 年至 2012 年间，我国版权输出总量为 40498 种，输出数量从 1427 种增加到 9365 种，版权贸易逆差从 15∶1 缩小到 1.91∶1①。2009 年至 2013 年的 5 年间，世界各国翻译出版中国图书的种类有 8752 种，平均每年 1750 种，涉及 52 个语种。除英、法、俄、西、阿 5 种联合国工作语言之外，还有如巴斯克语、巴什基尔语、波斯尼亚语、孟加拉语等 46 个非通用语种②。但是整体而言，我国出版业的“走出去”现状与我国的整体对外开放水准显然还不匹配，我国出版业在国际出版市场上的份额以及影响力与我国在当代世界格局中的政治经济地位极不相称。我国出版物在欧美等发达国家的市场占有率不高，版权输出地主要集中在港澳台地区和东南亚文化圈。版权输出内容主要以中医、武术等中国传统文化书籍以及汉语工具书为主，反映中国特色思想、理论、观念、文化等核心文化思想的却寥寥无几。在发达国家的大众书店里，想找到中国作家的英译本依然困难。相反，在我国引进的图书中，西方哲学类、文学类、艺术类、经管类、法律类等图书比例高达 70%—80%，对国民的价值观、思维方式、行为方式产生了极大的影响。

在如今的信息时代，世界各国之间的政治、经济交往日益频繁，文化联系愈发密切，各国对文化传播越来越重视，语言作为文化载体的作用越来越凸显，向国外推广本国语言已成为文化传播的重要手段。多国已经把推广语言、传播文化纳入了国家战略，使其变成了一项重要的政府行为。为适应他国人民对汉语学习的需要，增进他国人民对中国语言文化的了解，从 2004 年开始，我国在借鉴英、法、德、西等国推广本民族语言经验的基础上，探索在海外设立以教授汉语和传播中国文化为宗旨的非营利性教育机构——孔子学院，旨在推广汉语和传播中国文化与国学的教育和文化交流。2004 年 11 月 21 日全球第一所孔子学院在韩国首都首尔挂牌，截至 2010 年 10 月，全球已建立 322 所孔子学院和 369 个孔子课堂，共计 691 所，分布在 96 个国家和地区，遍布亚洲、非洲、欧洲、美洲、大

① 周蔚华，钟悠天. 中国出版走出去要有六个转向 [J]. 中国出版，2014 (7)：6-10.

② 何明星. 中国文化翻译出版与国际传播调研报告（1949—2014）[M]. 北京：新华出版社，2016.

洋洲[①]。孔子学院在世界各地的迅猛发展充分显示了世界各国人民对学习汉语、了解中国的需求与渴望，但在发展过程中也面临着一些问题和挑战。比如，在场地、经费、人员上中外双方承办单位都有大量投入，但由于经费来源不一，部分学院没有稳定保障；专业课程与孔子学院的设立宗旨不相融合；既掌握语言又了解相关文化的双语或多语教师缺乏的情况日渐凸显；如何借鉴世界各国语言国际推广的成熟经验开拓汉语教学的市场，吸引当地政府、社区和大企业的支持与参与，也是面临的又一问题和挑战。

在全球化、信息化与高科技深入发展的关键时期，我国积极实施了以国家形象片为代表的国家形象传播工程。国家形象之所以成为各国政府在国际政治和外交领域追逐的战略目标和谋求国家战略利益的重要手段，是因为一国的国家形象在国际上一旦确立，就会对该国的国际地位和国际话语权产生无形而强大的影响力[②]。2010 年 10 月，德国政府就推出了一系列宣传德国多元文化政策以及敦促移民融入德国社会的国家宣传片，这一宣传表明了德国建设多元文化社会的政治诉求，也立足了德国当时亟需解决的移民融合问题。美国、澳大利亚、韩国等国家也都推出过此类国家形象宣传片，形式各有千秋，效果也因国而异。相对其他发达国家而言，我国的国际形象认知度相对较低，因此在 2010 年我国国务院新闻办公室启动国家形象宣传片的制作时，众多国外媒体都惊呼中国也进入了国家公关时代。我国国家形象宣传片于 2011 年 1 月中旬胡锦涛同志访问美国前夕，由中国国务院新闻办筹拍，旨在推广中国国家形象。宣传片开始在美国有线电视新闻网（CNN）、英国广播公司（BBC）以及美国纽约时报广场播放[③]，积极地向世界展示了我国和平发展、和谐共荣的国家形象，有效地改善了我国在国际社会中原有的国家形象。近些年，国家形象片的制作与传播呈现持续走高的趋势，体现了较高的制作水平，也达到了预期效果。然而，处于探索阶段的中国国家形象片，相较于西方成熟的制作理念与实践，依旧有一些可以改进的地方，需要进一步探讨。在中国的历史上，带

① 《新中国超级工程》编委会编. 誉满中外的国际合作［M］. 北京：研究出版社，2013：196.

② 李国政. 国家形象建构［M］. 北京：中国传媒大学出版社，2006：20.

③ 樊鹏. 文化与强国 德国札记［M］. 北京：清华大学出版社，2015：106.

有强烈功利性质的宣传思想一直占据主导地位，对当下的中国国家形象片仍然产生影响。在中国国家形象片中，依旧能够感受到“以我为主”的僵化宣传观念，而缺少跨文化传播中“双方理解”的互动传播观念，这也增加了中国国家形象片在海外传播和推广的难度，无法让国际公众对其产生认同与接受。同时，传播的平等意识缺乏，也导致国际公众难以体验到交流、共享的乐趣，只能观看国家形象片绚烂的视觉效果，却很难触及内心深处的情感认同。目前，中国国家形象片的制作主体大多是政府和中央级新闻媒体，非官方的机构和个人参与较少。换言之，官方机构的参与度要远远高于民间和草根群体，这样难免会体现着“高大上”的气质，而缺少“接地气”的表达。仅仅依靠官方的单方力量，远不能激发更多的灵感与创意，也不能在短时间内吸收各方有益的经验与建议，另外，在对中国国家形象片的制作过程中，传播主体的单一，也不可避免地产生狭窄化的视角，看待选题的角度也难以发散，进而限制了传播效果的呈现。

虽然这里只呈现了中华文化对外传播的三个侧面，也不难管中窥豹，在肯定我国文化对外传播中取得的成就之时，也应该居安思危，找到更有效、更多元、更开放的渠道和方式助力中华文化对外传播，以期实现中华文化“走出去”的规划和设想。

二、翻译活动与中国文化国际传播结合的可能性与必然性

人类文化是世界上各国各民族所共同创造的，各国各民族均有其不相同的自有文化，这些丰富多彩、风韵千姿的文化并非是完全孤立发展、不相往来的。在远古时期，即便交通极不发达，也要越过大漠瀚海、峻岭重洋，互动交流，相互吸收，共同推进人类文化的进步繁荣。一般来说，各国各民族间的文化交流总是按照由近及远，由易到难，由实到虚的准则不断推进拓展①。翻译活动是一个民族了解其他民族的最好的窗口，因为在两种文化交流的过程中，往往产生直接影响的是大多数翻译成品而不是原

① 马祖毅，任荣珍. 汉籍外译史［M］. 武汉：湖北教育出版社，2003：1-2.

作。翻译活动使人类超越了本民族、本地区、本文化的生活，给他们带来了新的见闻、激动、感悟、灵智与启迪，使人类突破狭窄的地域走向辽阔的世界。

在20世纪七八十年代，翻译学与文化学差不多是同时兴起和繁荣的，解构主义思潮对结构主义语言学的解构激发了人们关注翻译文本产生过程的灵感，后现代批评学者们也不再把眼光局限于文本内部，而意识到把文本放到社会和历史中考察的重要性，后殖民理论和文化批评也使翻译研究远离了政治和意识形态活动。真正的翻译归结到最后只能是文化的翻译，因此翻译活动与文化的结合，与文化传播的结合是可能的也是必然的，翻译活动离不开文化，文化及其交流是翻译发生的本源，翻译是文化交流的产物。近年来，翻译研究逐渐实现了文化转向的思路，在多元文化的语境下，研究者开始自觉地从文化交流和文化传播的高度来认识翻译的文化交流实质和保留文化多样性的历史责任。其次，文化的传播离不开翻译活动，翻译活动不仅拓宽了文化的传播疆域，实现了不同文化间的交流，而且翻译活动是对原著进行了再阐释，丰富了文化的内涵。最后，翻译传播是文化记忆的一种方式，纵观中西历史，每一个重要的历史转折时期都会有翻译活动的身影。

语言承载着文化，也是文化的一部分，它们是不可分割的统一整体。既然翻译充当着实现两种语言之间转换的媒介，那么翻译也应该实现两种文化间的转换。而文化又有着说不清道不明的丰富内涵，不仅难以给出一个确切的定义，而且还要对各种文化的特征及功能进行分类、归纳，这样一来，翻译的内涵和价值也突破了原有的认识和界定。并不是懂一点外语，有一本双语辞典就能从事翻译，翻译过程中复杂的再创造事实和艺术价值必须要得到承认。不同层次的文化交流需要不同的翻译手段和翻译策略，比如知识文化和交际文化之间，比如高层文化、深层文化和民间文化之间，比如主文化和亚文化之间，比如高语境文化和低语境文化之间等等，要承认各民族、各国间的平等，要尊重各类型的文化，赞同各种文化差异，实现文化间恰到好处的交流与互动。翻译不再是一门技艺性活动，而成了文化传播的重要媒介和催化剂。

文化传播又有两个不可忽视的维度，文化既有外播也有内传。文化的外播与内传的偏向客观上反映了文化的强弱转换态势，而翻译则是强势文化与弱势文化转换过程中最直接的参与活动，也是最敏锐的监控器。在古代，中国文化是强势文化，其文化不仅外播到朝鲜、越南、日本等亚洲各国，从历史到科技、从思想到宗教、从政治到军事，中国典籍大量地被译介出去，形成了以中国为中心的汉文化圈，传播到了西方。《论语》《大学》《中庸》《易经》《诗经》《春秋》《老子》《庄子》等代表中国传统文化的优秀作品，被翻译活动传播到西方，对西方众多的启蒙思想家，如英国的坦波尔、笛福，德国的歌德、莱布尼茨，法国的孟德斯鸠、伏尔泰，都产生了巨大而广泛的影响。但是到了近代，西方文化大量涌入中国，译介西方文化成了近代文化传播和交流的一大景观，19 世纪到 20 世纪间一百年的时间里，翻译到国外去的中国书籍少得可怜，但翻译到中国的西学书籍不下 3000 种，内容丰富，囊括了几乎所有学科。近代国人最初的翻译活动引领了后来中国重大的思想变革潮流，如林则徐的翻译活动倡导了后期的新知识运动，促使国人萌发了最早的“图书馆”观念。图书馆是先进文化形态的代表，也是文化传播的重要媒介。国人有了一个全新的世界观念，进而了解了近代西方各国的政治、经济、文化情况，懂得利用国际法律和各国法令去维护国家主权和自身利益；有了发展近代外交策略、展开外交活动的观念，因而促使清朝政府设立外语学校，培养外语人才和外交人才，还引领了洋务运动时期在翻译活动深度和广度上的发展进步。经过 20 世纪到 21 世纪将近一百年时间的巨变、改革与发展，中国取得了举世瞩目的成就，国力日益强盛，现在中国的传播重点应该放在中华文化国际传播能力建设上。《国家“十二五”时期文化改革发展规划纲要》就已经明确提出了包含文化传播体系建设和对外文化交流与合作在内的九个方面，“十三五”文化发展规划更是强调了要加快中外文化之间的碰撞和融合，要助力中国文化“走出去”。只有“走出去”才能让世界进一步认识一个历史悠久、发展迅速的现代中国，也只有中国文化“走出去”才能使中华文化根深叶茂，永葆青春，从登上国际舞台、呈现亮点到成为有规模、有文化影响力的文化强国。

翻译在中国文化对外传播中起着桥梁与纽带的作用，是文化传播的必经之道，是决定文化传播效果的直接因素和基础条件。因此，中国文化能走出去多远，在很大程度上取决于翻译质量和传播效果。翻译不再仅仅是语言符号的转换，更是语言所承载的文化之间的转换，对外文化传播的翻译应当克服文化差异带来的障碍，尽可能多地传递中国文化，向世界介绍中国，让世界了解中国。在国际文化传播中的翻译活动还必须考虑译文能否赢得受众，能否达到传播效果。如果“传而不通”或效果不佳，就失去了对外文化传播的意义。在中国文化急需推向世界的大背景下，研究如何通过翻译活动更好地向世界传播中国文化具有重大意义。

三、如何借助翻译提升中国文化国际传播能力

（一）培养翻译人才

翻译工作在我国有着悠久的传统，在历史上不乏翻译大家。有长期从事外事外交、对外传播、社会科学、军事、科技、文学和民族语文翻译工作的翻译工作者，他们曾参与我国领导人著作、我国党和政府的重要文献以及大量文学作品、科技著作等的中译外翻译工作；还有长期在译坛耕耘，将大量外国经济、哲学、文学、科技等领域的有关著作翻译介绍给广大中国读者的前辈学者。

现在，我国与外国的交流日益频繁，2001 年我国成为 WTO 会员国后，对外开放进一步深化和扩展，中外贸易迅速增长，加快了对翻译人才的需求；十六大以来我国调整文化政策，实施中华文化“走出去”战略，文化交流日益增多，对翻译人才的需求也日益递增；另外，翻译产业和市场产值进一步扩大，2003 年中国的翻译市场产值为 110 亿元人民币，2005 年突破 200 亿人民币，对翻译人才的需求进一步加大。要“讲好中国故事”，用能打动外国人的方式介绍中国，需要大批高端中青年人才。可是，同中国文化“走出去”的需要，同中国快速发展和国际地位提高的要求相比，高素质、专业化的中译外人才严重匮乏，译员队伍在知识结构、年龄结构、语种结构等方面严重“断层”。

根据人力资源和社会保障部的统计，截至 2014 年上半年，通过全国翻译专业资格（水平）考试（以初、中级为主）的人数仅 3.6 万人。据中国译协估计，能够承担审定稿任务的各语种高端人才全国恐怕不足万人，其中中译外高端人才或许不足千人。高级翻译人才，尤其是中译外人才的

培养难度大，成为我国经济发展、文化复兴的障碍，是困扰翻译产业发展、中华文化对外传播的一大难题，是改革开放深入发展的瓶颈，目前已经成为全社会关注的焦点之一。

翻译人才的缺乏限制了中国图书对外版权贸易的发展，阻碍了中国文化向世界的传播。多年来中国图书进出口贸易大约是 10∶1 的逆差，而对欧美的逆差大约是 100∶1 以上。据 2005 年有关部门统计，从美国引进的图书版权有 4068 种，输出 14 种；从英国引进图书版权有 2030 种，输出 16 种；从日本引进的图书版权有 694 种，输出 22 种。每年年末，牵动亿万中国人心头之痛的诺贝尔文学奖，一直落不到中国作家身上。评委之一、唯一的汉学家，瑞典人马悦然说："作品没有翻译成外文，提名过来也没有用。"虽然不少外国汉学家和国内大批学者大力推崇代表中华文化精髓的中华典籍，但是译本实在是太少。统计数字表明，我国大约有 3.5 万种古典书籍，但时至今日翻译成外文的只有千分之二左右。有些书籍有译本，但是高质量的译本很少，这也是影响中华文化推广的原因。国务院新闻办公室主任赵启正在分析中外版权巨大逆差的原因时说："我们向外国传递中国文化的力量确实还比较弱，也包括我们的外语力量欠缺。在介绍中国方面，很多外国有需求的书需要我们译成外文，或至少要将摘要译成外文才能走向市场。我们在国际图书市场上操作不力，表面上看是我们的对外供应意识不足，其实，深度的原因是我们的中翻外的人才非常匮乏，可以说是凤毛麟角!"[①]"要向世界说明中国，我们就更加需要翻译，尤其需要高级翻译。"[②]长期从事对外出版管理工作的中国图书对外推广计划领导办公室主任兼国务院新闻办公室三局副局长吴伟多次指出，翻译问题已成为中国出版乃至中国文化走出去的瓶颈[③]。中国和外国的出版机构也都承认，能否用地道的外文、用外国人能理解的方式表达中文原著的意思，是中国图书在国际市场上有无立足之地、有多少立足之地的关键。翻译工作的作用之于外交、外宣、外贸以及所有的对外交往与合作的作用怎么强调都不过分；在当今中国文化走出去的大战略下，翻译工作的重要性怎么

---

①② 霍跃红. 译者研究：典籍英译译者的文体分析与文本的译者识别［M］. 上海：中西书局，2014：26.

③ 董凤服. 信息技术与中国经济发展［M］. 成都：西南交通大学出版社，2008：152.

强调都不过分；在中国图书走出去这一重要的国家项目中，翻译工作的重要性怎么强调都不过分。由此可见，翻译人才特别是高水平的翻译人才的缺乏已经严重影响中华文化的对外推广能力。

（二）利用翻译活动找到并强化、扩展世界文化与中国传统文化的结合点

在特定的地域上产生的文化，从一开始便具有趋于整合的特性。美国人类学家本尼迪克特（Ruth Benedict）认为："一种文化就如一个人，是一种或多或少一贯的思想和行动的模式。各种文化都形成了各自的特征性目的，它们并不必然为其他类型的社会所共有。各个民族的人民都遵照这些文化目的，一步步强化自己的经验，并根据这些文化凝聚力的紧密程度，相应地给各种异质的行为越来越采取融会贯通的形态。"①

找到中国传统文化自身的特性和吸引世界文化目光的特点便是中国文化对外传播能力建设的焦点。说起中国文化，人们习惯于以儒、佛、道三者所代表的中国精神文明，还有使世界受益不浅的由瓷器、造纸、印刷术、航海罗盘与火药组成的五大发明，以及丝绸文化、瓷文化和茶文化在将近3000年中交替着使中国文化在全球扩散，造成的影响历久不衰，几乎万古长青。但是文化本身处于更新之中，更新才是文化发展的生命线，因此我们需要通过国内翻译活动的焦点去发现国内学者认为的中国文化特性集中的地方，也需要通过翻译活动去发现国际学者关注的中国文化的偏向，在这些文化结合点去强化发展，才能真正拓展中国文化国际传播能力的建设。

通过对目前文化相关的翻译活动内容进行归类，不难发现世界文化与中国传统文化的结合点凸显在几个主要方面，比如智谋学，1988年一本名为《智谋》的书出版了德文版，不到4个月就印了3版，报刊、电台、电视台纷纷选登，发表评论文章，不久各国都相继翻译。这本书是一名出生在瑞士日内瓦福建小村中的胜雅律写的，因为他发现西方汉学家只注重儒家、道家，研究孔子、老子、庄子，却不留意整理介绍中国的智谋思想，于是留心中国的智谋计策。中国于20世纪90年代将它译成中文，发行量

① 沈福伟. 西方文化与中国（1793—2000）[M]. 上海：上海教育出版社，2003.

达到了 20 万册。中国智谋之所以在西方走红，主要是深受中国文化熏陶的日本在战后短短 20 年后崛起成了一个经济大国，而日本企业界、管理界都热衷于中国文化典籍，日本人把《三国志》读成了人圣训、处世方、成功法、组织学、领导术。其后激发了世界多国企业家推崇中国智谋、中国智慧，将中国哲学、西方哲学和商战谋略合而为一。还有如中国旅游与民俗文化、中国饮食、中国医药、中国武术都是世界文化与中国传统文化的主要结合点。

找到这些世界文化与中国传统文化的结合点之后，我们中华文化国际传播活动才能找到推广和宣传的重点和要点，而这也将成为日后中华文化国际传播翻译活动的重点和要点。

（三）发挥翻译活动在中华文化传播基金设立中的主体功能

目前，中华文化传播基金的设立在推动中华文化海外传播上产生了积极意义，其目的是针对“一带一路”国家，组织相关国家的汉学家、青年学者以及中华文化爱好者来华进行专题培训，提高他们以汉语为来源语的翻译技能，从本土化人才培训的角度加快“一带一路”国家翻译出版中国政治、经济、文化思想经典作品的步伐。

2017 年全国哲学社会科学规划办公室和中国网公布，国外权威出版机构美国学术出版社（American Academic Press）在 2017 年国家社科基金国外出版机构指导目录中又一次被推选为中华学术海外传播平台，这是美国学术出版社与我国自国家社科基金中华学术外译项目开展以来的第四次合作。美国学术出版社是美国一所独立的学术性出版社，出版社出版反映自然科学、社会科学，具有学术价值的专著、专题论文、修改后的硕博士学位论文、原创性资料、教材以及小说、诗歌等文学作品；主要语种有英语、法语、西班牙语、中文、阿拉伯语等。中国国家社会科学基金中华学术外译项目和美国学术出版社在 2014 年到 2016 年间合作了 8 个项目。中华学术外译项目是国家社科基金项目的主要类别之一，主要资助代表中国学术水准、体现中华文化精髓、反映中国学术前沿的学术精品以外文形式在国外权威出版机构出版并进入国外主流发行传播渠道，旨在深化中外学术交流与对话，增进世界了解中国和中国学术，增强中国学术国际影响力和国际话语权，不断提升国家文化软实力。

中华文化传播基金通过组织来华短训班、翻译研修班等多种形式，边培训边翻译，从培训入手，就可以有组织地进行关于中国政治、经济、文化经典作品的翻译出版活动。这种培训组织，要本着国与国之间开展平等交流、文化互鉴、尊重语言文化多样性的基本原则进行，从政府层面推动，从签署“一带一路”相关国家文化语言的互译工程、文化协定入手。唯此，才能保证该项目的长期、顺利运行。在中华文化传播基金组织的短训班和翻译研修班中培养出的文化传播专业人才不仅有助于中华学术外译项目的发展，还有助于孔子学院在世界范围内迅速发展而导致的师资短缺问题的缓解。

（四）实现翻译活动在多种传播媒介中的运用

中国文化对外传播实践已经大大超越了以大众传媒为主的单一传播模式，亟须相关部门解放思想，大胆进行机制创新、体制创新和形式创新，全面升级到整合传播时代。

如果说前面提到的翻译活动在中国文化国际传播的运用主要停留在纸媒层面，那么在整合传播时代，翻译活动的运用绝不应只停留在一种媒体层面。如在前文提到的，我国积极实施了以国家形象片为代表的国家形象传播工程，在这些国家形象片的传播过程中翻译活动仍然扮演着不可或缺的作用。字幕翻译与纸媒层面的翻译截然不同，它是一种即时、现场的言语交际，影视字幕翻译还受制于短暂的处理时间和有限的屏幕空间，因此国家形象宣传片中的字幕翻译便是沟通宣传国传者和目标国受众之间的桥梁，是实现国家形象宣传片艺术内涵的重要环节。

不少“一带一路”国家的大众传播机构经常举办相关中国文化演艺和展览、展示等交流活动；不同国家的导演、演员合作拍摄、制作的影视产品也与日俱增，尤其是在中国电影进入国际市场黄金机遇期和发展关键期的当下，翻译活动的应用领域和需求也越来越多，翻译活动已经随着经济文化的发展，随着文化传播深度和广度的推进，在传统的文字翻译要求基础上增加了电子媒介对翻译活动的特殊需求。不同传播媒介对翻译活动的要求是不一样的，与纸质的翻译出版活动相比，影视翻译更重视聆听性、瞬间性、通俗性，语言的运用还要与影片的风格相匹配，有时还要尽量吻合表演者的口型和语速，不同文化背景和知识面的影视受众在没有注解的情况下只能通过翻译内容去理解，更增加了翻译活动的难度。沟通媒介的变化丰富了交往行为，同时也为电子时代的翻译带来了新的课题。

四、总结

2018 年 1 月 12 日，我国著名翻译家许渊冲先生被中国日报社 21 世纪英语教育传媒授予“中华传统文化传播终身成就奖”，这是对翻译研究大家许渊冲先生在传统文化传播方面所做出的杰出贡献的肯定，也更加说明了翻译活动在中华文化传播中的重要作用已经引起了越来越多人的重视。当然，社会各方面对翻译工作在中华文化对外交流中的重要作用给予的重视和关注仍不够，仍没有认识到翻译工作是一个高度专业化的职业，是一项高度创造性的劳动。同时，国家仍然缺乏对对外传播中翻译作品质量的有效管理和监督，中国目前中译外的翻译质量还不能尽如人意，这都事关中国文化“走出去”，事关国家文化战略的实施。

翻译传统源远流长，历史上，无论中西，每一次翻译高潮都引进了大量的外来知识，推广了本国的传统文化。翻译在文化国际传播中泽被文化的每一个层面，但世人容易忽视翻译活动在中华文化国际传播发展史上的重大意义和作用。翻译工作者的辛勤劳动也往往没有得到充分的肯定，也许有一天，文化交流空前发展，每个人都成了中华文化的传播者，每个人肩上都扛着中国传统文化复兴的大旗，每个人脚下都是通向世界的路途，而以语言为基本对象的翻译活动依然会是建造巴别塔的第一要素。

参考文献：

[1] 建设社会主义文化强国　着力提高国家文化软实力 [N]. 人民日报，2014-01-01 (1).

[2] 周蔚华，钟悠天. 中国出版走出去要有六个转向 [J]. 中国出版，2014 (7).

[3] HARTIG F. Confucius Institutes and the Rise of China. Journal of Chinese Political Science，2011 (11).

[4] 孔子学院总部暨国家汉语国际推广领导小组办公室. 孔子学院总部暨国家汉办 2007 年年度报告 [R]. 中国：中国人民大学出版社，2007.

[5] 周济. 第二届孔子学院大会工作报告 [R]. 孔子学院：第二届孔子学院大会特刊，2008.

[6] 管文虎. 国家形象论 [M]. 成都：电子科技大学出版社，1999.

[7] 单波. 跨文化传播的基本理论命题［J］. 华中师范大学学报（人文社会科学版），2011（1）.
[8] 邱凌. 国家形象宣传片的跨文化传播策略［J］. 现代传播，2011（12）.
[9] 马祖毅，任荣珍. 汉籍外译史［M］. 武汉：湖北教育出版社，2003.
[10] 沈福伟. 西方文化与中国（1793—2000）［M］. 上海：上海教育出版社，2003.
[11] 李伟. 中国近代翻译史［M］. 济南：齐鲁书社，2005.
[12] 吴格言. 文化传播学［M］. 北京：中国物资出版社，2004.
[13] 庄晓东. 文化传播：历史、理论与现实［M］. 北京：人民出版社，2003.
[14] 霍跃红. 译者研究　典籍英译译者的文体分析与文本的译者识别［M］. 上海：中西书局，2014.
[15] 董凤服. 信息技术与中国经济发展［M］. 成都：西南交通大学出版社，2008.
[16] 李国政. 国家形象建构［M］. 北京：中国传媒大学出版社，2006.
[17] 樊鹏. 文化与强国：德国札记［M］. 北京：清华大学出版社，2015.
[18] 张国祚. 中国文化软实力研究要论选（第一卷）［M］. 北京：社会科学文献出版社，2011.
[19] 何明星. 中国文化翻译出版与国际传播调研报告 1949—2014［M］. 北京：新华出版社，2016.
[20]《新中国超级工程》编委会编. 誉满中外的国际合作［M］. 北京：研究出版社，2013.

2017 年湖北省电影产业发展报告[①]

苗 瑞

（大理大学文学院，云南大理，671003）

摘要：2017 年中国电影产业盘整爬坡的速度加快，湖北电影市场票房亦步亦趋，但增长幅度略低于全国水平。2017 年湖北电影票房增长的同时，各市州电影市场存在票房表现、院线发展、影院布局、网络售票等方面的不平衡或不均衡，电影创作制作能力比较薄弱等问题。未来一段时间湖北电影产业要坚定走结构优化、均衡发展、增强竞争力的“内涵式发展”道路。

关键词：电影产业；发展报告；均衡；内涵

2017 年 12 月 31 日，国家新闻出版广电总局发布数据显示，“2017 年我国电影总票房为 559.11 亿元，同比增长 13.45%”。相比 2016 年 3.73% 的增长率，增速有较大提升，中国电影产业盘整爬坡的速度加快。在票房增长的同时，2017 年中国电影产业新格局初现：“有《战狼Ⅱ》异军突起、一枝独秀，也有各种不同题材、风格、类型、样式影片形成涓涓细流，中国电影呈现前所未有的多姿多彩的文化生态。”[②]电影产业是中国文化产业的重要组成部分，是我国文化产业大发展大繁荣和中国文化“走出去”的重要支撑。为了实现“到 2020 年，在全面建成小康社会决胜期，着力提升中国电影的核心竞争力”的发展目标，我们还需鼓足干劲，找准并解决目前中国电影产业存在的主要矛盾和突出问题，开创电影产业新的发展局面。本文以近些年票房位居第七位的中部省份——湖北省的电影产业为分

① 文章相关数据由湖北省新闻出版广电局提供。

② 尹鸿. 电影新格局初现［N］. 人民日报，2018-01-02（14）.

析对象，量化描述其发展现状，分析存在的问题，提出解决的方案，以加深对当下中国电影产业的认识，解决电影产业发展面临的突出问题。

一、电影票房与观众分析

（一）票房增长更有含金量，增幅低于全国水平，20岁—30岁年龄段观众占六成

2017年，湖北省电影放映场次超过400万场，与去年相比增长19.6%；观影8312万人次，增长10%。2017年总票房超过24.7亿，增长10.2%，电影票房继续领跑中部，位居全国第7。在票价涨幅0.17%的情况下，与2016年相比，湖北省电影票房增长更有含金量，但低于全国13.45%的增幅。与去年高出全国近4个百分点的成绩相比，反映出湖北省票房增长的困难加大（见表1、图1）。

表1　2017年湖北省电影票房总信息

	放映场次（万）	观影人次（万）	票房（万元）	平均票价（元）
2017年	400.59	8312.41	247317.07	29.75
同比百分比（%）	19.55	10.04	10.23	0.17

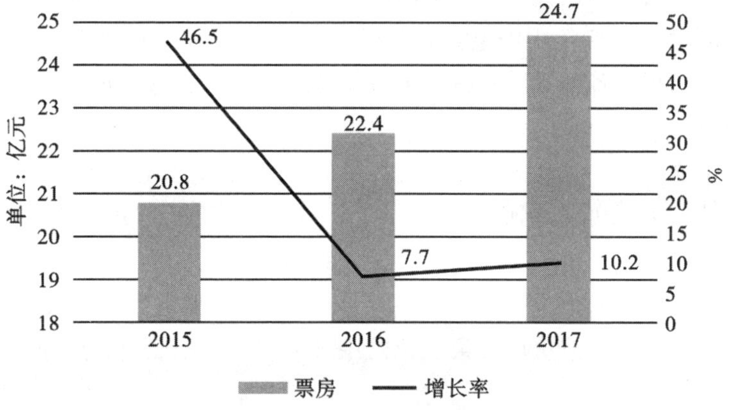

图1　近三年湖北省票房比较

从观众的性别结构来看，2017 年女性观众数量和票房占比都稍稍占优，分别为 52.3%和 51.4%（见图 2）。从观众的年龄结构来看，19 岁—24 岁观众占 34.9%，25 岁—29 岁观众占 26.9%，30 岁—34 岁观众占 15.2%，35 岁—39 岁观众占 9.6%，40 岁以上观众占 9.5%，20 岁—30 岁年龄段的电影观众占全部观众的 60%（见图 3）。

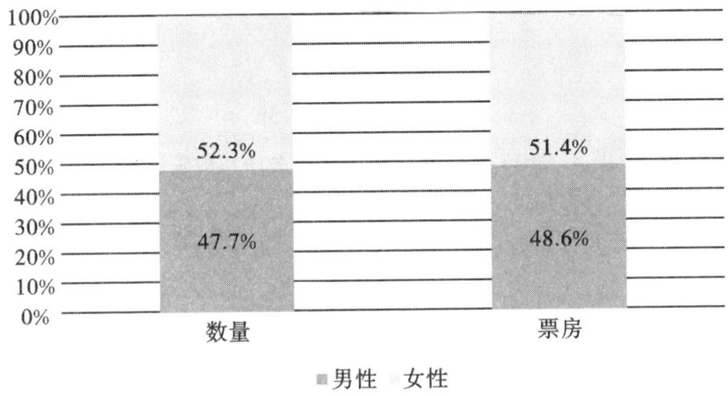

图 2　2017 年湖北省电影观众性别与票房占比

图 3　2017 年湖北省观众年龄结构分布

（二）国产片票房占比高于全国，影片票房排名与全国大体一致

2017 年湖北省上映国产片 49.13 万部，进口片 35.69 万部，数量占比分别为 57.9%和 42.1%（见图 4）。从票房来看，国产片票房占 55.6%，

进口片占 44.4%。国产片票房高出全国近 1.8 个百分点（见图 5）。

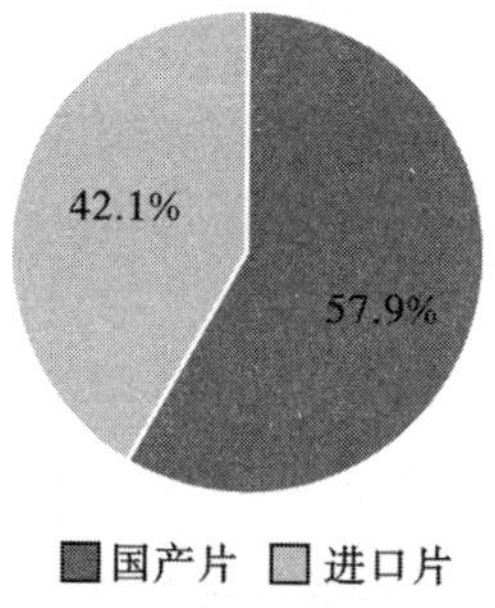

图 4　2017 年湖北省国产片与进口片数量占比

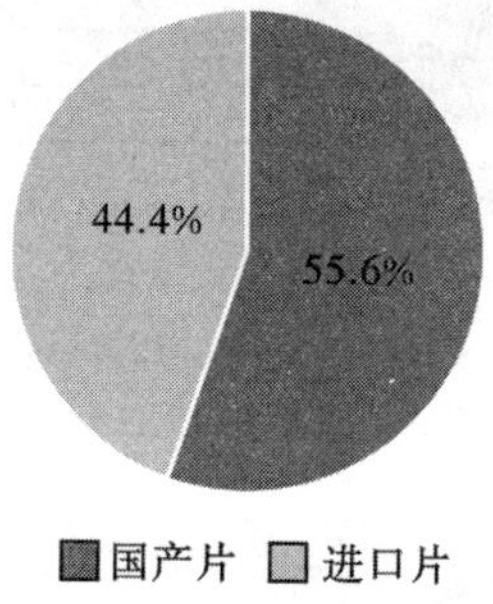

图 5　2017 年湖北省国产片与进口片票房占比

从影片的票房排名来看，湖北省与全国的情况大体一致。全省票房前 10 名的影片分别是《战狼Ⅱ》《速度与激情 8》《羞羞的铁拳》《西游伏妖篇》《功夫瑜伽》《摔跤吧！爸爸》《乘风破浪》《变形金刚 5：最后的骑士》《芳华》《极限特工：终极回归》，票房前 5 的影片，国产片占据 4 席（见表 2）。10 部电影票房收入占总票房收入的 23.8%，其中现象级的《战狼Ⅱ》占总票房收入的 7.8%。

表 2　湖北省影片票房前十名相关信息

	影片	放映场次（万场）	观影人次（万人）	票房（万元）	平均票价（元）
1	《战狼Ⅱ》	14.05	605.54	19266.65	31.82
2	《速度与激情 8》	9.16	296.42	9017.22	30.42

续表

	影片	放映场次（万场）	观影人次（万人）	票房（万元）	平均票价（元）
3	《羞羞的铁拳》	9.94	278.86	8214.61	29.46
4	《西游伏妖篇》	4.67	225.3	7771.17	34.49
5	《功夫瑜伽》	5	221.53	7627.35	34.43
6	《摔跤吧！爸爸》	8.71	234.43	5958.41	25.42
7	《乘风破浪》	4.94	178.73	5782.77	32.36
8	《变形金刚 5：最后的骑士》	6.95	180.76	5536.4	30.63
9	芳华	5.44	178.89	5373.05	30.04
10	《极限特工：终极回归》	5.72	158.34	4752.1	30.01

（三）各市州票房表现不均衡现象突出，武汉市影院票房表现突出，县影院票房与影厅数占比不相称，部分县影院经营惨淡

从全省各市州的票房贡献来看，2017 年票房排名前 5 位的地区为武汉市、襄阳市、荆州市、宜昌市、孝感市。其中武汉市票房贡献最大，占比高达 54.41%（见图 6）。但与 2015 年 59.4%、2016 年 56.7%相比，占比逐年降低。

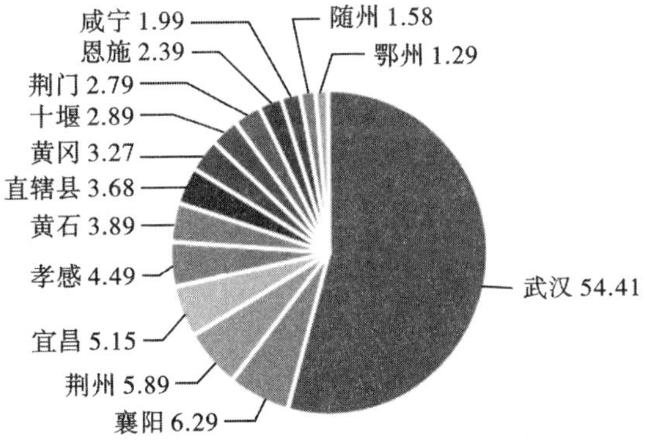

图 6　2017 年湖北省各地区票房占比

凭借人口和消费水平的优势，武汉市的影院票房表现很突出。在全省 355 家影院中票房前 10 名的武汉有九家，荆州市万达影城武德路店位居全省影院票房第 9 位（见表 3）。十家影院占总票房的 14.53%。在全国影院票房

前50名的影院中，湖北省占据三席，分别是武汉武商摩尔国际电影城、武汉万达影城汉街店、武汉中影天河影城，排名第25位、第42位、第48位。

表3　湖北省票房前十名影院经营状况

	影城	票房（万元）	票房占比	全国排名
1	武汉武商摩尔国际电影城	4579.9	1.85%	第25位
2	湖北武汉市万达影城汉街店	4082.11	1.65%	第42位
3	武汉中影天河影城	3981.25	1.62%	第48位
4	武汉武商众圆摩尔国际电影城	3879.93	1.58%	第52位
5	湖北省武汉博纳国际电影城	3693.57	1.49%	第66位
6	巨幕影城（武汉光谷广场资本大厦店）	3672.6	1.48%	第69位
7	武汉金逸影城	3107.7	1.26%	
8	湖北武汉市万达影城江汉路店	3070.45	1.25%	
9	湖北荆州市万达影城武德路店	3009.55	1.23%	
10	武汉横店影视电影城	2771.98	1.12%	

从各市州票房与城镇人口占比的对比来看，除武汉市外，其他市州城镇人口占比普遍高于票房占比（见图7）。黄冈市、孝感市差距明显。鄂州市有67.3万城镇人口，占全省城镇人口的17%，但只贡献了1.3%的票房。

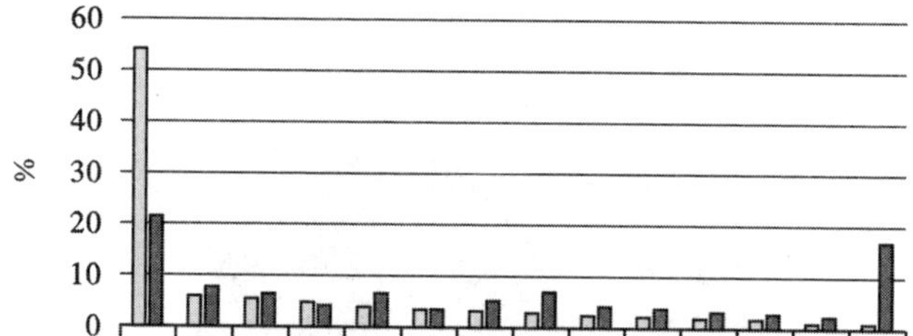

	武汉	襄阳	荆州	宜昌	孝感	黄石	直辖县	黄冈	十堰	荆门	恩施	咸宁	随州	鄂州
□票房占比	54	6	6	5	4	4	4	3	3	3	2	2	2	1
■城镇人口占比	22	8	7	5	7	4	6	7	5	4	4	3	3	17

图7　2017年湖北省各地票房与城镇人口占比

2017年，湖北省县行政区划（不包含市辖区和县级市）的67家影院票房总额15384.1万元，占总票房的6.2%，比去年增长26.5%；影厅数268个，占全省影厅数的13%，但只贡献了6.2%的票房，票房盈利能力弱；观影人次 491 万人次，增长 2.8%，放映场次 47.3 万场，增长 2.3%；单银幕产出 57.4 万元，低于全省一半的产出水平，单放映场次产出 325.2 元，也远低于全省总体水平（见图 8）。但县里的影院的票房表现也良莠不齐，如兴山县的影院票房收入翻了 264 倍，江陵县的影院也增长了 53.6 倍。票房收入不足百万元的有随县、鹤峰县、嘉鱼县、保康县和兴山县。随县的影院比 2016 年下降了将近一半，年票房收入 3.3 万排名垫底，意味着平均每日的票房收入不足 100 元，反映出部分县影院票房经营之惨淡。

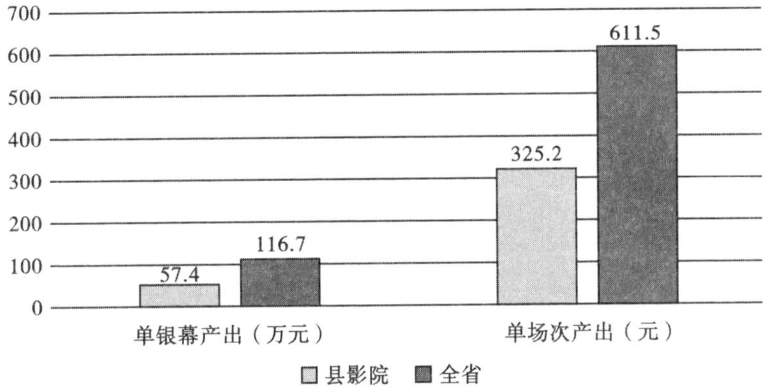

图 8　2017 年湖北省县影院与全省影院单产出值对比

二、产业发展现状分析

（一）院线发展严重不平衡

截至 2017 年 12 月 18 日，湖北全省共有电影院线 23 条。2017 年票房前 5 名的院线分别是湖北银兴院线影业、霍尔果斯万达电影院线、武汉天河影业、广东大地和广州金逸珠江（见图 9）。它们的票房占比分别为 23%、13%、13%、11%和 8%。排名倒数的北京九州中原数字电影院线、北京明星时代数字电影院线占比不到 0.03%和 0.05%。占比最高的银兴影院的票房收入是占比最低的北京九州中原数字电影院线的 828 倍。整体上而言，各院线票房差距大，发展不平衡现象突出。这与全国的情况一致，“目前，我国的院线公司数量过多，院线与院线之间、院线与影院之间差距悬殊……一条院线一年的总票房还不如一家影院”①。

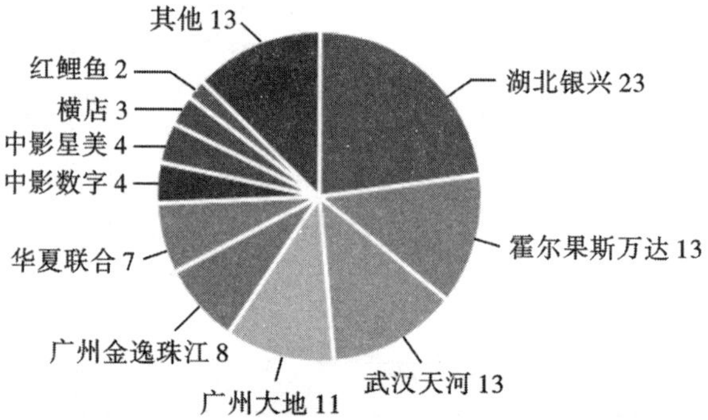

图 9　2017 年湖北省院线票房占比

（二）影院增长总体放缓，盈利能力下降

经过前些年的快速增长后，2017 年湖北省影院的增长速度总体放缓。2017 年全省共有影院 355 家，银幕 2065 块，座位 29.8 万个，其中县级影院 194 家，银幕 920 块，座位 12.4 万个。2017 年新增影院 51 家，银幕 342 块，座位 4.47 万个。其中 2017 年新增县级影院 25 家，银幕 144 块，座位 1.89 万个。从纵向上来看，全省新建影院数量 2015 年增长 37.1%，2016 年增长 20.4%，2017 年增长 16.7%；县级影院 2017 年增长 15.9%，2016 年为 17%，2015 年为 51.7%，增长趋势放缓（见图 10）。

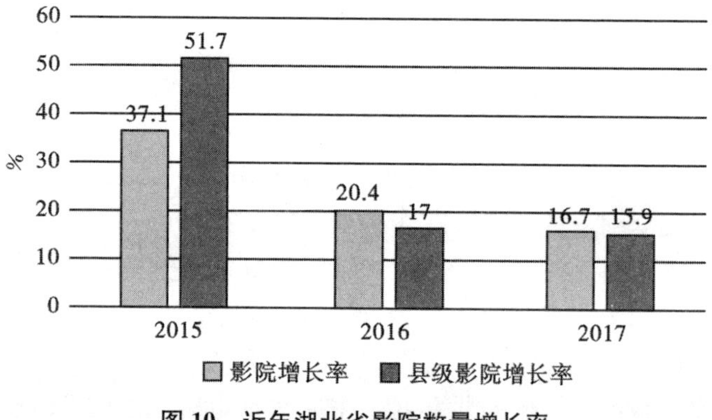

图 10　近年湖北省影院数量增长率

① 姬政鹏. 全国银幕数突破 5 万块　电影局对明年发行放映工作作出五点部署［N］. 中国电影报，2017-12-12.

单放映场次产出和单银幕产出是衡量影院经济效益的两个重要指标，近三年湖北省的这两项指标都呈递减趋势（见图 11）。2017 年湖北省单放映场次产出为 611.5 元，与 2016 年 669.7 元、2015 年 898.3 元相比，单放映场次产出呈逐年递减趋势。单银幕产出 2017 年为 116.7 万元，2016 年为 131.1 万，2015 年 151.9 元（见图 12）。在票价上涨（2017 年较 2016 年上涨 0.17%，2016 比 2015 年上涨 10%）的情况下，银幕产出降低趋势明显。

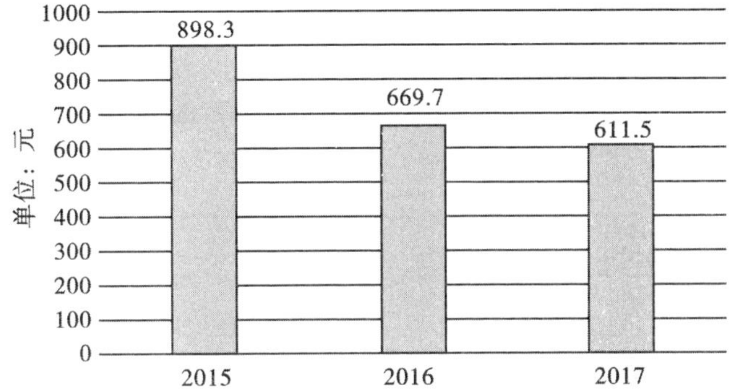

图 11　近年湖北省电影单放映场次产出

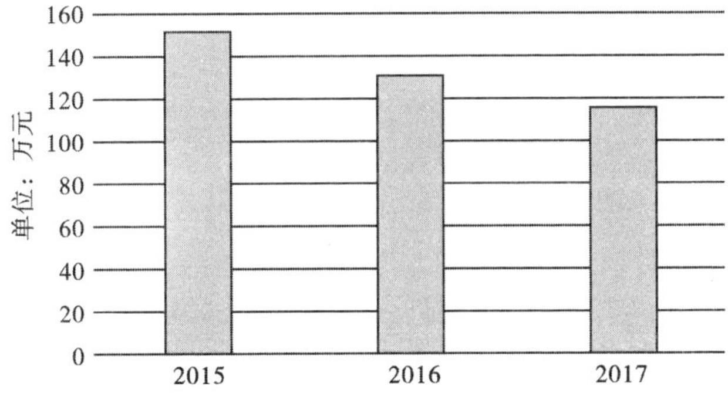

图 12　近年湖北省电影单银幕产出

数据显示，2017 年湖北全省平均每场电影上座人数（观影人次/放映场次）为 20.5 人，2016 年为 22.5 人。2017 年平均每场电影比 2016 年少了大约 2 人。加之单银幕产出、单放映场次产出和场均上座率的逐年走低，反映出整体上湖北影院票房盈利能力的下降。

（三）影院布局不均衡

影院既是电影产业发展的硬件设施和电影观影的基础，也是政府公共文化服务的一部分，关系人们精神文化生活需要的满足。从电影产业内部来讲，影院是“电影产业链环中最重要的终端，基本上整个行业的现金流，都要通过影院来回收，可以用‘命脉’来形容”①。我国影院规模在取得快速扩张的同时，还存在影院布局不均衡的问题。湖北省也是如此。

从人口的角度来看，湖北省每万城镇人口拥有座位数（全市影院座位数/城镇人口数）鄂州最低，为 6 个，其余依次为武汉、咸宁、黄石、随州、宜昌、恩施、孝感、十堰和荆州，它们都低于全省 73 个的平均水平（见图 13）。而直辖县、襄阳、黄冈每万人拥有的座位数最多，分别为 112 个、109 个和 98 个，反映出各市州单位人口拥有影院座位数的不均衡。

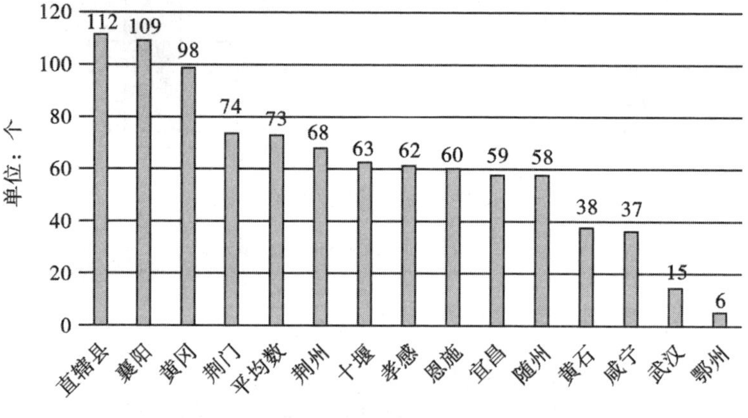

图 13　2017 年湖北省各地区每万人座位数

从观影的角度看，2017 年湖北省各市州座位年观影人次（年观影人次/座位数）武汉和襄阳最高，分别为 342 次和 305 次，接下来依次为孝感、黄石、鄂州、宜昌和荆州（见图 14）。全省平均座位年观影人次为 232。荆门、咸宁、黄冈、恩施、随州等地座位年观影人次不足 200，反映出这些地区影院座位数的相对过剩。另外，2017 年全省注销 44 家影院，反映出市场对影院布局的调整。

① 张会军，陆阳，朱涛. 解决影院建设瓶颈 加快电影产业发展 [J]. 当代电影，2014 (10).

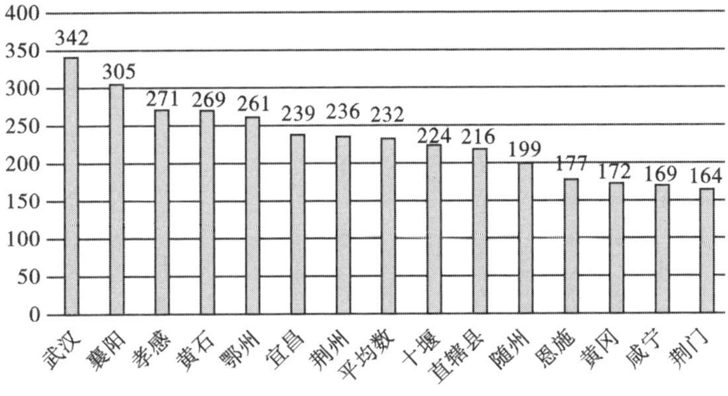

图 14　2017 年湖北省座位年观影人次比较

（四）四线城市网络售票率还有较大的提升空间

网络售票不但给顾客带来了方便，使观众获得更好的服务，而且已经影响到了传统的电影发行和排片。当下，电商已经成为电影产业链条中的重要组成部分，成为互联网、大数据同实体经济深度融合的一种新业态。网络售票能够有效促进电影消费及影片宣传、发行与消费等环节的互动，提高网络售票的比例有利于电影产业健康快速的发展。湖北省 2017 年网络售票比率为 77.9%。随州市网络售票率高居榜首，达 90%，其次是武汉和孝感，排在末尾的是黄冈和恩施，分别是 70%和 67%（见图 15）。从城市等级来看，二

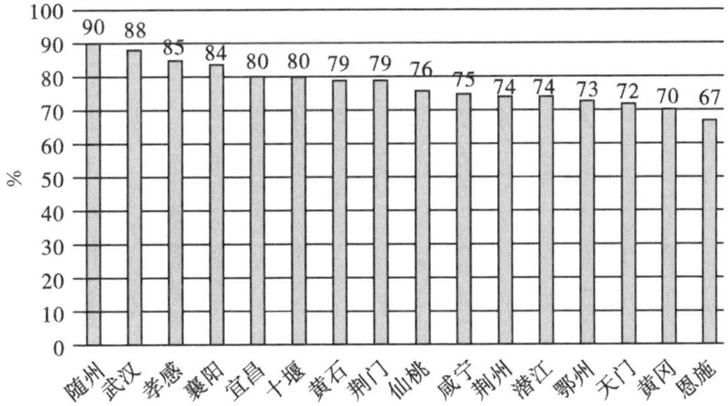

图 15　2017 年湖北省各地区线上售票率

线城市武汉网络售票率88%，三线城市宜昌为80%，荆州、襄阳、随州、黄石、黄冈等14个四线城市平均网络售票率为77%。大部分四线城市网络售票率还有较大的提升空间，特别是像鄂州这样的城镇化水平较高的地区。

三、电影创作生产分析

总体上而言，创作与电影制作是湖北省电影产业的一个短板。

从影视创作机构的情况来看，2017年湖北有影视制作公司242家，较2016年增加76家，增长45.8%（见图16）。其中持电视剧制作甲种证的5家，较2016年新增2家；2017年拍摄电影的31家，2016年为30家；制作动漫电影的3家，2016年为2家。总体而言，2017年影视制作公司有较大增长，但生产出影视作品的公司却相差无几，暴露出影视制作公司制作能力不足的问题。

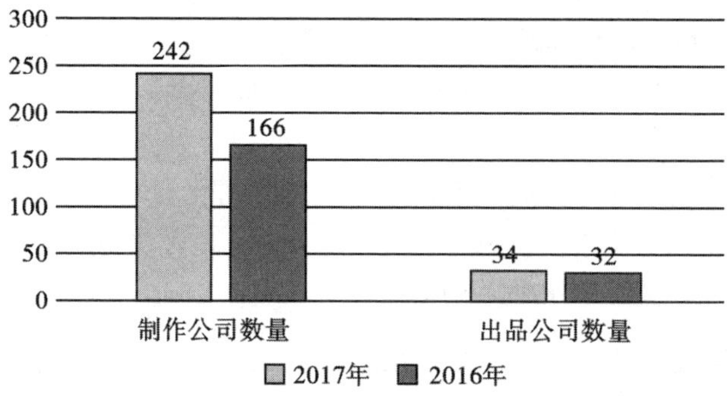

图16　近年湖北省影视制作公司情况

2017年，湖北省备案电影46部，完成电影12部（见图17）。2016年，备案电影54部，完成9部。2015年备案公示电影54部，完成9部。2017年完成电影数量有增长，但增长不大。2017年湖北恩施默名影业公司拍摄制作的电影《消失的爱》获得加拿大枫叶电影节最佳原创音乐奖，长江电影集团拍摄制作的电影《云在故乡等我》获得第三届“巫山神女杯”优秀儿童电影奖，电影精品创作生产上取得一定突破。

从专项资金对电影创作的资助扶持来看，2015年，用于扶持创作端的专项资金支出（主要包括用于影院放映国产影片奖励、优秀剧本扶持奖励、电影精品补助等资助项目）主要是对国产片放映的补贴，计1274万元，占 14.8%，用于影院建设和扶持县乡镇影院资金 85.2%（见图 18）。2016 年用于扶持创作端的资助资金共计 1375 万元，占全年支出的 9.6%。发行放映端的资助（主要包括用于影院建设，县城、乡镇影院补助等资助项目）占 90.4%。2017 年，在创作端的资助为 4773 万元，占全年支出的 32.9%，相比 2015 年、2016 年有较大提升。但目前湖北省的电影专项资金的支出主要还是用于影院建设和县乡影院的扶持上，重在发行放映端的硬件投资，而在创作生产、人才培养等创作端的投资占比还比较小。

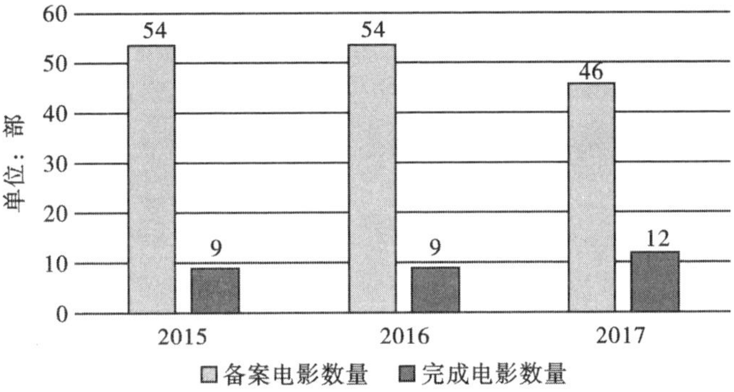

图 17　近年湖北省电影创作情况

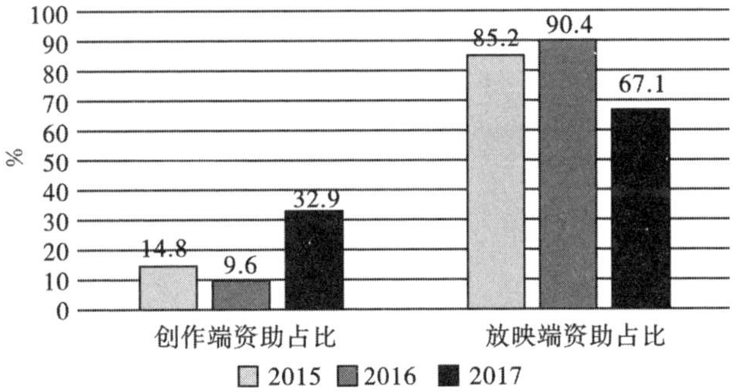

图 18　近年湖北省电影专项资金支出占比

四、总结与措施

中国已经成为全球银幕数量最多的国家，是位居美国之后的世界第二大电影市场。在发行放映领域，2017 年中国电影产业取得了令人瞩目的成绩：电影市场持续快速增长、电影放映体系更具活力、互联网已经深度融入电影市场、公益服务水平显著提升，但也存在市场主体结构不合理，影院管理意识、服务水平有待提高，互联网售票的快速发展与传统发行放映端在理念、机制上尚不适应等问题①。

中国包括湖北最近十余年电影票房的快速增长，主要是以影院建设的外延扩张和银幕数量的增加为主的增长模式。要提升产业的核心竞争力和文化软实力，使电影市场获得长足的发展与繁荣，未来一段时间中国电影产业要坚定走结构优化、均衡发展、增强竞争力的内涵式发展道路。作为全国重要票仓的湖北省要做好以下几项工作：第一，针对各州市票房表现不均衡、部分县影院经营惨淡的现实情况，要帮助困难影院找出问题症结，提供信息咨询，增加盈利能力；要重视县、镇两级影院的生存状况，积极探索适合其生存发展的经营模式。第二，通过抓两头带中间，提高影院的经营管理能力和服务水平，不断提高影院的上座率，加大影院非票房收入，提高影院整体的盈利能力。第三，重视并开展影院均衡、合理布局的理论研究。组织课题组，从人员、经费上提供保障，借鉴国内外的研究成果，结合湖北实际，深入研究，制订湖北省影院布局规范。第四，借力国家推动分线发行、分区域发行、分轮次发行等发行方式的探索，以资本融合的方式，打造湖北自己的电影发行实体，形成从剧本、拍摄、制作、发行、放映、相关产业等完整的产业布局，做强湖北电影。第五，增强电影创作生产能力，坚持“请进来”与“壮起来”两条腿走路，一方面创造条件吸引更多有实力的优秀影视制作公司落户湖北，一方面为地方影视制作公司的发展壮大创造更好的市场环境和发展机遇。同时，加强电影人才的引进和培养，涵养电影产业发展的内力，支持影视制作公司创作一批“有品位”“有格调”“有责任”、有良好社会反响的精品。

（本文发表于《中国电影市场》，2018 年第 3 期）

① 姬政鹏. 全国银幕数突破 5 万块　电影局对明年发行放映工作作出五点部署［N］. 中国电影报，2017-12-12.

【第三篇】
文化传播学学科建设

限定或不限定的对文化传播学学科建设的思考

王瀚东

（武汉大学新闻与传播学院，湖北武汉，430072）

摘要：本文对传播学进行了批判性的思考，为文化传播学科的建设提供新思路，并且提出了优先策略、“重写”策略、融合策略和创新策略以保持文化传播学科建设的开放性、多元性、包容性、确定性和可行性。

关键词：传播学；限定；文化传播学

所谓对文化传播学学科建设的限定性思考，指的是按照传统流程，对一个新的学科的研究范畴、对象、属性等进行界定与论证，并在此基础上逐步形成研究范式、理论体系，加之以研究机构和体制的确立而完成学术的“圈地运动”。限定思考的表征之一是对“文化传播”概念的百科词条性的描述。由于“文化”本身是一个被诸多阐释纠缠的概念，而“传播”正莫名地从不同的领域引申为热词，所以仔细考察传播学的概念、术语、研究范畴，传播学本身就是一个新兴的学科。正如范军老师在文章里提到，我们原以为的具有深厚学术涵养的“新闻”“新闻史”研究，其研究历程也是一个非常短的过程，传播学的研究在一定程度上也有着类似之处。“传播理论”或“传播学”也从初创之际的社会学、心理学、修辞学等杂糅状态变得更加模糊不清。20 世纪 90 年代传播学内部曾经对这个问题有过讨论，也有过“学术精算”。所谓“精算”，学者安德森是这样进行的：他找了七种最流行的传播学教材，在这七种教材之中，一共能够发现有好几百种理论，但在这所有理论当中，有 195 种理论是只有一本教科书提到的，三种教科书同时提到的理论只有十几种。所以实际上所谓的传播学理论本身是非常混杂的，也是没有得到高度认同的，这是传播学界内部的一种理解。另外一种理解是，传播学理论在20世纪经过了充分的讨论，这些理论可能并不是哲学意义上，或是文学理论意义上，抑或是历史理论意义上的一种理论，而是一种假设、推断。这种理解对于我们认识一些传播学理论的实质是有指导意义的。比如“议程设定理论”，该理论实际上是用一种定量分析与质化研究相结合的方式，来找到报纸编辑在新闻筛选过程与整个社会舆论热点之间的关联，通过这个关联我们可以推断出来它产生了一种议程设定的作用，从而成为一种理论。这个理论经过很多学者、学生的验证，它就成了一种类似于公理的东西。但是它的实际理论价值仍然值得我们反思。这就能反映出传播学研究中一些理论本身的问题。所以，当我们说文化传播学是“以文化为研究对象，以传播学为理论来源”时，无意间表达了一个矛盾的判断：它既是一种简洁、清晰、果断、几乎毋庸置疑的口吻，又是一曲悠扬绵长、能激发无限想象的咏叹。

所谓不限定地思考文化传播学学科建设问题，无疑会通向后现代性的、多元开放式的、反现行体制的天马行空，最终将沦落为学术的“先锋派”“未来派”。它可能表现为“破字当头，鲜有建树”，即我们在过去传播学研究中所遇到的问题被破解了，但却很难取得新的发展与进步。从另一视域出发，我们需要思考的文化现象不能仅仅局限于我们过去所理解的一种文化，甚至包括我们所理解的一种人文的文化、人文的主义都可能会被消解掉。在一定意义上，后现代主义的一些大师们在20世纪70年代提出来的问题值得我们回过头来重新思考。比如利奥塔在他20世纪七、八十年代所写的小册子里面提出的“非人社会”概念，这个概念在当时的语境下看起来像是胡说八道，但是今天回过头来一看，当智能技术在全社会普及的时候，我们可能会考虑到这些后现代理论中所包含的有价值的东西。迄今为止，我们所理解的人文精神，我们所理解的文化其实都是建立在文艺复兴以来我们对人文的理解，但是这种理解会不会随着社会的发展产生根本性的变化？我认为这对于我们文化传播学科是一种新的思考。在一个崭新的世纪，面对风卷云涌的社会运动、科技运动、文化运动，学术运动是否应该迅疾追赶，或至少做出“紧拉慢唱”的姿势？比如说，文化传播研究是否要关注、如何关注科技伦理、医学道德的前沿讨论和社会争议？是否要关注、如何关注“智能”文化或利奥塔提出的“非人社会”的问题？无论关注或不关注，这些问题将在重要性和紧迫性上消解、取代、超越诸多现有学术课题（国家社科重大课题）。文化传播学学科作为新兴的学科当然要站稳体制的立场，但是“弯道超车”的惯例可以是一种在动态中站稳的立场。文化传播学科是否能够形成自己的新的特色，成为一个像“民间文学”一样具有中国特色的学术学科，我们还需要找到一些值得关注的前沿性问题。

在现行学术体制下，限定与不限定的思考可能交织重叠于每一个新兴学科建设的过程中，或呈现于每一次对既定学科范式突破的过程中。有时候我们需要对学科范畴加以限定，有时候我们需要突破这种限定。我们每一次对学术学科建设的思考，试图打破这样一种限定的时候，最终可能也会被原有的学术体制收编在内。在传播学研究中，文化研究学派是最典型的例子。以英国文化研究学派的斯图加特·霍尔为例，当他不满意或不满足于用传播研究来标签自己的学术活动时，他必须冥思苦想出一个“当代文化研究中心”来命名自己的研究机构，必须深思熟虑地把自己的研究聚焦在“文化机构、文化实践与文化的互动”上。他试图突破传播研究的限定，却最终被传播学教程“收编”为章节之一。他努力强调实践与互动的流动性，但是他的学说却常常沦为硕士学位论文里“编码解码”一类的陈词滥调。这是需要我们在建立新的文化传播研究之时引起警惕的现象。

因此，在刻意地限定或不限定我们的思考时，保持文化传播学学科建设开放性、多元性、包容性、确定性、可行性的当前策略可能是：

第一，优先策略。逐步形成文化传播研究的“问题系”和“关键词”，优先于建立文化传播学学科的完整体系；逐步积累文化传播学的研究案例和经典著述，优先于系统编撰系列教材或“教材式”“推导式”理论丛书。

第二，“重写”策略。这也是一种大的后现代主义的策略。这个策略在一定程度上是一种学术的“拆迁运动”。拥挤的城市难以找到新的空地，我们需要在原有的园地之上进行拆迁与重塑。在文化与传播研究的“旧宅地”上批判性、创造性地重建学术园地，重新发现和形成独特的研究成果，而不是盲目地、草率地另辟蹊径，建立似是而非的“新”研究领域。

第三，融合策略。倚重文化自身的综合、多元、总体的特征，在各个相关学科之间建立起视域融合、问题融合的学术关联。融合不同于跨学科研究的概念，跨学科容易造成在不同学科之间的游离，出现“在诗坛上打拳，在武术擂台上作诗”的现象，文化传播学可以尝试建立“学科间际”型的研究方式。

第四，创新策略。既在基础性、理论性研究中强调创新原则，又努力推进原创性、创新性、前沿性的课题研究，理直气壮地打出“创新文化学”的旗帜。

关注人类思维方式的变化

——关于人工智能语境下文化传播学研究的一点思考

张三夕

（华中师范大学文学院，湖北武汉，430079）

摘要：本文在人工智能语境下讨论了人工智能的发展对于文化传播学研究新时代的意义，认为人工智能的新技术为文化传播学研究带来了思维方式与研究方法的转变，但同时人文社会研究也应对人工智能的发展前景保持清醒的认识。

关键词：人工智能；文化传播学；数据思维方式

任何学科的发展及相关研究，总是在一定语境下进行的，社会政治思潮和主流意识形态形塑了学科发展和相关研究的最重要的语境，制约着学人的思维方式。如“文革”前和“文革”中的文学研究，是在阶级斗争学说盛行的语境下进行的，因此郭沫若把杜甫《茅屋为秋风所破歌》中的诗句“南村群童欺我老无力，忍能对面为盗贼，公然抱茅入竹去，唇焦口燥呼不得，归来倚杖自叹息”解释为：“茅草被大风刮走了一部分，诗人在怨天恨人。使人吃惊的是他骂贫穷的孩子们为盗贼。孩子们拾取了被风刮走的茅草，究竟能拾取得多少呢？亏得诗人大声制止，喊得‘唇焦口燥’。贫穷人的孩子被骂为盗贼，自己的儿子却是娇儿。”① 在今天看来，这段解说已然成为学术史上的“笑柄”。我们能够责备郭老吗？似乎不能。因为他难以摆脱语境的思想“钳制”。尽管当时有人不以“阶级斗争”学说来研究文学（如钱锺书），但毕竟是凤毛麟角，不能代表一个时代大的学术特征。即便如此，钱先生有的著作如《宋诗选注》，在前言、选目、诗人

① 郭沫若．李白与杜甫［M］．北京：人民文学出版社，1972：215.

小传和注释中也或多或少留下了一丝“阶级斗争”学说语境的阴影。

今天，我们是在什么语境下研究文化传播学？视角不一样，观察的角度不同，答案自然不同。我个人认为，人工智能（AI）构成了当下文化传播学研究最值得思考的语境。

今年9月17日至19日召开的“上海2018世界人工智能大会”以“人工智能赋能新时代”为主题，透露出当下人工智能语境的一些重要信息。大会由国家发展改革委、科技部、工业和信息化部、国家互联网信息办公室、中国科学院、中国工程院和上海市政府共同主办。来自近40个国家和地区的专家学者、企业家、投资家等围绕人工智能技术前沿、产业趋势和热点问题开展对话交流，200多家人工智能领域领军企业参加论坛和展示活动，规模可谓空前。

人工智能如何赋能新时代？马化腾、马云和李彦宏等中国互联网的大咖就此问题发表了各自的宏论。他们的宏论引发我进一步思考的问题是：人工智能如何赋能或重新定义文化传播学研究的新时代？

人工智能是当代研究如何通过机器来模拟人类认知能力的前沿科学，它通过人工定义（编程）或从数据及行动中学习（机器学习）的方式获得类似于人类甚至部分超越人类的认知能力。人工智能发展史上有两派路径，即“鸟飞派”和“空气动力学派”，“鸟飞派”试图设计出完全模仿人类思维的计算机算法，因为人类现有的脑科学还存在局限，一直没有大的突破。但“空气动力学派”则另辟蹊径，转化“智能问题”为“数据问题”，转换人类擅长的“逻辑思维”为计算机擅长的“数据思维”，取得了巨大的进展。人工智能的发展不再是简单模仿人脑的思维，而是通过算法革命，不断提升大数据的收集和处理能力，从而形成类似于人类甚至部分超越人类的认知能力，挑战人类的认知极限。从这个意义上讲，人工智能的思维方式就是数据思维，大数据是人工智能的基础。基于大数据收集和处理能力的人工智能，代表了一种思维方式的转换，即从逻辑思维转换为数据思维，确切地说就是从寻求因果关系的逻辑思维转换为寻求万物相关性的数据思维。在这里，万物相关性也可表述为万物互联。

从技术的角度讲，说大数据是人工智能的基础还不够，还要加上另外一个要素：云计算。人工智能、大数据（Big Data）、云计算（Cloud）三者共同构成了一个“ABC新时代”。“ABC新时代”代表新的产业趋势和技术革命，是继 PC 时代、移动互联网时代后的又一波新的产业变革，标志着一个全新的时代已经来临。其对人类社会生活的影响、渗透是事无巨细的。从学科研究的角度看，“ABC 新时代”具有普适性和跨学科性，任何学科的研究与发展不能置若罔闻，也难以置身度外。人文社会科学的研究，除了适时转变思维方式，积极拥抱这个新的时代，恐怕别无选择。

在上海世界人工智能大会上，李彦宏回答“什么叫拥有 AI 思维”的问题时说道：“AI 思维意味着必须基于万物互联，来重新思考公司的战略。今天我们的生活当中已经遍布传感器，我们的企业要在一个遍布传感器的社会找准自己的定位。互联网提升了人与人的沟通效率，人工智能则会解决人与万物交流的问题。”

人工智能赋能文化传播学研究新时代的第一要义是转变我们的思维方式。人类正在进入一个万物互联的数据思维的新时代。文化传播及其相关的“学”的研究自然已进入万物互联的数据思维的新时代。数据思维的前提是数据。也就是说，文化传播学的研究基础不再仅仅是传统意义上的资料或文献，而是数据，各种大数据。所谓“大数据”，首先是一个“量级”的概念，大数据不是以个、十、百、千为量级，而是以百万、千万、上亿为量级，单个的研究者无法完成这些大数据的收集与处理，必须依靠机器，依靠人工智能。不少信息的传播速度以及统计手段均发生前所未有的变化，必须依靠高科技的技术手段。从文化传播的角度观察，我惊奇地发现我的周围已出现惊人的“文化传播数据”。例如：

在当今的微信传播时代，有时一篇文学研究方面文章的转发率在十几分钟之内竟然可以高达几十万人次。比较夸张的例子是网文《有人把李白杜甫一生的旅行足迹做了地图，发现了大事情……》（转发题目不断有更改，内容不变，所谓“有人”就是王兆鹏教授，他主持研发了“唐宋文学编年地图”，挂在搜韵网上），据王兆鹏教授告知，此文短期转发率竟然高达 188 万人次。最近超星公司把戴建业教授的唐诗授课短视频发在抖音上，点击率居然高达 3000 万。这种动辄上百万上千万的传播频率意味着数据量级的变化，不得不引起我们的高度重视。显然，传统的纸质文献的传播望尘莫及。马化腾甚至说，人类已经进入大社交时代。腾讯微信用户每个月达到 10 亿的量级，微信朋友圈用户达到几百亿。仔细想想，这样的数据量级是前人难以想象的，也是仅靠手工劳动无法加以搜集和处理的。

数据思维的数据规模特点，除了量级的变化，还意味着某种庞大数据的集合。美国斯坦福大学人文学院教授弗兰克·莫莱蒂（Franco Moretti，一译为弗兰科·莫雷蒂），近年来一直从事跨学科的文学研究实验。他提出了一些新问题并提供了新的研究方法，试图揭开文学形式与社会之间的隐秘关系。英国学者托尼·本尼特（Tony Bennett）如此概括和评价他的研究："莫莱蒂挑战了既有的文学研究，发展了一种新的研究方法。它阅读的不是具体的、单个的文本，而是由这些文本组成的庞大集合。这种方法的目标在于：将这些文本的突出方面转化为数字形式，然后把那些数字表达变为形象化的图式——它是从科学中借来的地图、图表和树型，以便找到探索文学与社会关系的新方法。"①

这里，我特别注意到研究者"阅读的不是具体的、单个的文本，而是由这些文本组成的庞大集合"。当我们收集并处理的文献从具体的、单个的文本转化为庞大的数据集合，我们就必须运用寻求万物相关性的人工智能的数据思维方式，而不是简单地寻求线性的因果关系的逻辑思维方式。这一点将赋能包括文化传播学在内的所有人文社会科学研究新的时代特征。

李彦宏在"上海2018世界人工智能大会"上说，企业要"充分了解AI能做什么，不能做什么，自己有什么资源，自己有什么数据，以及自己能够获得什么资源，获得什么数据。这样也有利于企业把精力更多放在自己的优势上，取得相关的数据，获得相关的计算算法，这些能力作为基础建立起来，区隔于同行的长期优势"，"对于每一家立志于AI化的公司来说，一方面要有能力持续、高效地积累大量的、优质的、独特的数据，使得这些数据成为AI应用创新的燃料；另一方面也要具备连接AI技术、AI平台的能力，以开放的方式借助AI从数据当中挖出'金矿'"。李彦宏在这里所说的"企业"完全可以替换为"学者"。因此，对于从事文化传播学研究的学者来说，在人工智能语境下，大数据的收集与处理能力，便成为发现新问题、研究新问题、解决新问题的关键性能力。我们要重新评估文化传播学能够做什么，不能够做什么；重新评估文化传播学有哪些自己

① 高树博. 远距离阅读：文学分析的跨学科实验［N］. 中国社会科学报，2018-07-16（4）.

的资源，自己的数据，如何获得这些资源，这些数据，从而形成自己的学科优势。对于高校或研究机构而言，过去人文社会科学的学术研究赖以支撑的图书馆功能，将面临两大变化：其一是赋予图书馆更多的数据库功能，其二是直接把图书馆改造为数据库。学者个人研究赖以支撑的图书资料，也将面临两大变化：其一，数据库的收藏在个人藏书中的比重将逐步超越纸质文献（传统意义的藏书家除外）；其二，在万物相联的技术便利时代，家庭书房或家藏文献的使用变为社会大数据库的一个终端用户。大量沉睡的或沉默的数据在人工智能语境下，将被唤醒，将被分享。一些新的分支学科如计量文体学、主题数据库等也将被催生，被研究。

人工智能语境下的数据思维，在数据形成过程中所具有的及时性和即时性是文化传播学学者要特别重视的，最能体现文化传播的数据生成的及时性和即时性特点的高新技术就是所谓的同传技术，其中同声传译已经被广泛应用。本人的手机里早就安装了"讯飞随身译"的小程序，出国旅行使用非常方便。马化腾这次在世界人工智能大会上的发言就由腾讯公司研发的机器承担同声传译，据马化腾介绍，腾讯同传的水平已经达到相当高的程度，它能克服本人说话的个性化表达，识别广东普通话的语音差异。随着同传技术的日新月异，试想，大量的文学文本、文化文本，都会及时转化为数据，形成数据库，可供检索，方便我们所用。

在数据思维方式的转化下，要提升大数据的收集与处理能力，定量分析方法将变得越来越重要。事实上，即使是人文性最强的文学传播学研究中，定量分析方法也早就开始使用了。莫莱蒂 1997 年出版的《欧洲小说地图集》就是文学传播研究中应用定量分析方法早期的典范性著作。莫莱蒂依据布罗代尔（Fernand Braudel）长时段理论定量研究了小说书籍的演化史。他制作的定量分析模型时间跨度是两个多世纪，涉及的小说横跨三个大洲、五个国家。他利用图表和数据来分析，现代意义上的小说能在文学市场占据"霸权文体"的地位经历了一个漫长的过程，在各类小说亚型之间充斥着复杂的形式冲突。

通过定量图表，莫莱蒂描绘出小说史的另一番演变图景。此前颇负盛名的小说研究著作往往只是选取几个重要的作家来说明小说的兴起，如伊恩·瓦特（Ian Watt）的名著《小说的兴起》，仅以笛福、理查逊、菲尔丁为主角，它会给人们这样一种印象，似乎只有他们几人为小说的繁盛作出过贡献，然而事实并非如此①。莫莱蒂的思路对于我们思考中国文学史以及文学传播史的研究不无启示意义。

文学研究和文学史研究由定性分析转向定量分析，正如语言学转向一样，是 20 世纪就出现的全球化学术思潮的转向之一。事实上，笔者可能是国内较早运用定量分析方法研究中国文学史的学者之一，早在 1984 年就在《徐州师范学院学报》上发表了《作家作品研究中的数量分析——唐代诗人总数考实》一文。此后，笔者虽未再写这方面论文，但一直关注文史研究领域定量分析方法运用的演进。其实，与定量分析方法密切相关的计量文献学的分析方法在我国学界也早有人使用。王兆鹏教授领衔出版的《唐诗排行榜》，就是用计量文献学的方法来衡量测度唐诗受公众的关注度和名篇指数。经过数据的统计分析，得出的结果就是唐诗名篇的排行榜。为此，他们的研究团队采集了四个方面的数据：历代选本入选唐诗的数据、历代评点唐诗的数据、20 世纪研究唐诗的论文数据和文学史著作选介唐诗的数据，并且对这些数据做了加权处理和标准化处理，从而得出位居前一百名的唐诗名篇综合指标得分表，亦即排行榜。尽管王兆鹏用计量文献学方法对唐诗排行榜的研究不无瑕疵，如权重分配的科学性与合理性存在争议，但我个人还是充分肯定这种研究方法的创新性。其中发现并回答许多文学史上有意思的问题，正是文献学或计量文献学作为文学研究方法的意义所在。通过这个排行榜，研究者发现并回答了许多问题，如："杜甫的名篇数几乎是李白的两倍，这反映出杜甫诗歌在公众中的关注度要高出李白许多。""值得注意的是王昌龄，他在当今文学史上的地位远不如孟浩然。但他的名篇拥有量却与孟浩然相等。看来今后书写文学史，有必要提升一下深受公众喜爱的王昌龄的地位了。"② 当然，在定量分析方法兴盛之际，对这种方法的得失与存在的问题也必须保持清醒的认识。

高树博《远距离阅读：文学分析的跨学科实验》一文指出，定量方法使我们摆脱了那种大而化之的、模糊的、直线式的思维定式，而以更为精确的态度去理解文学现象。但也要看到这种方法的局限，莫莱蒂教授已经意识到，"定量研究提供了独立于阐释的理想数据类型，但那也是它的缺

① 高树博．远距离阅读：文学分析的跨学科实验［N］．中国社会科学报，2018-07-16（4）．

② 王兆鹏，邵大为，张静，等．唐诗排行榜［M］．北京：中华书局，2011：15．

陷：提供数据而非阐释”。可以说，定量解决“是什么”的问题，阐释解决“为什么”与“怎么样”的问题。因此定量分析必须与定性阐释结合起来①。

同理，在人工智能语境下运用数据思维方式来研究文化传播学，也要注意正确看待这种思维方式的适用面和局限性，尤其是对于所涉问题的意义追问和人之为人的意义阐释。就此而言，大数据视野下对集合文本的“远读”，还不能完全替代传统学术训练中的单个文本的“近读”或“细读”。

眼下，人工智能语境下的数据思维虽然赋予机器强大的学习能力，能够打败人类最高明的围棋手，还能作出诗文，但是，我们还不能奢望一部功能强大的机器人，能够把一首唐诗的微妙处阐释得淋漓尽致。机器人可以成为打遍天下无敌手的围棋高手，暂时还不能成为李白、杜甫这样的伟大诗人，暂时还不能成为老子和海德格尔这样的伟大哲人。不过，我们也怀着忧虑的心情看到有类似人类复杂情感活动的机器人（包括性伴侣）正在逐步被人类制造出来。有丰富复杂的心理情感活动的机器人正在未来不远处向人类招手。西方“物义论”和“工具论”的泛滥，正在推动全世界的人工智能技术走上一条加速度的不归路。人类即将陷于自我被替代或被毁灭的深沉的伦理危机之中。灾难或幸福，均在一念之间。马化腾认为，人工智能的算法是可知的，人工智能对人类的危害是可控的，人工智能的技术鸿沟能够被克服因此是可用的，人工智能能修复自己的漏洞因此是可靠的。显然这是一种业内人的乐观主义态度。包括文化传播学研究在内的人文社会科学研究，对人工智能的发展前景的“阴暗面”，也必须有清醒的认识。

从寻求因果关系的逻辑思维转换为寻求万物相关性的数据思维，除了要摆脱任何单一的线性思维方式、竖立树状思维、根系思维方式，拒绝任何固化的教条的解释框架外，还要具有强烈的面向未来意识。

马云在“2018 世界人工智能大会”上表示，我们肯定不能用过去的方式来解决未来的问题，找到未来的方式去解决未来的问题才是正确的方式。过去每人工作 16 个小时，现在 8 个小时，未来 4 个小时，甚至每天工作 2 个小时。我们做不到，我们的孩子能做到，今天做不到，未来能做到，

① 高树博．远距离阅读：文学分析的跨学科实验［J］．中国社会科学报，2018-07-16（4）．

我们相信人类的智慧。

马云的话是不错的，但问题是，我们如何找到未来的方式去解决未来的问题？

就文化传播学的发展和研究而言，当下除了人工智能语境带来数据思维方式外，未来的方式还有什么？未来的问题还有什么？

期待志同道合者有以教之。

（本文在写作过程中，与我的研究生王文进行过富有建设性的讨论。他对“人工智能与古典文献学未来”有一些有价值但还不太成熟的思考，期待他继续完善此一论题。特此说明。）

“双一流”战略背景下的文化传播学学科建设

——基于高等教育四大功能的分析

王光艳

（武汉广播电视台，湖北武汉，430022）

摘要：文化传播学是一门新型学科。随着国家对文化软实力的重视，文化传播学已经成为一门显学。国家“双一流”建设给文化传播学的建设提供了新的契机。本文从一流学科与文化传播学学科内涵入手，结合学科发展的实际，从人才培养、科学研究、社会服务、传承创新等方面探究学科建设。

关键词：双一流；文化传播学；学科建设

2015 年 8 月，国务院发布《统筹推进世界一流大学和一流学科建设总体方案》（以下简称《总体方案》），决定统筹推进世界一流大学和一流学科建设，实现我国从高等教育大国到高等教育强国的历史性跨越。这是继“211 工程”“985 工程”以及“优势学科创新平台”和“特色重点学科项目”之后，我国高等教育改革发展的又一重大举措，极具战略意义和实践价值。2017 年 1 月，教育部、财政部、国家发改委制定的《统筹推进世界一流大学和一流学科建设实施办法（暂行）》发布；2017 年 9 月，教育部正式公布“双一流”建设高校及建设学科名单。目前，首批“双一流”建设项目正在实施中。“双一流”是一流大学和一流学科的简称，“坚持以一流为目标，坚持以学科为基础”①。学科是“双一流”建设的重中之重，有

① 国务院．统筹推进世界一流大学和一流学科建设总体方案［EB/OL］．(2015-11-05)．http://www.gov.cn/zhengce/content/2015-11/05/content_10269.htm.

专家甚至提出“办大学就是办学科”①。

文化传播一直是非常活跃的现象。随着国际国内交往的频繁，文化软实力已成为衡量一个国家、一个地区发展的重要指标。文化传播学是支撑国家文化软实力可持续发展的重要力量。文化传播学是一门交叉学科，是从文化学、传播学等角度来研究文化传播现象的学问。正因为交叉性，其学科属性与定位一直难以统一。目前，国内外高校纷纷开设“文化传播学”“文化传播”“文学与传媒”等学科专业，培养相关领域人才，但是其学科内涵、课程设置甚至培养目标并不相同，客观上也影响了学科建设与发展。

《总体方案》提出：突出学科建设重点，创新学科组织模式，打造更多学科高峰，带动学校发挥优势、办出特色②。同时，要求必须立足中国国情，坚定不移地走“中国特色、世界一流”之路，不断从中华民族的优秀传统文化中汲取养料，凸显民族文化特色，彰显文化自信。这为文化传播学学科建设指明了方向，也为其发展释放了活力。

一、一流学科与文化传播学的内涵

“双一流”建设的提出是国家在高等教育方面的重大举措，是继“211”“985”“2011”之后的重大改革工程。这项改革将打破过去高校之间“一种名分之争，或者说是一种资源之争”③ 的关系，“打破身份固化，引入竞争机制”④，使之回归到真正的学术竞争，“以后大学的发展竞争以学科建设为重点，而不是盲目地竞争一流大学的名号”⑤。“双一流”建设的重点在学科，因此，文化传播学学科建设要从探究学科的内涵入手。

---

① 戴炜栋，王雪梅．“双一流”背景下的我国外国语言文学学科发展战略［J］．北京第二外国语学院学报，2016（5）：1-13.

② 国务院．统筹推进世界一流大学和一流学科建设总体方案［EB/OL］．（2015-11-05）．http://www.gov.cn/zhengce/content/2015-11/05/content_10269.htm.

③ 王洪才．“双一流”建设的重心在学科［J］．重庆高教研究，2016（1）：7-11.

④ 蔡文伯，高睿．“双一流”建设对高等教育学学科发展的机遇与挑战［J］．兵团教育学院学报，2017（1）：41-47.

⑤ 王洪才．“双一流”建设的重心在学科［J］．重庆高教研究，2016（1）：7-11.

（一）一流学科的内涵

所谓学科，按照不同的理解，它有若干种含义。第一种是学术分类意义上的学科，是指一定科学领域或一门科学的分支，例如化学、生物学、物理学就属于自然科学的一个分支。第二种是组织分工意义上的学科，包括学院、系、教研室等实体组织和具有某种认同感的教师、学生、研究者共同组成的虚体组织。第三种是教学活动意义上的学科，是指涵盖相关学术领域的知识体系。总体来看，学科涵盖了与某个领域相关的知识体系、组织和传授活动。

高等教育的四大功能是人才培养、科学研究、社会服务、文化传承创新。人才培养是大学的核心，科学研究是人才培养的前提条件，人才培养是服务社会、传承和创新文化的直接表现。因此，科学研究、服务社会和文化传承创新都应围绕人才培养而开展。学科是大学存在的基础，“学科知识领域是建构大学的基本单元，没有学科，大学也不复存在”①。学科建设是人才培养最根本的保障。

就一流学科内涵而言，应当紧密围绕大学人才培养这个核心来展开。一流学科应具备几个条件：从人才培养来说，应当有一流的组织体系、一流的师资结构、一流的学生来源；从科学研究来说，应当有一流的科研团队、一流的科研成果；从社会服务来说，应当有一流的转化机制、一流的转化产品；从文化传承创新来说，应当有一流的传承机制和创新理念、机制和实践。可见，一流学科建设涵盖大学工作的方方面面。当然，对一流大学来说，所有学科“一流”很难求全责备，因此，做出特色更加重要。

（二）文化传播学的内涵

文化传播学与文化传播密切相关。有关“文化传播”，历来都没有一个统一的定义。

有学者这样来定义“文化传播”：“文化传播是人类社会所特有的一种文化现象，是各种文化要素传递扩散和迁移继传的现象，是各种文化资源和文化信息在时间和空间中的流变、共享、互动和重组，是人类生存符号

① 陆根书，胡文静. 一流学科建设应重视培育学科文化［J］. 江苏高教，2017（3）：5-9.

化和社会化的过程，是传播者的编码和解读者的解码互动阐释的过程，是主体间进行文化交往的创造性的精神活动。”① 这个定义过于烦琐。还有学者认为“文化传播是人们社会交往活动过程中产生于社区、群体及所有人与人之间共存关系之内的一种文化互动现象”②。这个定义仅仅从文化传播范围大小的角度来定义，忽视了文化传播的内容与实质，显然不充分。

我们认为，有几点是理解和掌握“文化传播”的概念必须注意的：(1) 文化传播是指人类特有的活动；(2) 活动所涉及的是文化要素的交流；(3) 交流的过程是互动双向的；(4) 注重精神的交往；(5) 是一种创造性的活动；(6) 文化资源和文化信息在交流中发生变化；(7) 是一种社会性活动，促进人的社会化。由此，我们这样来定义“文化传播”：文化传播是人类所特有的基于各种文化要素，包括物质文化要素和精神文化要素互动交流的一种活动。

文化传播学是研究人类社会文化传播活动的科学，或者说是研究人类社会中，文化的运行规律的科学。文化传播学是一门理论性的基础学科，同时也是具有实践性的应用学科，强调它的交叉性特色。也就是说，文化传播学既要研究各种文化现象产生、发展、传播甚至消亡的基本规律、概括理论、原理，为解决文化的交流与传播中的问题提供理论依据；同时，也要关注各种传播情境中的文化流转等具体问题，并为解决这些问题提供具体的原则、操作的模式、策略和方法。既要重视文化传播的基础理论研究，也要重视应用开发的研究。作为一门独立的学科研究，必然包括史论、基础理论、实务三个部分，对于文化传播学来说，需要突出应用性。

二、文化传播学一流学科建设策略

一流大学并非一日形成，也并非所有学科齐头并进，而是有其发展规律。“一流大学形成的逻辑——首先要有一流学科，众多一流学科集合而汇聚出一流大学。”③ 从学科出发，培育若干个一流学科，逐渐辐射扩大学

① 庄晓东．传播与文化概论［M］．人民出版社，2008：2-3.

② 周鸿铎．文化传播学通论［M］．中国纺织出版社，2005：18.

③ 马陆亭．一流学科建设的逻辑思考［J］．高等工程教育研究，2017（1）：62-68.

科规模，最终聚合形成一流大学，这是从“点”到“面”的逻辑发展顺序。从目前来看，“双一流”建设基础是学科，但是最终需要提升整体大学的水平。因此，我们完全可以从大学的功能出发，结合一流学科的内涵来探究一流学科建设策略。

（一）人才培养：一流学科建设的逻辑起点

“人才培养和学科建设的实践统一是我国当前教育生态下大学治理的逻辑起点”①，《总体方案》明确提出要培养拔尖创新人才，“坚持立德树人，突出人才培养的核心地位，着力培养具有历史使命感和社会责任心，富有创新精神和实践能力的各类创新型、应用型、复合型优秀人才”②。在“双一流”的背景下，拔尖创新人才的培养已经成为高校和学科建设的重要任务，人才培养是一流学科建设的逻辑起点。

1. 打造一流的组织体系

学科并不仅仅意味着某方面的知识领域，也体现在知识传播组织上。高校作为知识传播的重要机构，必须通过深化改革，系统打造一个真正符合教育规律、适应学科建设发展的组织体系，这个体系包括行政部门设置、教育教学组织、学生实践实训、教育评测评价、学生就业创业等。具体到华中师范大学文化传播学学科来说，进一步协调文学院与新闻传播学院的关系很重要。学科点在文学院，但随着师资结构和招生数量的变化，主要培养基地已悄然转移到了新闻传播学院，这就面临着学科点管办分离的问题。如果说当年申报文化传播学博士点是为了促进学科交叉，帮助提升新闻传播学系人才培养层次的话，那么，这个使命已经完成。在当前“双一流”学科建设情况下，学科点建设单位必须有实体性的机构来承担建设任务。因此，文学院应该立即着手重新研究组织体系问题，建立文化传播学系或教研室，并配备相关师资和设备。当然，也可以申请建立相对独立、具有人财物自主权的、适应学科交叉发展的校级文化传播研究院（所），夯实学科建设的组织基础。

---

① 倪亚红，王运来．“双一流”战略背景下学科建设与人才培养的实践统一［J］．江苏高教，2017（2）：7-10，15.

② 国务院．统筹推进世界一流大学和一流学科建设总体方案［EB/OL］．（2015-11-05）．http://www.gov.cn/zhengce/content/2015-11/05/content_10269.htm.

2. 建设一流的师资结构

一流的人才培养离不开一流的师资，高校应当在制定好学科规划的基础上，围绕规划合理组配师资，尤其要注重各门课程之间的相互关系，注重师资结构（包括年龄梯队、知识结构、学缘关系、男女性别等）的有机搭配，合力推进师资结构的完善。完善师资结构首先要考虑的是文化传播学学科发展方向，制定出长期、中期和近期发展目标，并按照这个目标来积极组织调配人力、物力和财力。人力是最重要的因素，因此，扩充完善师资结构成为当务之急。值得注意的是，在完善师资结构时，要优先考虑遴选、培育有共同学术理想的人才，用共同的理念来凝聚学科发展后劲，减少学科发展的阻力。文化传播学是交叉学科，要把多元学科背景的师生凝聚在一起并形成合力，远非开几个会就可以解决的。建立正确的学术价值观，用价值理性聚合人心。敬畏学术应成为一流师资队伍的基本共识。文化传播学专业是一个实践性非常强的学科，建议要从业界、学界引进相应人才参与到教师队伍中。特别要注意教师队伍的结构，以中青年教师和创新团队为重点，优化制度环境，培育跨学科、跨领域的创新团队，增强人才队伍可持续发展能力。

3. 招收和培养一流的学生

教育倡导“有教无类”，但是，一流学科必须招收和培养一流学生。要通过多种途径，大力吸收优秀学生加入到一流学科中来，同时，也要通过各种途径，尽量提供最优秀的教育。应当尽快修订完善文化传播学专业的培养方案，重新评估原来确定的文学传播、影视传播、出版文化、新闻传播等方向，结合时代发展需要，联系毕业生就业的实际，进一步明确研究方向和领域，突出特色，培养适应新时期文化传播生态的复合型人才。文化传播学不同于跨文化传播学，前者应该包含后者，这就涉及文化传播学专业人才培养的国际化问题。从近年来的博士生培养来看，华中师范大学文化传播学专业培养的毕业生几乎都是偏向于新闻传播的人才，并没有将文化传播的最大效能发挥出来。“世界经济一体化进程催生了全球大学国际化发展的必然趋势，加速了高等教育资源在全球范围的自由流动和重新配置。”① 目前，中国在国际舞台上的声音越来越响亮，文化传播学专业

---

① 倪亚红，王运来．“双一流”战略背景下学科建设与人才培养的实践统一[J]．江苏高教，2017（2）：7-10，15.

也应有意识培养一批具有跨文化交流能力、热心并积极参与国际事务的人才。在这个方面，适当招收留学生、增加交换生项目等可以作为文化传播学学科迈向国际化的突破口。

4. 拓宽学生就业思路

可以尝试将文化传播学学科培养层次从目前单一的博士拓宽到硕士甚至本科。文化传播学博士阶段培养目标主要是从事文化传播相关领域科研、教学高级专门人才，而在本科和硕士阶段，培养目标就应当关注应用性。目前，在本科和硕士阶段，结合专业适用性，广泛拓展学生实习实训的空间，同时，有计划地延请一批从事相关产业的人士到学科来开设讲座，加强创新创业教育，特别是网络新媒体、文化传承、文化表达、文化产业方面的创业教育，用创新驱动来拓宽专业视野，同时也激励学生成长。

（二）科学研究：一流学科建设的有力支撑

一流学科的发展需要一流科研成果作支撑。《总体方案》提出，要“以国家重大需求为导向，提升高水平科学研究能力，为经济社会发展和国家战略实施作出重要贡献”①。党的十九大报告指出：“深化马克思主义理论研究和建设，加快构建中国特色哲学社会科学，加强中国特色新型智库建设。坚持正确舆论导向，高度重视传播手段建设和创新，提高新闻舆论传播力、引导力、影响力、公信力。”② 文化传播学一流学科发展应当融入国家社会发展的洪流，自觉为国家智库建设提供智力支持，同时，通过理论指导当下的文化建设与文化传播。

1. 高起点搞好科研规划

结合人文社科的特点，主动引荐国内外知名专家参与学科规划，用高水平的科研规划带领学科发展。在此基础上，主动出击，联络开设文化传播、文化传播学、文学与传媒等相关专业高校，吸收有关文化传播的业界智慧，结合文化传播新形态，探讨学科发展问题，最终，按照“建立健全

---

① 国务院．统筹推进世界一流大学和一流学科建设总体方案［EB/OL］．（2015-11-05）．http://www.gov.cn/zhengce/content/2015-11/05/content_10269.htm.

② 国务院．统筹推进世界一流大学和一流学科建设总体方案［EB/OL］．（2015-11-05）．http://www.gov.cn/zhengce/content/2015-11/05/content_10269.htm.

具有中国特色、中国风格、中国气派的哲学社会科学学术评价和学术标准体系”的要求，形成文化传播学的独特体系。华中师范大学文化传播学学科在出版文化、影视传播、新闻传播等方面取得了一批成果，形成了自己的特色，完全有可能挖掘潜力，联手校内外教学科研机构，建设华中师范大学国家文化战略研究院，研究并出版文化传播、文化产业、文化科技等方面的调研报告，成为具有中国特色和世界影响的新型高校智库，提高服务国家决策的能力。

2. 组建一流科研团队

科学研究是扎实的工作，来不得半点虚假。缩短与世界一流学科之间的差距当组建一流的科研团队。目前，文学院和新闻传播学院在文化传播学学科上的团队比较少，投入也不多，单打独干的多。这对于创建一流学科是极为不利的。要尽快建立一批科研团队，形成一批学术共同体，联手攻关。值得提出的是，在吸引人才的时候，要特别注意文化传播学是理论性和实践性都很强的学科特点，注意吸收业界人才加入团队，这样既有利于学界和业界交流，又利于今后科研成果的及时转化。要尽快凝练出自身特色，并将特色与国家重大基础理论对接。华中师范大学政治学学科之所以办得好，一个重要的原因是他们在中国基层政权建设方面已经形成了自身特色，取得了一批具有世界一流水平的成果，当然，也对接国家重大需求。文化传播学学科完全有可能在国家日益重视文化软实力的时代，有所作为。

3. 争创一流科研成果

一流科研成果的取得，有赖于科研团队的辛勤耕耘。不过，在当前国家科研管理体制的引导下，一流科研成果需要一流的团队来创造。具体来说，文化传播学学科团队组建后，一方面，要联手进行国家社科基金项目、省部社科基金项目、市社科基金项目的申报，用项目来进一步凝聚科研团队，创造科研成果。另一方面，要积极创设平台，建立国家、省部、市级科研平台。“当代科学的重大研究进展和学术成果的取得，都离不开多学科的交叉与融合”①，文化传播学学科是华中师范大学创设的一个非常成功的交叉学科，在已有成就的基础上，应主动引入多学科的人才和视野，营造浓

① 王若涵. 以“双一流”建设引领交叉学科研究生创新人才培养的思考［J］. 中国林业教育，2017，34（5）：107-110.

厚的学术氛围和宽松的创新环境，保护创新、宽容失败，激发创新活力。

4. 建立科研联合体

目前，华中师范大学校内与文化传播研究有关的机构还有一些，建议尽快形成科研联合体，组建包括文学院、新闻传播学院、文化产业研究中心、出版社、武汉数字媒体公司等相互协作的学、研、产一体化的协作体。在此基础上，主动出击，充分利用"双一流"建设、"资智回汉"的大好契机，吸收和培养一批既能做科研又能找市场的专家队伍，对接市场与项目，特别是与文化生产、文化传播、文化研究、文化体验有关的一些机构和个人建立合作，拓展研究与发展的空间。

（三）社会服务：一流学科建设的有机延伸

高校的社会服务职能发端于美国。1862 年，《莫里尔法案》颁布，美国大学社会服务职能第一次有了法律基础。1904 年，美国威斯康星大学校长查尔斯·范海斯提出"威斯康星思想"（Wisconsin Idea），即大学在教学和科研的基础上，努力为区域经济与社会发展服务，获得广泛认同。由此，高校社会服务得以正式确立。

目前，高校社会服务的内容与形式主要有教育拓展服务、科研服务、产学研联合体、高校资源服务等几个方面。一流学科应当有一流的社会服务，文化传播学作为一流学科建设点之一，非常有必要扩大一流社会服务功能，延伸学科影响力。

1. 建立一流的转化机制

高校科研成果转化是社会生产力的重要方面，《总体方案》提出：促进高校学科、人才、科研与产业互动，打通基础研究、应用开发、成果转移与产业化链条，推动健全市场导向、社会资本参与、多要素深度融合的成果应用转化机制。对理工科来说，成果转化似乎是顺理成章的事情，可是，人文学科在转化方面也是大有可为的。文化传播学学科与文化产业密切相关，而文化产业的诸多领域都完全可以构建学科、人才、科研与产业一条龙的转化体系。在这个方面，文化传播学科可以尝试建立一整套成果转化机制，用机制体制改革来促动社会服务提升。

2. 研发一流的产品

文化传播学学科最大的特点就是连接"文化"与"传播"两端，文化可以为产品提供知识含量，提升产品的水准；而传播则是产品走向市场的必由之路。在文化传播学学科社会服务的项目中，教育拓展服务、科研服务和产学研联合体都是可以拓展的项目，特别是利用文学院、新闻传播学院的平台可以为社会提供在职培训、教师岗前培训、传媒人员业务培训等。同时，还可以利用强大的科研能力为社会各大企事业单位进行横向项目的合作。还可以利用互联网新媒体开展远程服务。这些产品必须组织专门开发，使之成为真正一流的、适应市场的产品。

3. 提供一流的服务

文化传播学学科特性决定了它与社会发展紧密相连，因此，学科完全有可能利用高校资源提供人力资源服务、物质资源服务、信息资源服务等。文化传播学的部分博士生在读期间，一直坚持在出版社、电视台、高校等机构从事出版、编导、授课等工作。作为一流学科，建议建立一个对外服务咨询机构，用市场化的运作模式为社会提供教育咨询、产业规划、培训服务甚至影视策划等。

4. 鼓励一流的应用

全国第四轮学科评估中文学门类的社会服务指标规定："提供学科在社会服务方面的主要贡献及典型案例；弘扬优秀文化，促进社会精神文明建设；举办重要学术会议，创办学术期刊，引领学术发展；推进科学普及，承担社会公共服务，即发挥智库作用，为制定政策法规、发展规划、行业标准提供咨询建议并获得采纳等。"就文化传播学学科而言，目前新闻传播学院已经创办了《华中传播研究》杂志，举办了一系列的科研讲座，承接了一批国际国内学术会议，还为国家有关方面提供传媒预警等咨询，取得了很大的成就。有必要进一步发挥跨学科优势，提升社会服务，引领学术发展。

（四）文化传承创新：一流学科建设的永续动力

在经济全球化、文化多元化的今天，高等教育大众化，终身教育普及化，大学日益成为思想和文化的中心。"大学通过文化传承以及倡导、交流和推动新思想、新文化，在满足人们不断增长的精神生活需求，引导日趋多样的社会文化的价值选择，推动社会文化的繁荣与发展等方面必将发挥更大的积极作用。"① 对大学来说，文化传承创新是一流学科建设的永续

① 曹国永. 文化创新传承：大学的责任与使命 [J]. 高校理论战线，2012 (3): 39-41.

动力，需要有一流的理念、机制和实践。

1. 提升文化传承创新理念

文化传播学学科立足于文化，讲求传播，因此，更应当重视文化传承氛围的培育。从大环境来说，大学应当创设一流的育人环境，从学科来讲，必须把文化浸润当成一件大事来抓，“坚持用价值观引领知识教育，把社会主义核心价值观融入教育教学全过程，引导教师潜心教书育人、静心治学，引导广大青年学生勤学、修德、明辨、笃实，使社会主义核心价值观成为基本准则，形成优良的校风、教风、学风”①。积极创造良好的学术氛围，建立正确的学术价值观。要深入研究，逐步凝练形成一整套文化传播学学科传承创新理念，并把这种理念贯彻下去。目前，以张三夕教授为导师的师生团队，有“张门读书会”等活动形式，还有“张门门训”等管理规约；以范军教授为导师的师生团队充分利用出版社、杂志资源，参与出版相关活动，特别是以张元济等出版家为案例进行教育，这些教育训导有效地保证了学术传承理念上的持续性。

2. 创设文化传承创新机制

“双一流”建设明确提出要重视文化传承创新，机制创新是文化传承的重要驱动力。作为学科来说，文化传播学学科有必要在内部建立一整套传承创新机制，包括目标管理、绩效考核、经营机制、人事制度等，同时，积极在学校层面争取相关政策，扩大办学自主权。比如，文化传播学学科可以争取与光谷的一批新技术公司合作，通过学科交叉的方式提供学历教育；再比如，完全可以在教育硕士项目中增加文化传播学（国学教师方向），培养一大批中小学急需的国学师资。当然，这些项目要想做好，必须有一整套传承创新的机制。机制体制改革永远在路上，文化传播学学科要大胆学习、借鉴国内外优秀的学科建设模式，特别是与世界一流的相关学科接轨，把创新机制作为学科再造的驱动力。

3. 投入文化传承创新实践

文化传播学的研究涉及史论、理论和实务三大部分，当今文化传播的形式日趋多样化，特别是随着互联网移动终端的普及，文化传播的路径、方法日益翻新，作为一门研究文化传播的学科，非常有必要密切追踪当下

---

① 国务院. 统筹推进世界一流大学和一流学科建设总体方案［EB/OL］.（2015-11-05）. http://www.gov.cn/zhengce/content/2015-11/05/content_10269.htm.

传播现象，比如博客、微信传播、App 传播、AI 应用、AR 技术、短视频、网络直播等在知识传播中引起的变化。用理论与实践相结合的方法来研究。在文化传播学教学过程中，大量新思维、新动作也逐步渗透进来，直接影响到创新实践，如张三夕老师团队最近就推出了“博雅人文”公众号，通过新媒体移动终端参与知识分享，提供创业经验。目前，“博雅人文”公众号已经吸引了两万多粉丝，这是在传承中创新实践的典型案例。再比如，2017 年乌镇的世界互联网大会上，很多人都陶醉于移动互联时代的欢乐场域中，可是百度的李彦宏则提出互联网人口红利已经结束，AI 将是未来中国互联网发展的主要驱动力。互联网、移动终端、AI 等技术的发展，从根本上来说影响到人的就是文化传播。

4. 直击文化产业前沿

文化传播与文化产业密不可分，文化产业中的一些前沿动向也应当成为文化传播学的研究领域。举个例子，文化 IP 已经成为当前社会经济发展热点，文化传播学研究不应忽视。IP（知识产权）产业最先在网络文学领域被人熟知，近年来，其产业链逐渐拓展到音乐、戏剧、电影、电视、动漫、游戏，甚至周边商品等领域。IP 形式多样，可以是一个故事、一个概念、一个形象甚至一句话。IP 具有跨平台属性，可以以漫画、小说、电影、玩具、游戏等不同形态存在。IP 具有市场价值和变现能力。华强方特集团就是充分利用 IP 的典型，他们利用声光电系统，结合《白蛇传》《聊斋》《西游记》《梁山伯与祝英台》《哪吒闹海》等传统经典文本，文化 IP 与科技结合，建构了一种全新的体验式品味经典的模式。当然，类似于 IP 这种文化产业的新形态还有很多，值得关注。这些新技术、新思维要真正进入文化传播学学科创新之中，有赖于学科对创新实践的投入，也需要文化传播学学科主动与有关机构建立联系，合作建立人才培养基地或产学研基地。

“双一流”建设给文化传播学学科提供了新的发展契机，要求文化传播学学科发展必须立足中国国情，坚定不移地走“中国特色、世界一流”之路，不断从中华优秀传统文化中汲取养料，凸显民族文化特色，彰显文化自信。在这个过程中，文化传播学学科既要顺势而为，融入主流，又要保持头脑清醒，杜绝跟风，最终实现学科的跨越式发展。

对文化传播学研究现状的一点思考

曾建辉

（华中师范大学文学院，湖北武汉，430079）

摘要：本文通过对文化传播学相关的现有文献的分析，提出当前文化传播学研究的两个主导路径及其缺陷，简要分析了文化传播学的研究现状，并对文化传播学的研究对象及研究方法进行了一些思考。

关键词：文化传播学；研究路径；研究对象

文化传播学作为一门新生的学科，因为文化加传播两种热门学科的糅合，所以虽然新，然而却是方兴未艾，是学者关注的重点领域之一。通过读秀学术数据库对“文化传播学”作为书名进行检索，相关的中文图书一共是55种。以“文化传播学”为关键词，通过中国知网全文数据库的文化传播学文献的检索，近五年（2013—2017）文化传播的相关文献是1925条，包括文化传播学理论、文化与传播、跨文化传播、民族文化传播等方面。经过对专著和论文的选择、阅读和分析，可以管中窥豹，厘清当前文化传播学研究的大致状况。

一、当前的文化传播学研究主要有两个主导路径

1. 基于文化维度的传播学研究

这种研究路径是从文化层面介入传播研究，主要表现就是挖掘中国传统文化中的传播研究领域，如传播思想、传播技巧、传播艺术等。1988年吴予敏教授出版的《无形的网络：传播学角度看中国传统文化》是最早的对这种研究路径的尝试，书中分析了中国古代的关于传播的理论观念，阐释了中国传统文化模式与社会传播机构之间的关系。其后1996年李敬一

《中国传播史》（先秦两汉卷）、1997 年孙旭培《华夏传播论》、2000 年周月亮《中国古代文化传播史》相继出版等。其中孙旭培的这本合著影响最大，由两岸四地十多位学者共同完成，从中国源远流长的文化典籍中搜寻出传播学的痕迹，试图改变西方话语在传播学领域的霸权，实现传播学研究中国化。自此之后，从古籍、古人中找寻文化传播资源成了文化传播学研究的热门领域和方式，出现了大量研究老子、孔子、庄子、孟子的传播思想，《诗经》《论语》《战国策》中的传播艺术的文章。2016 年 12 月出版的谢清果编著的《华夏文明与传播学本土化研究》是这一研究路径的最新成果。

2. 传播学理论框架下的文化研究

这种研究路径就是用传播学的理论、框架、方法来研究人类社会中各种文化现象。目前很多冠以文化传播学“原理”“概论”“通论”的著作都是如此。如吴格言编著《文化传播学》（中国市场出版社，2004 年）、周鸿铎主编《文化传播学通论》（中国纺织出版社，2005 年）、杜旭华主编《文化传播学概论》（山西经济出版社，2009 年）、陈晓莹编著《文化传播学》（福建人民出版社，2017 年）都是按照经典的拉斯韦尔“5W”模式（传播者、媒介、内容、受众、效果）来安排结构框架的。至于各类冠上“传播学视角”“传播学理论”“传播学视阈”“文化传播学视角”的头衔研究文学、影视、艺术文化现象和文化活动的论文基本上殊途同归，也大都是按照这种逻辑思路和结构框架来实施的。

文化传播学的这两种研究路径易出成果，好出成果，形成文化传播学研究的热潮。但也存在明显的缺陷：首先是研究的重复性。主题雷同、低水平重复，缺乏独立见解；完全照搬西方模式和研究套路，产生路径依赖。其次是研究的庸俗化。将中国传统文化生拉硬拽地与现代传播学扯上关联，毫无原则地联想、延伸古代名人的思想范畴，过分拔高其在文化传播学上的学术地位；在共时性研究上，将文化传播当成是文化产业的一部分，过于强调现实性和实用性，注重文化传播学研究对文化产业市场和效益的价值和意义。

研究现状充分说明了文化传播学作为一门新兴的交叉学科，刚刚起步还未成型。学科成型是一个历史过程——孕育、萌芽、发展、完善。对象的相对明确，范畴、概念体系的相对完整，方法论观念及方法的相对稳定，这几点统一起来，大致标志着一门学科的成型。梅琼林教授曾指出传播学的知识谱系曾经历了学科互涉、知识越界和学科规训的三个阶段，那么可以发现文化传播学目前还未达到学科规训的境界，还处于学科互涉和知识越界的阶段，还处于做加法的阶段，即累积性的学科转换时期。这也和文化传播学本身的特点相关，文化学和传播学都深具跨学科的特征，这从文化与传播的定义就可见一斑。

美国学者克洛依伯和克勒克荷恩在1963年出版的《文化：概念和定义批判分析》一书中罗列了总计多达164种的文化概念，法国学者摩尔统计的世界文献中有250种以上的概念。传播的概念也是如此。在1976年，美国传播学者丹斯（Frank Dance）在《人类传播功能》一书中对传播的定义做出统计，结果是有126个不同的定义。而仅仅是在六年之前的1970年，丹斯教授就曾罗列出学者们给传播下的98种不同定义。而如今有关传播的定义不少于140种。

在1992年美国伊利诺伊大学召开的大文化研究为主题的国家研讨会中，汇集了包括德里达在内的多名哲学、文学、人类学、社会学、传播学的重量级学者。会后出版了论文集《文化研究》，编辑者指出文化研究的特点就是逃避和拒绝学科规范，反学科化，不先验地界定自己的对象与方法。文化研究如詹姆逊所言是一种“后学科”，是一种开放的、适应当代多元范式的时代要求并与之匹配的超学科、超学术、超理论的研究方式。文化研究在跨学科的范畴之内运行，这种新的文化研究是以当代全球化变革的当下现实为依据的。

施拉姆说过：我们有时忘记了传播学是一个场域（field），而非单一的学科（discipline）。不同学科背景的学者总是从自己的学科理论或知识的层面来介入传播学研究。

二、对文化传播学研究的一点思考

文化传播学的研究对象是人类社会的文化传播活动，既不是单纯的文化现象，也不是单纯的传播行为，是文化传播活动。而文化传播活动是以人为主体的活动，人是文化交流、互动、扩散的载体。但现在的文化传播学研究最大的弊端就是“见物不见人”，只研究文化传播的过程、类型、演变、效果等，对“人”的研究也停留在作为发出传播行为的有既定目的的传播者和作为市场的受众的框架中，忽视了“人”在文化传播现象中的中心地位。人在文化传播活动中是怎样的一种心理状态、是在什么样的驱动力下做出的种种文化行为和方式。以我研究方向的出版文化和出版史为例，过去的研究集中于围绕出版物是如何编辑、如何复制、如何向公众传播的来进行研究，包括社会环境、文化政策、书籍制度、印刷材料、复制技术、书刊定价、人物机构等，都必须以“出版”为核心，发掘史料，分析问题，探寻出版活动自身的历史轨迹和演变规律。对于“编辑出版人”的研究也是在“进步模式”“革命模式”的单线叙事下呈现，不能体现个人在出版这个文化传播活动中的复杂性和丰富性。而且现在史学研究正在经历“恢复历史记忆”时期，相关历史人物相关的各种材料大量问世，其中包括很多被中国台湾历史学者王汎森称之为“执拗的低音”的私密性文件譬如大量日记、个人档案被整理出版，如《胡适日记》（台湾）、王闿运的《湘绮楼日记》、刘大鹏的《退想斋日记》《吴宓日记》等。这就为开展“以人为本”的出版生活史研究提供了良好的条件。从研究出版人的衣食住行、人际交往、娱乐休闲等方面出发，解析他们的个人成就感、职业认同感、出版思想、经营理念等心理认知的形成过程，从而得出与当时的出版文化乃至社会文化传播现象之间的因果联系。

此外，当代社会科学的许多专家学者都从各自的专业出发，如文学、历史、哲学、民俗学、社会学、心理学等不同的专业结构与知识结构出发，切入文化传播学研究，对于开拓、发展文化传播学自身的学科理论体系是十分有益的。文化传播学的研究对象存在于物质生活与精神生活、传统与现实之间，旧有的思维方式与认识工具显然已经不能适应了。长期以来的静止、孤立地加以考察的方法已经过时，要注入新的思维方法和研究方法。除了更广泛地综合运用社会科学思维和方法论外，应该适当运用计量方法，加强研究的科学化。

关于文化传播学学科建设的几点建议

邬　玲

（华中师范大学文学院，湖北武汉，430079）

摘要：文化传播学科作为一个年轻的学科，在逐渐壮大成长的同时，仍在资源获取、研究平台等方面存在一些薄弱之处。本文为文化传播学科的建设提出了五点建议，认为学术交流常规化、学科影响扩大化、课程设置多元化、评价体系规范化和组织建设系统化是文化传播学科走向成熟的重要路径。

关键词：文化传播学；学科建设

华中师范大学的文化传播学学科，是一个年轻的学科，从2013年成立至今刚满七年，在七年里送走了两届毕业生，迎来了数十名新生，该学科培养的人才队伍逐渐在壮大，学科正在一步一步地成长，但是在学科成长中也存在着一些问题。

学科是一个知识体系，也是一个组织形态。学科建设的任务，是要培养学科人才，形成一定的学术成果和建立相应的资源平台，形成学术声誉，提升学术能力，逐渐成长为成熟、优质的学科组织。目前，文化传播学科在资源获取和研究平台方面比较薄弱，还未形成成熟的学科组织，还未构建系统的学科文化体系。因此，在面临毕业之际，对于这个年轻的学科，我想根据自己的学习经历和感受，提几点浅显和实际的意见。个人浅见，仅供参考。

一、学术交流常规化

学科需要建设什么？我觉得要建立一个资源共享平台，要建立一套成熟的知识体系和一个完善的组织结构，进而形成健全的学科组织文化。

首先，目前关于文化传播的学术交流活动很少，文化传播学学科三年才举办一次这种类型讨论会。全国高校对于新闻传播、影视的学术交流活动很多，但对于文化传播的交流平台和渠道较少。虽然，文化传播这个跨学科，根据不同的学术专业方向，是可以参加新闻传播和影视相关的学术会议和学术活动，但是我们缺乏专门的途径去进行参会与交流。

其次，就我目前参加的几次学术会议来看，跟随硕导去旁听中国高校影视学会举办的影视主题交流会议，感受会议氛围，聆听学界的研究动向，收获是有的，认识了学术圈里的名人，了解了他们的研究动向。但是，也发现了一些问题：这类会议人多，分会场很繁杂，大家似乎都是为了去听学术大佬发言，或是为了解学术圈子而去开会，或是为了完成硬性的行政指标规定，所以参会论文水平都不太高，从中收获的启发并不大。

再者，频繁地在北京、上海及其他地方开会，出差成本较高，对于在读博士而言，还是有一定的经济压力。武汉地区的文化传播学科的相关学术报告和研讨会并不多。

因此，我觉得文化传播学科可以多举办一些相关学术报告会，或是学术沙龙会，邀请全国或世界各大高校相关学科的专家来交流、讨论、辩论，这样的形式对于学术视野的扩展和学术交流更有帮助。另外，学术交流平台和渠道的构建对于在读的博士生而言，非常重要。学生需要与全国、世界各大高校进行交流、一同学习与成长的机会。

二、学科影响扩大化

国务院统筹推进“双一流”建设的方案十分明确地强调“坚持以学科为基础”的原则，可见，无论是“世界一流大学”建设，还是“一流学科”建设，其基点在于学科的前沿性、高水平与影响力。什么是学科真正的影响力？是发表 SSCI 或者 CSSCI 论文的数量，是高影响因子学术期刊的发文量，是世界 EIS 学科排序前 1%，还是完成国家级、省部级课题的数量与质量？

我很认同南京大学高等教育研究所龚放所长的观点：真正的影响力应该是对教育宏观决策的影响，是对学校治理方略的影响，是对教师的教与研，对学生的发展与成长的真切而实在的影响①。前者如匡亚明、刘丹、李曙森、屈伯川等四位老校长关于建设“重中之重”的“835 建言”，后者如苏联教育家苏霍姆林斯基《给教师的一百条建议》，如“慕课”的开发与创新……这些，才堪称对一个国家乃至整个世界教育变革有重要影响的研究成果，才堪称引领一个时代教育发展的里程碑式的成果。学科的真正影响力，应该是创新，在鼓励学生创新的同时，学科成员也要不断地创新。学科建设要关注学生学习质量，教学研究创新，教学管理改革，为各级各类学校管理者提供新视野、新思路和新见解。而恰恰在这一方面，大多数高校是缺乏的。

文化传播学学科建设，在影响力方面目前是不够，是需要不断扩大的。扩大影响力，不是通过数量上的攀比而是通过质量，优质的成果才是最具影响力的。

目前，文化传播学学科的专业性的期刊还没有，是否能建立自己的学科优质期刊，便于学生发表个人的文章；或是根据现有的学术期刊，进行质量提升或专栏拓建，形成文化传播学科的发稿制度，完善学科的成果发表。

三、课程设置多元化

学科是高校的一个组织，专业是高校培养人才的一种方式。学科是体，专业是用，课程是手段，是连接的一个媒介，从而把学科和专业联系在一起。所以在学科建设当中主要要关注课程设置。

目前，文化传播学的课程设置较为稀缺，不仅缺乏传播理论和电影理论的课程，其他文艺类、研究方法类的课程也是缺少的。所以，在课程设置方面，还需增设高水平、高质量的课程。比如课程应该设置一些中西传播前沿理论，电影理论及实践，社会学等各学科的研究方法，打通各个学科的界限，培养通识的专才。学科建设就是让围绕某个知识体系建立的学科组织在知识生产上的能力不断地增强，能够产出高水平的学术成果，提供高质量的专业课程。

① 龚放. 高校学科建设必须解决的两个问题 [J]. 中国高教研究，2016 (9)：1-5.

四、评价体系规范化

目前学术研究趋向行政化，功利性的研究特别多，缺乏真正有意义和有价值的、有问题意识的学术研究。研究方法多趋于标准化和量化分析，缺少有思想、人文、历史和哲学的研究方法，再加之以核心期刊的发表数量来衡量学术成果，造成了学术发展的畸形现象。

文化传播学学科，应该提倡研究规范，重视批判思辨和实证研究相结合的研究方法，建立健全的学科评价体系；应该实行评审制，建立学术共同体，由高层次的资深学者群来评审项目和论文，并进行相应的推荐。

五、组织建设系统化

大学的学科建设重点就是学科的组织建设。一个学科，实际上是一个组织，组织内部需要相应的制度和规范，也需要学科的组织文化，便于学科的成熟壮大，学科队伍的凝聚。文化传播学学科组织需要形成机制、体制，然后形成学科文化，形成学科规训。宣勇提出了成熟学科的八个标准：第一，不可替代的研究领域和方向；第二，标志性的研究成果；第三，可持续的知识产出；第四，稳定的资源获取；第五，明晰的组织结构，严密的分工；第六，规范的学科制度；第七，良好的学科文化；第八，较高的国际化程度①。我们可以对照着来学习实践，文化传播学学科建设的前景还是明晰的，但道路是漫长的。

当然，一个新学科的成长、成熟，需要学科带头人的高瞻远瞩。在学科的建设和发展过程中，学科带头人的学术志向和感召力，学科队伍的组建，学科平台的搭建，以及学校的发展规划和学科政策，对学科组织的成熟发展都非常重要。

学科组织是以知识的发现、整合、传递和应用为使命，以学者为主

① 宣勇．建设世界一流学科要实现“三个转变”[J]．中国高教研究，2016（5）：1-6.

体，以知识信息和各类学术资源为支撑，依据知识的具体分类，在一定的知识劳动平台上开展科学研究、人才培养及社会服务的大学基层学术组织。因此，学科组织建设需要系统一体化，就是要系统从组织无序、效率低下到组织有序、功能充分发挥的过程，即学科建设必须要从低效率的、无序的，走向有序的、高效率的，同时要成为一个学术共同体、一个知识共同体。

文化传播学传播对象的本土化思考

田全喜

（华中师范大学文学院，湖北武汉，430079；
湖北经济学院，湖北武汉，430205）

摘要：文化传播学是研究人类文化传播现象及其规律的科学。“文化”自身定义的广泛性和传播学传播客体的多样性，使得文化传播学的内涵和外延都具有无限的延展性。然而，“言大而理不精者，其学虚也”。为避免文化传播学陷入泛泛而谈、“大而无当”的泥潭，本文认为，中国文化传播学的发展应当坚守传播对象的本土化，从中华民族文化自觉的高度重视传播中华优秀传统文化。文化传播学对传播中华优秀传统文化的理论审视，是应对文化失衡、提升文化软实力和丰富世界文化景观的共同需要。

关键词：文化传播；本土化；文化自觉

文化传播是指“人类特有的各种文化要素的传递扩散和迁移继传现象，是各种文化资源和文化信息在时间和空间中的流变、共享、互动和重组，是人类生存符号化和社会化的过程，是传播者的编码和读者的解码互动阐释的过程，是主体间进行文化交往的创造性的精神活动”①。文化传播具有几个特点：(1) 文化传播侧重于精神交往层面，是潜移默化的。(2) 文化传播的价值是混合多元的，有的具有政治意义，有的有利益关系，或二者兼而有之。(3) 文化传播所传播的所有文化都具有民族性。文化的民族性特征都内在于民族共同体的含义之中。它是一个民族共同的理想、愿望和要求，是一个民族对事物的共同认识、共同观念，体现出共同的民族利益，共同的伦理道德规范②。(4) 文化传播中既有交流与融合，也会出现

① 吴各言. 文化传播学 [M]. 北京：中国物资出版社，2004：41.

② 云德. 论全球化时代的文化传播（上）[J]. 现代传播，2005 (5)：5.

冲突、适应与趋同的现象，矛盾和冲突贯穿于文化传播的全过程。

在经济全球化、信息网络化的传播环境中，文化传播的范围更加广泛，速度更加迅速，文化场域中各种文化的角力更加激进而强烈。冯骥才认为："越是经济全球化时代，文化的走向就越应本土化。中国是一个文化大国，理应捍卫文化大国的气度和尊严。""我们要做的就是不断强化我们的文化主体，保护滋养我们的传统文化，培育我们的民族精神，加强我们的文化竞争力。越是有民族本土文化做支撑，我们越敢于用开放心态面对各种文化。"① 因此，文化传播中的传播对象本土化是一个不可回避的问题。

中国艺术研究院文化发展战略研究中心主任贾磊磊在论及文化产业化的发展路径时指出："本土化，即指的是我们的作品对自己脚下谋生图存的这片土地的关注，也指的是对我们自己头顶上魂牵梦系的文化天空的认同。"② 无论是脚下的土地，还是头顶的天空，在中华民族的文化版图中，滋养着我们的都是中华传统文化。本文的文化传播学传播对象本土化即是中国学界的文化传播学，应注重对中华优秀传统文化传播的研究和探索。

中国的文化传播学关注中华传统文化的传播既不是窄化研究视野、束缚研究方法，更不是文化上的"闭关锁国"、自我封闭，而是建立中华民族文化自信道路上的一种文化自觉。具体原因如下：

一、文化传播学中传播对象的本土化是应对文化失衡现象的应然之举

1964 年，传播学巨匠麦克卢汉提出的"地球村"预言已经成为现实，全球化已经成为一种世界趋势。尽管全球化始于经济领域，却为文化传播吹来一阵飓风。在全球化时代，文化传播全球化已经成为一种不可忽视的社会现实。文化传播全球化有深刻的全球化背景。一方面，当今全球化的发展，使人类社会生活超越原有的地域和空间限制，人类的实践活动和思

① 叶晓楠，等. 中华文化：定让世界更惊喜［N］. 人民日报（海外版），2005-03-14（6）.

② 贾磊磊. 全球化时代中国文化传播策略的当代转型［J］. 东岳论丛，2013（9）：87.

想活动的环境发生巨大改变，文化的主体、载体在全球范围内流动，因而文化是在全球传播的；另一方面，科学技术尤其是信息技术的出现，能够使信息瞬间传播到世界的每一个角落，使人类和文化跨时空交往，特别是国际传媒公司的出现，推进文化传播的全球化步伐，更带来文化价值观、文化模式的冲突、整合和融合，从而产生新的文化关系、文化模式，这即是当今时代文化传播全球化的客观状态①。

由于文化传播往往由强势文化国家发起并推动，经济文化发达国家在全球化、文化一体化进程中扮演着主导角色，因而文化传播往往会伴生文化入侵或文化帝国主义问题，造成文化的民族特色丢失、传统文化断代、文化自我认同危机②。从世界范围来看，中国传统文化在文化输出与接受中处于失衡状态。如何在世界一体化的条件下，保持民族个性，提升民族自尊，让文化得到民族赖以生生不息的民族精神的强有力支撑，真正获得与外来文化平等对话的地位，抵御强势文化的侵蚀，已成为当务之急③。

二、文化传播中传播对象本土化是提升中华文化软实力的现实需求

中华民族在历史长河中积淀的优秀传统文化丰富浩瀚，博大精深，是哺育中华民族成长壮大的根与魂。传播承继中华优秀传统文化，既是中华民族文化主体意识的体现，更能提升中国文化软实力。当今世界的竞争是综合国力的较量，而文化软实力是综合国力的关键要素，尤其是在我国向中国特色社会主义强国目标迈进的征程中，文化软实力显得尤为重要。要持续不断地全面提升我国的文化软实力，中华优秀传统文化是这种力量的源泉，是这种软实力的根本之需。中华民族根深叶茂、源远流长的优秀传统文化塑造了民族品格，滋养了中国精神，陶冶了中华儿女，是中华民族自立世界、生生不息的文化基因，国家文化软实力唯有深深植根于中华优

① 傅华. 当代中国先进文化及其传播路径研究［M］. 北京：中央文献出版社，2007：126-127.

② 李莉. 论文化传播、冲突、适应与文化发展［J］. 山东社会科学，2012（12）：21.

③ 云德. 论全球化时代的文化传播（下）［J］. 现代传播，2005（5）：4-5.

秀传统文化的沃壤里才能够枝繁叶茂、干壮根粗。相反，若是我们丢弃文化传统，隔断其根，那么也就等于割断我们自己的精神命脉①。

三、文化传播学中传播对象本土化是丰富世界文化景观的客观需要

贾磊磊曾指出："在科学技术上，我们可以以别人的目标为基准来校正我们的方向；在物质世界中，我们也可以以他者的标准为尺度来衡量我们的高度。唯独在文化精神与理想境界上，我们不能够自我泯灭我们的民族个性，不能够丧失我们的文化品格。"② 事实上，文化越是民族的就越是世界的。有特色的民族文化是一个民族的灵魂和本质特征，是一个民族得以生存、发展、延续的条件，也是世界文化发展的基础③。中华传统文化源远流长，蕴藏着丰富的普世价值和精神给养。从某种意义上说，传播中华优秀传统文化是为把世界文化大花园装点得更加绚丽多姿。因此，中国的文化传播学更得从民族文化本位的立场出发，使中华传统文化成为整个人类文化的有机构成，丰富世界文化景观。

文化传播对象的本土化是中华民族文化自信和文化自觉的题中之意。面对文化传播中我国优秀传统文化失语失衡的现状，中华优秀传统文化传播的策略、机制、效果等既是一个迫切的现实问题，更需要文化传播学的理论观照。

---

① 高福进. 试论文化软实力提升的战略意义 [J]. 贵州社会科学，2017 (9)：24.

② 贾磊磊. 全球化时代中国文化传播策略的当代转型 [J]. 东岳论丛，2013 (9)：87.

③ 云德. 论全球化时代的文化传播（下）[J]. 现代传播，2005 (5)：4-5.

传播研究是否需要学科边界

——再论传播的本质问题

秦　琼

（江汉大学人文学院，湖北武汉，430079）

摘要：传播研究是一门涉及众多学科的研究，因此人们对传播理论的源流持有不同的看法。探讨传播的本质问题具有理解当下传播活动复杂性和打通传播学学术研究通道的重要意义，因此，本文从符号学范式、现象学范式、控制论范式、社会心理学范式、社会文化范式、批判范式和修辞学范式这七大理论范式的角度探讨传播研究的源流问题及各角度的缺陷，并对传播研究边界进行形而上的思考，认为传播研究应避免“泛化”，应发展出适合新时代的理论和思想。

关键词：传播研究；理论范式；形而上

作为一门显学，自1978年以来，传播学在我国的发展历经四十余年，围绕传播学的学科边界的讨论，始终伴随着传播学自身的发展历程。当前，围绕着这个问题的看法主要有两种，一是认为传播研究过于泛化，主张严格限定其理论取向和研究范围；二是认为传播行为自身的广泛性决定了它应该打破学科壁垒，与社会学、心理学、人类学等学科联系起来，并借助认知科学、人工智能等方面的研究成果，推动传播学的科学发展。这两种看法都有其可取之处：如果不对传播学予以限定，那么它就无法区别于其他人文社会科学，而更多表现为一种方法论的取向；但是将其限制在“新闻传播”（我国传播研究的主要取向）的场域内，又会在主导范式的统括下丧失其独立性、批判性，最终落入“中体西用”的窠臼。可以说，围绕着传播学学科边界的争论，看似是对传播活动的复杂性、对传播与社会的关系复杂性的讨论，实际还是对“传播是什么”的本体论探究。

克雷格（Craig）在《作为一个场域的传播理论》一文中提出传播研究有“七大理论传统”①，这种说法也为李特约翰所采用：符号学传统、现象学传统、控制论传统、社会心理学传统、社会文化传统、批判传统、修辞学传统。② 传播研究是一门涉及众多学科的研究，如社会学、心理学、语言学、符号学等，大部分传播理论都天然地蕴含着“混杂”的因子，想要将其系统地归纳到某一个理论中并不容易，人们对传播理论的源流持有不同的看法，只是分类标准的不同而无本质的区别。正如库恩在研究科学共同体时对知识积累的经典论述：“凡是共有这两个特征的成就，我此后便称之为‘范式’……我选择这个术语，意欲提示出某些实际科学实践的公认范例——它们包括定律、理论、应用和仪器在一起——为特定的连贯的科学研究的传统提供模型。”③ 范式是库恩在研究科学知识的生产时提出的一个概念，认为自然知识也是人类解释世界的方式之一，他重点研究了科学知识的发展脉络，认为不存在线性的、累积式的科学知识，只存在各个时期的主导范式。范式正是科学共同体在解释世界时秉持的世界观、方法论和工具（主导研究方法）。因而，我在此处引入“范式”的概念用以说明传播研究的源流问题，会比单纯将其划入某一个类别更为合适，也更符合其自身的跨学科特性。

一、七大理论范式对传播本质问题的探讨

（一）符号学范式

世界是怎样得以可能的，符号学认为是人、符号和意义的相互关系催生了这个多义性的世界，现代符号学的创始人皮尔斯是这一主张的提出者。阐释者通过阐释，在符号和它所指涉的对象之间建立起某种关系，在

---

① ROBERT T C. Communication Theory as a Field [J]. Communication Theory, 2010, 9 (2): 119-161.

② 斯蒂芬·李特约翰. 人类传播理论（第九版）[M]. 史安斌，译. 北京：清华大学出版社，2009.

③ 托马斯·库恩. 科学革命的结构 [M]. 金吾伦，等译. 北京：北京大学出版社，2003：9.

这个过程中，意义产生了。这三个元素蕴含了三种主要的研究领域，符号与其指涉物之间的关系（语义）；符号与符号之间的关系（句法）；符号对人类社会的影响（语用）。符号学传统将人类复杂的传播活动概括为“符号活动”，一是简化了传播问题，人作为符号动物，总是处在符号的世界里使用着符号的；二是突出了人的主体作用，符号的意义是由阐释得出的；三是将语言之外的其他符号系统纳入传播研究的范畴中。因此，在这样的理论视角下，传播被视为一种符号行为，人总是使用既有的符号去创造新的符号，通过符号的运动、人的阐释，意义产生了，人得以与自我、他人和世界进行交流。

（二）现象学范式

现象学将人的意识作为研究对象，认为人类对物体、事件或情境的外观（现象）的“感知”赋予了人们得以认识世界的可能。胡塞尔作为现象学的创始人，他的贡献在于指出了人类体验的客观性，人在将世界的复杂性“悬置”的过程中，通过意识“还原”“廓清”偏见，才能认识真理。他的观点对传播的重要性在于，如果将传播视为“现象”，视为“感知经验”的外化，那么传播得以在异质的人或组织间发生的根源在于意识的客观结构，这种客观结构是先验于个体的人的。以梅洛庞蒂为代表的认知现象学则主张事物存在于人们对它们的感知中：“我所掌握的有关世界的全部知识——甚至于包括科学知识——都是以我自己独特的视角获得的，或者说是从我对世界的体验中获得的。”① 要“体验”某个事物，首先要与该事物建立起某种联系。例如，通常情况下，作为文科生，我不可能去“体验”天体物理的“知识”。这样一来，任何现象学意义上的“体验”都是主观的，对于传播而言，认知现象学的观点格外突出了“阐释者”的地位。

（三）控制论范式

从某种意义而言，控制论是在系统论的影响下产生的，如果把人类社会视为由多种元素相互影响而成的一个系统，那么系统如何才能充分发挥

① 斯蒂芬·李特约翰．人类传播理论（第九版）［M］．史安斌，译．北京：清华大学出版社，2009：44.

各个元素的作用，如何调配元素之间的关系以维持平衡，则是控制论所关注的。“直到最近，还没有现成的字眼来表达这一复合观念，为了要用一个单词来概括这一个整个领域，我觉得非创造一个新词不可。于是，有了‘控制论’一词，它是我从希腊字‘kubernētēs’或‘舵手’推究出来的，而英文‘governer’（管理人）一字也就是这个希腊字的最后引申。”① 系统要想维持平衡，除了各元素之间要始终处于一个稳定的状态外，作为整体的系统还必须通过“输入”和“产出”与外界处于一种动态的能量平衡关系中，否则就面临着系统的崩溃。这就导致一个倾向，既然人类社会是一个总体系统，由无数个亚系统组合而成，那么所有系统的终极目标都是为了维持总体系统的平衡。也就是说，它们的功能、机制都是围绕这一个目标来设定的，系统的特异性只有在不危害总体系统的前提下才能存在。沿袭着控制论的传统，传播研究中的功能主义倾向、实证主义倾向乃至强效果立场，其实质都指向对传播活动的控制研究。

（四）社会心理学范式

某种意义上，社会心理学传统与控制论传统有着异曲同工的地方，控制论传统认为人是系统中的人，社会心理学传统则说人是社会中的人，它们都看到了人不可能孤立地存在于世界中，而总是要与其他人、其他组织联系着，但它格外突出了人的能动性，尤其是心理层面的影响导致的认知、态度和行为的差异。传播研究史上的“说服效果”“沉默的螺旋”“把关”等都涉及个人、群体的心理因素在传播中发挥的重要作用。这个传统预设的理论基点是：人类行为存在着普遍性机制，我们可以观察到它，人的行为受到心理因素的支配，更多表现为一种刺激反应机制，这种机制可以遗传。“真正的历史大动荡，并不是那些以其宏大而暴烈的场面让我们吃惊的事情。造成文明洗心革面的唯一重要的变化，是影响到思想、观念和信仰的变化。令人难忘的历史事件，不过是人类思想不露痕迹的变化所造成的可见后果而已。这种重大事件之所以如此罕见，是因为人类这个物种最稳定的因素，莫过于他世代相传的思维结构。”② 弗洛伊德开创的精神

---

① 维纳．人有人的用处［M］．陈步，译．北京：商务印书馆，2009：1.

② 勒庞．乌合之众：大众心理研究［M］．冯克利，译．桂林：广西师范大学出版社，2007：35.

分析学则将对于人的研究转向无意识层面，揭露了我们对自己的心灵世界所知甚少的事实，在他的影响下，李普曼提出了著名的“拟态环境”说。“李普曼把公众看做媒介的靶子，认为他们由片面舆论塑造的拟态环境所主导。”① 为了解释人到底如何认知世界，社会心理学采用了与现象学截然不同的看法，将“表征”视为人类特有的心理机制，“我们给予事物意义是凭借我们表征它们的方法：我们所用的有关它们的语词，所讲的有关它们的故事，所制造的有关它们的形象，所产生的与它们相关的情绪，对它们分类并使之概念化的方法，加于它们之上的各种价值”②。

（五）社会文化范式

“互动”是社会文化传统的核心思想，持有这种观点的人认为，世界不是独立于人的存在，而是在集体、社群和文化之间的互动中“建构”出来的。布鲁默和米德提出了“符号象征互动论”——人们通过符号始终处于你来我往的象征性互动之中；彼得·伯格和托马斯·卢克曼提出了“社会建构”——人类的知识是在社会互动中建构出来的。“在大多数时间，我与他人在日常生活中的相遇通常都会具有双重意义——我把他人视作一种类型并与他人在情境中互动。”③ 维特根斯坦的语言哲学——意义产生于“语言游戏”，语言总是先于言语的，人使用它的过程，是对既有“游戏规则”（如语法、语言结构等）的创造性运用过程……这些理论都闪烁着“互动”的精髓。“互动”的观点看到了意义产生的复杂性，肯定了主客体双方在传播中处于同等重要的地位，强调要从不同的互动模式入手理解意义的多样性：不同的语言结构，它施加于使用者的意义是不同的。从这个思路出发，传播就是一种互动行为，它产生于人的互动之中。然而，倘若如此，当我生气而沉默不语时，他人能否一定可以通过我的沉默意识到我的气愤和沮丧？如果传播是一种互动，那么当我从报纸、电视、网络中接收到同一条新闻时，这三种不同的互动模式，为什么没有带来不同的内容？

---

① 胡翼青．西方传播学术手册［M］．北京：北京大学出版社，2015：12.

② 斯图亚特·霍尔．表征［M］．徐亮，译．北京：商务印书馆，2005：3.

③ 彼得·伯格，托马斯·卢克曼．现实的社会建构［M］．北京：北京大学出版社，2009：27.

（六）批判范式

批判传统是在社会文化传统的基础上发展起来的，社会文化传统确认了“建构”的存在，批判传统则追问建构何以可能并如何发生。他们质疑现存秩序的合理性，认为其中蕴含着意识形态，传播作为现存秩序中的一环，选择传播什么、不传播什么，都是这种结构的体现。法兰克福学派是批判传统中最为著名的。霍克海默、阿多诺、马尔库塞、哈贝马斯等人，都将传播视为资本主义社会内部的一种压迫性结构，大众传媒通过连续不断的传播将大众置于虚假的幻象中，沦为“单向度的”“拜物教式的”“消费主体”。批判传统是七大传统中最为关注传播的、也是研究成果最多的理论传统。在批判的视域中，传播是意识形态结构中的一环，附着于其上的身份、权力差异推动着传播，也就是说，它所关注的是传播在这个秩序中所处的位置、所发挥的功能，是传播的“政治问题”。“从狭义上讲，政治经济学是关于社会关系尤其是权力关系研究的一门学科，它们互相构成资源的生产、分配和消费，包括传播资源的生产、分配和消费……这一表述同时也为我们指明了消费者对产品的选择方式……另外，它还要求我们深思这么一个问题：那些诱导消费者做出选择的信息乃至我们对媒介的关注又是怎样变为在市场上出售的产品的。”①

（七）修辞学范式

修辞学起源于古希腊时期，它关注的是立意、布局、风格、表述和记忆五个修辞要素，是口语传播时代的产物，因此是七大理论传统中与现代意义上的传播研究关联较少的一个，但是它的一些思想也影响了后世的传播研究。“通过把引导科学发展三百年的分析方法转向大范围的以传播为基础的路径，来重构认识论，而这些路径又是以修辞学和一套在话语规则中显现的标准为中心。从这样的观点出发，会话的修辞，如同调查的逻辑一样应该是提供科学的标准，尤其是，这种观点坚持认为理解不是一个人使用揭示实在的语言去揭示现实并对现实做观察和报告的过程，相反，理解发生于两个或者更多的人交换结果、观念以及用并不只是揭示现实，而

① 文森特·莫斯可．传播政治经济学［M］．胡春阳，译．上海：上海译文出版社，2011：3.

是有益于建构现实的语言来表达观察结果与观念时。”① 总体而论，修辞学关注的是如何通过遣词造句达到说服效果。在这个意义上，它是一种关于说服的研究，传播者通过恰当的“符号”选择与使用过程，将自己的意义（立意）赋予符号系统，诉诸理性或者情感（风格），基于经验储备（记忆），以达到理想的效果。因而它的核心是“效果”，也就是说沿着修辞学的思路，传播就是为了实现“效果”。

二、重思传播的本质

我在文中一再强调传播的本质问题，是因为它具有如下几个重要意义：第一，理解传播的本质，是理解当下传播活动复杂性的前提。20 世纪末，随着互联网、手机等新型传播方式的出现，人类传播行为日益多元化，传播研究日益细化、专业化，出现了以“网络传播”“新媒体传播”为主要研究场域的新趋势，学术共同体也大多同意这样的研究路径，将大众传播理论置于网络、新媒体的场域中②，去验证或者修正它。诚然，我们可以认为网络、新媒体都只是人类传播活动赖以发生的新的工具或者环境，也可以用“5W”来解释发生在网络和新媒体环境中的传播行为，但是浏览网页、BBS 互动、发微博、发送弹幕、发“朋友圈”、玩“直播”……是截然不同的传播活动；微博“关注”、朋友圈“分组”、豆瓣小组……是有着巨大差异性的互动群体；“爆料”“人肉”“心灵鸡汤”……是不同的因素推动其传播。因此笼统地将它们归纳在“网络传播”“新媒体传播”“社交媒体”的话语中，则是用形式统筹内容。同时，大众传播理论本就是历史的产物，一味地将其奉为圭臬，既没有看到传播生态的变化，又会陷入理论验证——修正的怪圈中。第二，从本体论角度把握传播，有助于打通传播学的学术研究通道。正如上文所论及的，正是受到了七大理论范式的

---

① 文森特·莫斯可. 传播政治经济学［M］. 胡春阳，译. 上海：上海译文出版社，2011：86.

② 张国良等人在网络传播的环境中验证了“知沟”理论，并认为“数字鸿沟带来的信息落差、知识分隔和贫富分化，是互联网发展必须应对的难题”。详见《现代传播》，2001 年第 6 期。类似研究还有对“第三人理论”“媒介的社会化”“网络的负面功能”研究。

启发，传播研究才得以产生大量的具有哲学价值的经典理论。但在关于传播的本体论思索上，这些理论范式也存在问题。

符号学范式忽视了一个问题：传播如果是一种符号行为，那么它是使用还是创造符号，或者说这个过程是一个不断生产、消费、再生产符号的过程？如此一来，我们怎么解释意义的稳定性问题，倘若符号行为是在一定的句法（符号与符号系统）中进行的，那么不同的传播活动只要使用了相同的符号，其意义就应该是一致的；如若传播是一个不断阐释并再生产的过程，那么意义的流动性如此之大，我们怎么保证这一刻接收到的符号与它发出之时还是同个“意思”。这样，传播越是多元，我们感受到的无所适从越是巨大。“如果将传媒定义为以符号为载体的意义生产、发行和使用系统，那么按照所有估算——依照金钱投资、人员雇佣和时间花费——现代社会教育体系很可能被归类为一个或者特定的‘那个’主要媒介……它以外在训练和公认为基础，是社会化和社会分层的主要模式。”①

现象学范式将“阐释者”的经验视为绝对主观的、因人而异的，那么促使人类从精神层面绵延至今的文化是否还能够存在？以海德格尔为代表的阐释现象学则认为，只要有“存在”，人们无需“悬置”“廓清”或者“意识还原”，体验自会平铺直叙般地出现。人们通过语言的“存在”去指认世界、感受世界，这种过程是自然而然的。因此，从传播的角度而言，人在使用纸张、电脑、手机等传播工具的过程中，“自然而然”就获得了观察世界的新角度。它们的存在充斥着意义，等待人们来体验。这一流派实际上指认了“情境”的问题，人总是在既有的经验（即存在的先验性）的基础上去开展传播活动的。秉承着现象学的传统观照传播的本质问题，它从理论上展开了“阐释”“经验”的言说空间，也涉及传播何以能够发生——意识的客观结构；为什么意义不是一成不变——体验的主观性；乃至不同传播工具本身所蕴含的意义问题，“the truth of meta-physically necessary propositions doesn't depend on how the world is … and so their truth must be a purely conceptual matter. If their truth is a purely conceptual matter，then it can be known by reason alone. ”（物理世界的真理并不取决于世界是什么……而是它必须是纯粹概念性的事实。如果它们是

① 尼古拉斯·加汉姆. 解放·传媒·现代性——关于传媒和社会理论的讨论[M]. 李岚，译. 北京：新华出版社，2005：6.

纯粹的概念，那么只靠理性就可以理解它)①。但是，现象学关注的对象是无法观察到实体的“意识”“体验”，在它的视野范围内，传播必然只与精神活动有关，这就忽视了传播活动客观性的一面：它是客观存在于世界之中的，且在绝大部分情况下都要借助工具，还受到组织结构、意识形态等的影响。它在肯定精神、阐释在传播中的重要作用的同时，又缺乏对一种现象的辩证观察：体验一个事物，不代表一定能阐释它。正如我举的例子，我通过想到或看到词语“天体物理”而“体验”了它，但对我而言，它依然是一张白纸。

在控制论的范式下，传播是一个系统为了维持平衡而主动与外界进行的“能量”（信息）交换，在国内广为人知的“传播是社会信息系统的运行”（郭庆光）即秉承着同样的理论视点。传播与其他系统的区别何在，例如，货币的流通、人口的迁移都可以看作是系统维持平衡的能量交换。同时，传播本身能否算作是一个系统，包含了传播主体系统与客体系统，媒介系统，反馈系统等，它们之间又是怎样的一种复杂关系？控制论的落脚点是对“关系”的管理和控制，但是这种“关系”是不是传播的本质？人们真的是为了建立某种关系而总是处于主动或被动的传播中吗？如果是“关系”推动着传播，那么托尔斯泰所言“不幸的婚姻各有各的不幸”又该如何解读？所以，“广受欢迎的、影响巨大的”②（李特约翰）控制论传统也未能解决传播的本质问题。

在社会心理学传统的场域中，人的心理因素作为传播得以发生的重要因素进入了研究范围，并且取得了众多的成果。但是，传播的本质是“心理机制”外化的结果吗？换言之，这样的观点是否意味着，传播只是心灵世界的投射物，只要我们能够确证普遍心理机制的存在，并找到激发心理机制的条件，就能实现畅通无阻的传播。可是，效果理论由“强”到“弱”再到“有限”的过程，不是已经解构了这个预设了吗？“表征，即社会表征的特殊力量和说明性源于它们通过过去的事实以及预先假定的连续性

① John W. Carroll. An Introduction to Metaphysics [M]. Cambridge, Eng: Cambridge University Press, 2010: 7.

② 斯蒂芬·李特约翰. 人类传播理论（第九版）[M]. 史安斌，译. 北京：清华大学出版社，2009：49.

成功地控制了今天的现实。”[1] 尽管“表征”可以解释心理机制的运作，却又存在前后矛盾，如果心理机制是普遍的，那么不同民族对同一个事物的表征为什么不同？也许有人要反驳：表征的形式和内容并不总是统一的，它受到各自文化传统和集体经验的影响。可是脱离表征的形式谈论内容，或者脱离内容谈论形式，表征是否还存在？例如，对西夏文、女书的解读困难。我们通过这些外化的文字知晓了它们作为表征的存在，却无法理解它的内容。在社会心理学的传统中，传播被视为心理机制在刺激下的外化产物，肯定了传播要受到人的心理因素的制约，这一点符合大多数人的日常经验，但是它又把传播涵括进了人类本能的老生常谈中。传播的本质是本能吗？本能是人类独有的生理和心理机制吗？面对本能人类是否还能有所作为？

批判传统是我国的传播研究中最需要继承的一种理论向度，尤其是当实证和控制研究遍地开花的当下，因此我在“批判”批判传统的时候，总是保持着一种天然的敬畏，但是，我依然要指出它并没有解决“传播的本质”问题。以身份理论为例，这种理论认为，人们因种族、性别、阶层、文化的差异导致了身份认同的差异，因而在同样的传播情境中会持有不同的立场，身份的差异不是自然而然的，更多是建构的结果。可以说，身份理论看到了造就“差异”的根源，也把差异投射到具体的传播中来，但是，人的身份总是流动的，如果每一次身份的流动都要带来认同的差异，那么是否可以认为不存在一个稳定的主体能够参与传播，又或者说，如何保证此时此地的身份认同是“适宜于”传播的？差异性是推动传播的一个因素，正因为人们始终处于某种权力结构中，始终处于统治与被统治、洗脑与反洗脑的斗争中，传播才能生生不息。但是，据此认为权力结构造成的“差异”就是传播，则忽视了随着权力结构的变化“差异”也会相应发生变化，传播缺乏稳定的主体，伴随着传播而来的意义也就丧失了稳定性，交流就无从谈起。

“说服研究”和“效果研究”是现代传播研究中的两个经典命题，直接起源于拉斯韦尔、霍夫兰等人的战时宣传研究，这两种研究在后世不断受到质疑，既有效果测量的不确定性，又有其蕴含的将人视为“被动接受刺激”的理论前提。在前述的六大理论传统中，除了控制论传统外，其他

[1] 赛日尔·莫斯科维奇. 社会表征［M］. 管健，译. 北京：中国人民大学出版社，2011：28.

几个传统都避免了“降低”人的维度的取向，而修辞学传统却只看到了“演讲者”作为人的能动性，忽视了接收者的多种可能性，并且片面强调技巧在“效果”中的重要性，因此，它无法为现代传播研究提供更多的理论滋养，也没有解决传播的“本质问题”。

三、对传播研究边界的形而上思考

任何一种理论都要面对着对象及其所依赖的广阔情境的变化，因此才需要人们不断地补充、修正它，故而上述理论范式之所以未能解决“传播是什么”的问题，是因为它们所面临的传播生态和活动的复杂性是前所未有的。诞生于大众传播时代的传播理论是建基于现实性哲学上的，那么，当传播活动由现实世界转向虚拟世界，当主体、客体、心智、身体等传统哲学关注的范畴在“虚拟性”的统筹下发生了巨大的变化，而这种变化还未能形成属于我们这个时代的“虚拟哲学”的时候，以七大理论范式为根基的传播研究自然就会陷入理论验证、调适、修正的怪圈。在这样的时代背景中，理论的涵括力、解释力都面临着危机，例如现象学范式对身心关系的探究，就要受到虚拟技术、人工智能（人的意识、情感都成为某种程序，因此身心可以分离）的冲击，过分强调学科壁垒，只会使得传播研究进一步僵化为“拿来主义”，这种趋势在当前的传播研究中是普遍存在的——借助其他学科尤其是自然科学领域的成果，将传播研究与“大数据”“心智研究”“认知科学”等术语并联起来，看似实现了传播研究的“科学化”，实际助益不大，反倒埋下传播研究“泛化”的危机。

我在上文中一再强调“传播的本质”问题，是要借助它反观传播研究的历史，正是借助于形而上的思索，面对自19世纪末以来逐步影响人类历史的建制化传播活动，传播研究才能在20世纪发展为一门影响巨大的人文社会科学。今天，在技术的加持下，传播活动前所未有的便捷、重要，人类更是实现了身体及其感觉的虚拟，面对着来势汹汹的技术至上思潮，任何关于传播的哲学思考似乎都是多余的。但是，失去了形而上，传播研究还能走多远？尤其当传播行为已经天然地超越了“学科边界”——例如网络游戏，就涉及界面、主体意识、身份问题、时空关系、情境等多个领域。当网络从技术、文化、组织形态等层面统括了人类传播行为时，过于强调学术范式的“边界”，就会使得许多问题处于隔靴搔痒的境地。例如对虚拟认知问题的研究，如果只从“议程设置”的角度研究，而不引入心理学、现象学，那么就会变成对大众传播理论的验证。在这里，我并非主张“开放”学科边界，将传播变为一种泛化的方法论，而是强调在借助其他学科的成果的时候，要在找到与传播研究“共通经验空间”的基础上“为我所用”，而非停留在术语和概念的借用层面。传播已经成为影响社会的重要一维，在营造舆论、推动公共事件发展等方面具有强大的影响力，传播研究如果缺乏审慎的距离，过于关注现实、过于关注“热点”、过于热衷“蹭流量”，进而将某些传统发展得登峰造极，就会落入首鼠两端的困境。因此，只有在哲学的统括下，面对着纷繁复杂的现象，多一些形而上的探索，合理利用实证研究，传播研究才能发展出适合新时代的理论和思想。

因此，在我的思考中，传播的本质是人发起的，就确定对象进行的意义交换。它具有三个层面的含义，一是它的主体是人；二是它有具体的对象，既包括传播双方，又包括引发传播的“内容”；三是，它是一种意义的交换。这样一种概括，回避了将传播限制在“新闻信息”领域，而是将人类活动中涉及“意义交换”的行为都作为传播去把握，既是对传播活动历史的、现实的把握，又有效地打通了与其他学科的某些通道。但是，这一切都必须建立在一个前提下：我们必须发展出适合这个时代的“虚拟哲学”，它将是统括传播研究的根本。“从历史的长河而言，迄今为止的所有哲学，可以用一句话来概括，是非数字化的现实性范畴框架内的哲学。现时代，正在发生哲学框架和哲学思维方式的历史性大转换，这一转化，就是从现实性哲学进入到虚拟性哲学。虚拟性哲学是未来哲学和哲学思维的主要形式。从现实性哲学进入到虚拟性哲学，是时代内核转换的体现……所有这些，都与一个基础性的东西，这就是与虚拟相联系。换言之，虚拟是新时代的实践基础和所有关系的内核，从而也将是新的经济、政治、文化、哲学、人际关系、行为方式和思维方式的基础。”①

① 陈志良．从现实性哲学到虚拟性哲学——哲学思维方式的时代转换［J］．中国人民大学学报，2000（2）：9-11.

编 后 记

世界一流大学和一流学科（简称“双一流”）建设的提出及“双一流”建设高校和建设学科名单的公布，意味着中国特色现代大学制度建设、大学治理体系与治理能力、拔尖创新人才培养理念、中国特色国际影响评价体系构建等将面临新的挑战和任务。学科建设是高校发展的巨大支撑，当代高校传统学科的创新升级及新兴交叉学科的培育是新的挑战之一。而当高校发展锁定“双一流”目标之时，理念更新、人才培养、国际影响评价等又与高校的学术研究和学术出版紧密相连。因此，可以说，学术研究、学术出版与学科建设这三个方面是高校“双一流”建设的必备项，也是其加分项。基于这样的考虑，《华中师范大学学报》联合华中师范大学文学院、《华中学术》编辑部，以“华中学术传播论坛”的形式，围绕“双一流”建设背景下的学术、学科与学报，组织业界和学界相关专家进行了深入探讨。

会议于2017年12月8日在桂子山顺利召开。与会专家从大学学术期刊与“双一流”建设、近现代学术出版及其启示和文化传播学学科建设三个方面展开讨论。学者站位较高，或从大数据时代的背景切入探讨学术期刊面临的挑战和应对的策略，或着眼于媒介融合大势阐述构设平台型的出版理念等等；有的则以个案剖析高校学术期刊与学科建设的互动关系，有的从典型学术刊物入手探究“双一流”背景下的高校学术期刊发展路径等；有的从理论的视角分析学科建设的基本思路与策略；有的则从学科建设的具体实践出发，对新兴交叉学科文化传播学的未来发展提出意见和建议。专家的视野和视角的不同，加之评议人精彩的点评，使会议举办得紧凑而高效。事实上，我们举办本次会议的初衷也是希望为更多来自相同、相近，乃至不同领域的学者提供一个纯粹的学术切磋空间，以不同见识之间的有意无意的碰撞，一步一个脚印地搭建一个自由的平台。从这个意义上讲，首届“华中学术传播论坛”作为我们的初步尝试，是成功的。

当然，凡事皆有两面。充分的、开放的研讨一方面意味着良好的学术自由氛围的形成，另一方面也不可避免地给人零散和不够集中的印象。我们本次会议集结而成的这本论文集也就显得有些主题分散而论域略广。加之，一些专家在会上的发言引起了不少期刊媒体的关注，因而不少文章在会议刚刚结束，稿件就被约走刊发。所以，本次会议论文集中有讲话稿，有报刊文章，更多的是严格规范的学术论文。我们在编辑的过程中也没有对此做过分严苛的统一性要求，其中少部分文章与全书的体例存在不一致的情况，在格式上（如作者及单位的标准）我们也在大体一致的情况下保留了一些灵活变动的空间。之所以如此，既是为了如实反映会议的真实情况，更多地是为了尊重学术探讨本身的自由性。以这样的形式去呈现是否妥帖，则留给读者评判。总之，我们的初心是始终未变的。这样的不忘初心，将激励和支撑我们将“华中学术传播论坛”继续办下去。

编 者